U1011746

∷ 中華文化促進會主持編纂

∷ 國家“十一五”重點圖書出版規劃項目

∷ 中國社會科學院哲學社會科學創新工程學術出版資助項目

出品人 王石 段先念

今注本二十四史

金史

六

志〔三〕

元 脱脱等 撰

張博泉 程妮娜 主持校注

中國社會科學出版社

金史　卷三三

志第十四

禮六

原廟[1]　朝謁儀[2]　朝拜儀[3]　別廟[4]

[1]原廟：即另立的太廟。原，再。先既已立廟，今又再立，故謂之原廟。《漢書》卷二二《禮樂志》："以沛宫爲原廟。"顔師古注曰："原，重也。言已有正廟，更重立之也。"

[2]朝謁儀：此指奉安祖先御容所行朝謁之禮。

[3]朝拜儀：此指皇帝忌辰所行朝拜之禮。

[4]別廟：此指在太廟以外别立之廟。

太宗天會二年，[1]立大聖皇帝廟于西京。[2]熙宗天眷二年九月，[3]又以上京慶元宫爲太祖皇帝原廟。[4]皇統七年，[5]有司奏"慶元宫門舊曰景暉，殿曰辰居，似非廟中之名，今宜改殿名曰世德"。是歲，東京御容殿成。[6]世宗大定二年十二月，[7]詔以"會寧府，[8]國家興王之地，宜就慶元宫址建正殿九間，仍其舊號，以時薦享”。[9]

[1]太宗天會二年：中華點校本按“依本志文例，此句上當脱‘原廟’二字”。是，今從。　太宗：廟號。即完顔吴乞買（1075—1135），漢名晟，金太祖弟。金朝第二任皇帝，1123年至1135年在位。天會十三年（1135）“三月庚辰，上尊謚曰文烈皇帝，廟號太宗。乙酉，葬和陵。皇統四年（1144），改號恭陵。五年，增上尊謚曰體元應運世德昭功哲惠仁聖文烈皇帝。貞元三年（1155）十一月戊申，改葬於大房山，仍號恭陵”。本書卷三有紀。　天會：金太宗年號（1123—1135）。金熙宗即位之初延用近三年（1135—1137）。　二年：本書卷二《太祖紀》記載，“天會三年三月，上尊謚曰武元皇帝，廟號太祖，立原廟于西京”，時間與此“二年”不同。

[2]大聖皇帝：即金太祖完顔阿骨打，漢名旻（1068—1123）。金朝開國皇帝，1115年至1123年在位。天會三年（1125）上尊謚曰武元皇帝（本書卷三二《禮志五》作“大聖武元皇帝”），廟號太祖。皇統五年（1145），“增謚應乾興運昭德定功睿神莊孝仁明大聖武元皇帝”。本書卷二有紀。　西京：京路名。治所在今山西省大同市。

[3]熙宗：廟號。女真名完顔合剌，漢名亶（1119—1149）。金朝第三任皇帝，1135年至1149年在位。海陵王弑熙宗後降爲東昏王，世宗大定初，追謚武靈皇帝，廟號閔宗，陵曰思陵。十九年（1179），升祔於太廟，增謚弘基纘武莊靖孝成皇帝。二十七年，改廟號熙宗。本書卷四有紀。　天眷：金熙宗年號（1138—1140）。

[4]上京：今黑龍江省阿城市。金初京師所在地。初稱“皇帝寨”，天眷元年（1138）號上京，海陵貞元元年（1153）遷都燕京，削上京之號，衹稱會寧府，大定十三年（1173），復爲上京。

慶元宮：宫殿名。在金上京會寧府城内。

［5］皇統：金熙宗年號（1141—1149）。

［6］東京：治所在今遼寧省遼陽市。　御容：皇帝的畫像。

［7］世宗：廟號。女真名完顔烏禄，漢名雍（1123—1189）。金朝第五任皇帝，1161 年至 1189 年在位。死後上尊謚曰“光天興運文德武功聖明仁孝皇帝”，廟號世宗，葬興陵。本書卷六至卷八有紀。　大定：金世宗年號（1161—1189）。

［8］會寧府：即上京會寧府，治所在今黑龍江省阿城市。

［9］以時薦享：四時祭祀。

海陵天德四年，［1］有司言：“燕京興建太廟，［2］復立原廟。三代以前無原廟制，［3］至漢惠帝始置廟於長安渭北，［4］薦以時果，其後又置於豐、沛，［5］不聞享薦之禮。今兩都告享宜止於燕京所建原廟行事。”［6］於是，名其宫曰衍慶，殿曰聖武，門曰崇聖。

［1］海陵：即完顔迪古迺，漢名亮（1122—1161）。金朝第四任皇帝，1149 年至 1161 年在位。大定二年（1162），降封爲海陵郡王，謚曰煬。二十年，再降爲海陵庶人。本書卷一五有紀。　天德：金海陵王完顔亮年號（1149—1153）。

［2］燕京：今北京。本書卷二四《地理志上》中都路：“遼會同元年爲南京，開泰元年號燕京。海陵貞元元年定都，以燕乃列國之名，不當爲京師號，遂改爲中都。……天德三年，始圖上燕城宫室制度，三月，命張浩等增廣燕城。”　太廟：皇帝的祖廟。

［3］三代：指夏、商、周三代。

［4］漢惠帝：即西漢孝惠皇帝劉盈，漢高祖之子，母曰吕皇后。西漢第二任皇帝。《漢書》卷二有紀。　長安：今陝西省西安市。渭：指渭水。

［5］豐：今江蘇省豐縣。　沛：今江蘇省沛縣。

［6］兩都：指金上京會寧府和中都燕京。

大定二年，以睿宗御容奉遷衍慶宮。[1]

［1］睿宗：廟號。本名訛里朵，又名宗輔、宗堯，太祖子，世宗父。死後陪葬睿陵，追封潞王，謚襄穆。皇統六年（1146），進冀國王。正隆二年（1157），追贈太師、上柱國，改封許王。世宗即位，追上尊謚“立德顯仁啟聖廣運文武簡肅皇帝”，廟號睿宗。大定二年（1162），改葬於大房山，號景陵。本書卷一九《世紀補》有紀。

五年，會寧府太祖廟成，有司言宜以御容安置。先是，衍慶宮藏太祖御容十有二：法服一、立容一、戎衣一、佩弓矢一、坐容二、巾服一，[1]舊在會寧府安置；半身容二、春衣容一、巾而衣紅者二，舊在中都御容殿安置，今皆在此。詔以便服容一，遣官奉安，[2]擇日啟行。

［1］法服：按照國家法律規定製作的冠服。《宋史》卷一五一《輿服志三》：“古者祭服、朝服……其製作莫不有法，故謂之法服。”金代皇帝的法服有衮冕、通天冠、絳紗袍等。此指繪有太祖身穿法服之畫像。　戎衣：軍服。此指太祖身穿戎衣之畫像。　巾服：當指配有巾幘之服飾。此指太祖身穿巾服之畫像。

［2］奉安：古稱帝后安葬及神主遷廟爲奉安。此指遷太祖神主及御容於原廟。

前一日，夙興，[1]告廟，[2]用酒饌，[3]差奏告官一員，[4]以所差使充，進請御署祝板。[5]

[1]夙興：早起。

[2]告廟：有事，告於祖先之廟。班固《白虎通義·巡狩》："王者出必告廟何？孝子出辭、反面，事死如事生。"

[3]酒饌（zhuàn）：指具有酒、牲、脯、醢等食物的飯食，或謂食物齊備謂之饌。

[4]奏告官：指負責告廟之官員。

[5]祝板：古代祭祀用以書寫祝文之版册。亦作祝版、祝册。

其日質明，有司設龍車於衍慶宫門外少西，[1]東向。宰執率百官公服詣本宫殿下，[2]班立，再拜。班首升殿，跪上香、奠酒，教坊樂作，[3]少退，再拜。班首降階復位，陪位官皆再拜。奉送使副率太祝捧御容匣出，[4]宰執以下分左右前導，出衍慶宫門外，俟御容匣升車，百官上馬後從，旗幟甲馬錦衣人等分左右導，香輿扇等前行。[5]至都門郊外，俟御容車少駐，導從官下馬，車前立班，再拜。奉送使副側侍不拜。班首詣香輿，跪上香，俛伏，[6]興，[7]還班，再拜辭訖，退。使副遂行。

[1]龍車：車名。本書卷四三《輿服志上》："造六車成後……又增製九龍車一，高二丈、廣一丈一尺、長二丈六尺。……龍車合用紅羅傘一，傘子二人用本服錦帽襆帶。"本書卷一二五《王競傳》記載，大定年間，"詔改創五龍車"。是知，龍車有九龍車、五龍車等多種。

[2]宰執：宰相和執政官。本書卷五五《百官志一》載，尚書

省設“尚書令一員，正一品，總領紀綱，儀刑端揆。左丞相、右丞相各一員，從一品，平章政事二員，從一品，爲宰相，掌丞天子，平章萬機。左丞、右丞各一員，正二品，參知政事二員，從二品，爲執政官，爲宰相之貳，佐治省事”。　公服：又稱“省服”或“從省服”，公幹時所穿的禮服。其制始見於北魏。

[3]教坊：官署名。亦稱教坊司，爲宣徽院下屬機構，設有提點、使、副使、判官等官員。掌殿庭音樂，總判院事。

[4]奉送使副：本書僅本卷兩見。當爲舉行祭祀等典禮時臨時設置之官員。　太祝：太常寺屬官。掌奉祀神主。從八品。

[5]香輿：車輿名。輿，原指車廂，因車廂載人載物，是車的主要部分，故輿亦爲車之總稱。

[6]俛伏：指跪拜。俛，通“俯”，屈身，低頭。

[7]興：起來。

每程到館或廨舍内安駐。[1]其道路儀衛，紅羅繖一，[2]龍車一，其制以青布爲亭子狀，安車上，駕以牛。又用馳五，旗鼓共五十，舁香輿一十人，導從六十人，執扇八人，兵士百人，護衛二十人以宗室猛安謀克子孫充。[3]所過州縣，官屬公服出郭香果奉迎，再拜，班首上香奠酒，又再拜。送至郊外，再拜乃退。

[1]廨舍：也作解舍。官吏辦事及居住的處所。

[2]紅羅繖：即紅羅傘。繖，爲擋雨或遮太陽的工具，亦稱蓋。

[3]宗室：皇族。　猛安謀克：金代女真人特有的社會組織、官員和榮譽爵稱。猛安謀克由氏族時期圍獵組織發展而來。猛安，女真語的原意是“千”，所以猛安官又稱千夫長。謀克，女真語原意是“氏族”“鄉里”，每謀克有正兵約百人，所以謀克官又稱百夫長。金初以三百户爲一謀克，十謀克爲一猛安。猛安謀克成爲一

種生産、行政、軍事合一的組織，猛安謀克也分别爲這一組織的長官以及榮譽爵稱。此指皇族中世襲猛安謀克的子孫。

至會寧府，官屬備香輿奉迎如上儀，乘馬從至廟門外下馬，分左右導引。使副率太祝四員，捧御容入廟，於中門外東壁幄次内奉置定，[1]再拜，訖，退，擇日奉安。至日質明，差去官與本府官及建廟官等並公服，詣幄次前排立，先再拜，跪上香，樂作，奠酒，訖，又再拜。太祝捧御容，衆官前導引，至殿下排立。御容升殿奉安，訖，再拜，班首升殿，跪上香，讀祝，[2]奠酒，樂作，少退再拜，訖，班首降階復位，同執事官再拜，訖，退。

[1]幄次：以布帷、蘆席等物張設供祭祀及外出時臨時居息之處所。凡大祭祀、朝覲、田獵、射禮、冠禮、喪禮都要設次。天子、諸侯出宫祭祀臨時居息之“次”分大次、小次。

[2]讀祝：即誦讀祝板所書祝辭。

十五年二月，[1]有司言東京開覺寺藏睿宗皇帝皁衣展裹真容，[2]勑遷本京祖廟奉祀，仍易袍色。

[1]十五年二月：《大金集禮》卷二〇《原廟上》記此事作“十五年二月二十五日”。

[2]開覺寺：本書僅一見，當爲東京遼陽府之寺院。　睿宗：文淵閣四庫全書本《大金集禮》卷二〇《原廟上》記此事作“睿宗”，廣雅書局、叢書集成初編本《大金集禮》作“世祖”。施國祁《金史詳校》卷三下謂“‘睿宗’當作‘世祖’”。按世宗自貞元

三年（1155）起爲東京留守，母貞懿皇后李氏於東京出家、下葬，則東京有睿宗御容自合常理。本卷上文雖稱“大定二年以睿宗御容奉遷衍慶宫”，則一位皇帝有多幅御容亦屬常事，不可因大定二年（1162）已有睿宗御容遷於衍慶宫即斷此處爲誤。

明年四月，詔依奉安睿宗禮，奉安世祖御容於衍慶宫。[1]前期，有司備香案、酒果、教坊樂。至日質明，親王宰執率百官公服迎引至衍慶宫，[2]凡用甲騎百人、傘二人、扇十二人、香輿八人、綵輿十六人、從者二十四人、執事官二人、弩手控鶴各五十人、贊者二人、禮直官二人，[3]六品以下官三十員公服乘馬前導。奉安訖，百官再拜，禮畢，退立宫門之外，迎駕朝謁。

［1］世祖：廟號。本名劾里鉢（1039—1092），景祖第二子，繼景祖任遼朝生女真部族節度使。1074年至1092年在位。金熙宗天會十四年（1136），追謚聖肅皇帝，廟號世祖。皇統四年（1144），號其藏曰永陵。五年，“增謚世祖神武聖肅皇帝”。本書卷一《世紀》有紀。

［2］親王：皇族中封王者稱親王。《大金集禮》卷九《親王》：“皇統元年奏定，依令文，皇兄弟、皇子封一字王爲親王，並二品俸傔。已下宗室，封一字王皆非親王。”

［3］綵輿：車輿名。彩轎。　執事官：此處當指負責奉安睿宗之禮各項具體事務的官員。　弩手控鶴：本書卷四一《儀衛志上》：“其衛士，曰護衛、曰親軍、曰弩手、曰控鶴、曰傘子、曰長行。”卷四四《兵志》：“又有控鶴二百人，皆以備出入者也。”又卷五六《百官志二》：宣徽院“所隸弩手、傘子二百三十九人，控鶴二百人”。此處當指宣徽院下屬弩手控鶴。　贊者：主管祭祀、典禮時贊導等事的官員。　禮直官：似爲太常寺屬下負責祭祀、典禮等禮

儀行事的官員。本書《百官志》未載。

十六年正月，[1]有司奏：“奉勅議世祖皇帝御容當於何處安置。臣等參詳衍慶宮即漢之原廟，[2]每遇太祖皇帝忌辰，[3]百官朝拜。今世祖皇帝擇地修建殿位，庶可副嚴奉之意。”從之。乃勅於聖武殿東西興建世祖、太宗、睿宗殿位。[4]

[1]十六年正月：本書卷七《世宗紀中》稱“十七年正月……戊申，詔於衍慶宮聖武殿西建世祖神御殿，東建太宗、睿宗神御殿”。繫年與此異。

[2]漢：朝代名。公元前206年秦朝滅亡，項羽封劉邦爲漢王，公元前202年劉邦稱帝，建都長安（今陝西省西安市），史稱西漢。公元8年王莽代漢稱帝，建立新朝，西漢滅亡。公元25年劉秀重建漢朝，建都洛陽，史稱東漢，公元220年曹丕代漢稱帝，改國號爲魏，東漢最後滅亡。此處所稱之漢當指西漢。

[3]忌辰：即忌日。舊俗以父母死亡之日禁止飲酒作樂稱忌日。此指金太祖完顔阿骨打死亡之日。

[4]聖武殿：爲金之原廟放置神主及御容的宮殿，在中都路大興府皇宮衍慶宮中。

既而復欲擇地建太宗殿于歸仁館，[1]有司言：“山陵太祖、太宗、睿宗共一兆域，[2]太廟世祖、太祖、太宗、睿宗亦同堂異室。今於歸仁館興建太宗殿位，似與山陵、太廟之制不同。”詔從前議，止於衍慶宮各建殿七間、閣五間、三門五間。乃定世祖殿曰廣德、閣曰燕昌，太宗殿曰丕承、閣曰光昭，睿宗殿曰天興、閣曰景福。

[1]歸仁館：本書僅本志兩見。不詳。

[2]山陵：此指金朝歷代皇帝的陵墓，在今北京市房山區大房山。　兆域：墓地四周的界限。此指墓地中的區域。

十九年五月六日，奏告。七日，奉安。執事禮官二人，每位香案一、祭器席一、拜褥二、盥洗一、大勺篚巾全。[1]

[1]盥洗：古代祭祀過程中，洗爵之前必先洗手。此盥洗即指洗手、洗爵之器。　大勺：一種用來從尊中挹酒注於爵的食器。　篚（fěi）：盛物的竹器，方形，有蓋。　巾：此處指覆蓋祭祀所用禮器及食物之巾，以疏布、畫布、功布、葛布等爲之。

前一日，太廟令率其屬掃除宮内外，[1]又各設神座於殿上，[2]又設親王、宰執以下百官拜位於殿庭。又設盥洗位于東階下，執罍篚者位于其後。[3]又於神位前各設北向拜褥位，[4]并各設香案香爐匙合香酒花果器皿物等，依前來例。又於聖武殿上設香案爐匙合香等，又於殿下各設腰輿一、舁士一十六人、傘子各二人、執扇各十二人、導從弩手各三十人。[5]前一日，清齋，[6]親王於本府，百官於其第。行禮官、執事人等習儀，就祠所清齋。

[1]太廟令：太常寺下屬機構太廟署屬官。掌太廟、衍慶、坤寧宮殿神御諸物，及提控諸門關鍵，掃除、守衛等事。從六品。

［2］神座：即放置神主板之位。也稱神位、版位、靈位等。

［3］罍：古代盛酒器，也用以盛水。此指盛水器。

［4］褥位：即跪拜之位。褥，坐卧的墊具。此指跪拜的墊具。

［5］腰輿：以手挽的便輿，高僅及腰；以肩抬之輿稱肩輿。舁士：此指抬轎子的人員。

［6］清齋：齋戒名。古人在祭祀或典禮前沐浴更衣，不飲酒，不吃葷，以清整身心，表示誠敬，稱爲齋戒。散齋可以外出，但不飲酒，不吃葷，不御，不聽音樂，不弔喪。致齋要日夜居於室内，不飲酒，不吃葷，不御，不聽音樂，不弔喪。清齋當與散齋相似。金代齋戒仿唐制而行，其行清齋之禮當與唐同。

其日質明，禮官率太廟署官等詣崇聖閣奉世祖御容，[1]每匣用内侍二人、太祝一員，[2]禮官、署官前導，置於聖武殿神座。禮直官引親王、宰執、百官公服於殿庭班立，七品以下班于殿門之外，贊者曰“拜”，在位官皆再拜。禮直官引班首詣罍洗，盥手訖，升殿，詣神座前跪上香，訖，少退，再拜。禮直官引班首降殿復位，贊者曰“拜”，在位官皆再拜，訖，禮官導世祖御容升腰輿，[3]儀衛依次序導從，至廣德殿，百官後從，至庭下班位立。禮官率太廟署官就腰輿内捧御容，於殿上正面奉安訖，百官於階下、六品已下官於殿門外，立班。贊者曰“再拜”，在位官皆再拜。禮直官引班首詣盥洗，盥手訖，升殿，執事官等從升，詣御容前，跪上香，奠酒，教坊樂作，少退再拜，訖，樂止。禮直官引班首降殿復位，贊者曰“拜”，在位官皆再拜。訖，禮官率太廟署官詣崇聖閣。

［1］禮官：即禮部官員。掌禮樂、祭祀、學校、貢舉、册命、天文、釋道、使官之事。有時也指宣徽院、御史臺負責禮儀的官員。　太廟署：太常寺下屬機構。本書卷五五《百官志一》，"太廟署。皇統八年太廟成，設署"，有令、丞等官員。　崇聖閣：僅在本書《禮志》中四見，似爲衍慶宫中殿閣之一。

［2］内侍：泛指宫中侍從及各種服務官員，主要指宦官。隋置内侍省管理内侍、内常侍等官。唐沿襲不改，都以太監充任。宋代增設入内内侍省和内侍省，在宫内執役的隸屬入内内侍省，在殿中執役的隸屬内侍省。金代在宣徽院下設置内侍局，有令、丞、局長、都監、同監等官員。又於泰和二年（1202）設内侍寄禄官，有中常侍、給事中、内殿通直、黄門郎、内謁者、内侍殿頭、内侍高品、内侍高班等官員。均稱内侍，一般稱宦官爲内侍。

［3］禮官導世祖御容升腰輿：中華點校本云，《大金集禮》卷二〇《原廟上》，記此事作"禮直官"，據補一"直"字。考前後文引導、奉安御容皆爲禮官之事，禮直官則僅負責導引百官升降進退及盥洗之事。《大金集禮》作"禮直官"似不確。

太祝内侍捧太宗御容，禮官導太宗御容置於聖武殿，[1]行禮畢，以次奉安於丕承殿，行禮並如上儀。

［1］禮官導太宗御容置於聖武殿：原脱"置"字。中華點校本據《大金集禮》補。今從。

次睿宗御容奉安於天興殿，[1]禮亦如之。俟奉安禮畢，百官退。

［1］次睿宗御容奉安於天興殿："興"，原作"慶"。中華點校本按，上文"睿宗殿曰天興，閣曰景福"，下文朝拜儀睿宗忌辰，

"宣徽院設御幄於天興殿門外稍西","至天興殿門外稍西,皇帝降輦",皆作"天興"。據改。今從。

二十一年閏三月,奉旨昭祖、景祖奉安燕昌閣上,[1]肅宗、穆宗、康宗奉安閣下,[2]明肅皇帝奉安崇聖閣下。[3]每位設黄羅幕一、黄羅明金柱衣二、紫羅地褥一、龍牀一、踏牀二、衣全。前期奏告。四月一日奉安,五日親祀。

[1]昭祖:廟號。女真人,本名石魯,獻祖長子,繼獻祖之後爲女真完顔部首領。金熙宗天會十四年(1136),追謚成襄皇帝,廟號昭祖。皇統四年(1144),號其藏曰安陵。五年,增謚"昭祖武惠成襄皇帝"。本書卷一《世紀》有紀。　景祖:廟號。女真人,本名烏古迺,昭祖長子,繼昭祖之後爲女真完顔部首領,任遼朝生女真部族節度使,形成以完顔部爲中心的女真軍事大聯盟,爲後來金朝建國奠定了基礎。金熙宗天會十四年,追謚惠桓皇帝,廟號景祖。皇統四年,號其藏曰定陵。五年,增謚"景祖英烈惠桓皇帝"。本書卷一《世紀》有紀。

[2]肅宗:廟號。本名頗剌淑,又作蒲辣叔、蒲辣淑、蒲剌束(1042—1093),景祖第四子,繼世祖爲生女真部族節度使。1092年至1093年在位。天會十四年,追謚穆憲皇帝,廟號肅宗。皇統四年,藏號泰陵。五年,增謚"肅宗明睿穆憲皇帝"。本書卷一《世紀》有紀。　穆宗:廟號。本名盈哥,又作楊割、楊哥(1053—1103),景祖烏古乃第五子,繼肅宗任生女真部族節度使。1094年至1103年在位。天會十四年,追謚孝平皇帝,廟號穆宗。皇統四年,號其藏曰獻陵。五年增謚"章順孝平皇帝"。本書卷一《世紀》有紀。　康宗:廟號。本名烏雅束(1061—1112),世祖長子,繼穆宗任生女真部族節度使。1103年至1112年在位。天會十

四年，追謚恭簡皇帝，廟號康宗。皇統四年，號其藏曰喬陵。五年增謚“康宗獻敏恭簡皇帝”。本書卷一《世紀》有紀。

[3]明肅皇帝：即宗幹，本名斡本，太祖庶長子，海陵王完顏亮之父。海陵簒立，追謚“憲古弘道文昭武烈章孝睿明皇帝”，廟號德宗，以故第爲興聖宫。大定二年（1162），除去廟號，改謚明肅皇帝。大定二十二年，追削明肅帝號，封爲皇伯、太師、遼王，謚忠烈。明昌四年（1193），配享太祖廟廷。本書卷七六有傳。

是年五月，遷聖安寺睿宗皇帝御容于衍慶宫，[1]皇太子、親王、宰執奉迎安置。

[1]聖安寺：本書僅此一見。不詳。

朝謁儀

大定十六年四月十九日，奉安世祖御容，行朝謁之禮。皇帝前一日齋於内殿，皇太子齋於本宫，親王齋於本府，百官齋於其第。太廟令率其屬，於衍慶宫内外掃除，設親王、百官拜位於殿庭，又設皇太子拜褥於親王、百官位前。宣徽院率其屬，[1]於聖武門外之東設西向御幄，[2]靈星門東設皇太子幄次。

[1]宣徽院：官署名。設有左宣徽使、右宣徽使、同知宣徽院事、同簽宣徽院事、宣徽判官等，掌朝會、燕享，凡殿庭禮儀及監知御膳。

[2]聖武門：當爲衍慶宫聖武殿之門。　御幄：即皇帝之幄次。

其日，有司列仗衛于應天門，[1]俟奉安御容訖，有司於殿上并神御前設北向拜褥位，[2]安置香爐香案并香酒器物等。皇太子比至車駕進發已前，公服乘馬，本宫官屬導從，[3]至衍慶宫門西下馬，步入幄次。親王、百官於衍慶宫門外西向立班。俟車駕將至，典贊儀引皇太子出幄次，於親王、百官班前奉迎。導駕官，五品、六品、七品職官内差四十員於應天門外道南立班以俟。

[1]應天門：中都皇宫正門。原名通天門，世宗大定五年（1165）更名爲應天門。

[2]神御：此處指帝王的遺像，即帝王神位。

[3]本宫官屬導從：原脱“宫”字。中華點校本按，《大金集禮》卷二一《原廟下》爲本志朝謁儀、朝拜儀之所本，其記此事作“本宫官屬導從”，據補。今從。

皇帝服靴袍乘輦，[1]從官繖扇侍衛如常儀。勅旨用大安輦、儀仗一千人。[2]出應天門，閤門通喝“導駕官再拜”，[3]訖，閤門傳勅“導駕官上馬”，分左右前導，至廟門外西偏下馬。車駕至衍慶宫門外稍西降輦。左右宣徽使前導，皇帝步入御幄，簾降。閤門先引親王、宰執、四品已上執事官，由東西偏門入，至殿庭分東西班相向立。典贊儀引皇太子入，立於褥位之西，東向。進香進酒等執事官並升階，於殿上分東西向以次立。宣徽使跪奏“請皇帝行朝謁之禮”。簾捲，皇帝出幄。宣徽使前導，至殿上褥位，北向立。典贊儀引皇太子就褥位，閤門引親王宰執四品已上職事官回班，並北向立。令中間歇空，不礙奏樂。五品以下聖武門外、八品以下宫門外陪拜。奏請，並宣徽使。皇帝再拜。[4]教坊樂作。皇太子已下群官皆再拜。請皇帝詣神御前褥位，北向立，又請皇帝再拜，皇太子已下群官皆再拜。請皇帝跪，三上香，三奠酒，俛伏，興。又請皇帝再拜，皇太子已下群官皆再拜，訖，皇帝復位。又請皇帝再拜，皇太子已下群官皆再拜。宣徽使奏“禮畢”。已上擬八拜，宣徽院奏過，依舊例十二拜。

[1]靴：又作“鞾”，一種高至踝骨以上的長筒鞋。多用皂、黄等色皮革製成。　袍：一種傳統的衣裝。不分男女皆可穿著。最初袍衹被人們當做保暖的衣裝使用，一般爲雙層，中間夾以綿絮，類似於當今的棉襖，穿著時需另罩外衣。　輦：天子所乘之車。據本書卷四三《輿服志上》記載，金代皇帝所乘之車主要有“象輅、革輅、木輅、耕根、皮軒、進賢、明遠、白鷺、羊車、革車、大輦，凡十有一”。此外，還有海陵王取自於汴京的宋欽宗爲宋徽宗所製的“七寶輦”等。

[2]大安輦：本書《輿服志》未載。除本志一見以外，卷四二《儀衛志下》大定十一年（1171），南郊及朝享太廟所用“大駕鹵簿”第七節中又見有“大安輦一百八十一人”。製作形製不詳。

[3]閤門：官署名。此指閤門使等官員。本書卷五六《百官志二》記載，宣徽院之下設有閤門，閤門屬官有“東上閤門使二員，正五品。副使二員，正六品。……掌簽判閤門事”；“西上閤門使二員，正五品。副使二員，正六品。……掌贊導殿庭禮儀”。此處所載閤門，當爲“掌贊導殿庭禮儀”的西上閤門使。

[4]奏請並宣徽使皇帝再拜：“並宣徽使”四字原作大字正文，殿本此句作“二宣徽使奏請皇帝再拜”。中華點校本按，《大金集禮》卷二一“並宣徽使”四字改爲小字注文，説明上文“前導”與下文之“奏請”皆爲宣徽使。認爲《大金集禮》記載爲是，從

改。今從。

典贊儀引皇太子復立於褥位之西，東向。閤門引親王宰執以下群官，東西相向立。先引五品已下官出。宣徽使前導，皇帝還御幄，簾降。典贊儀引皇太子，閤門分引殿庭百官，以次出。宣徽使跪奏，“請皇帝還宮”。簾捲，步出廟門外，升輦還宮，如來儀。

十九年奉安禮同。

朝拜儀

初，太祖忌辰，皇帝至褥位立，再拜。稍東，西向，詣香案前，又再拜。上香訖，復位，又再拜。進食、奠茶、辭神皆再拜而退。

大定二十一年五月十二日，[1]睿宗忌辰，有司更定儀禮。前一日，宣徽院設御幄于天興殿門外稍西。至日質明，皇太子、親王、百官具公服于衍慶宮門外立班，奉迎。皇帝乘馬至衍慶宮門外下馬，[2]二宣徽前導，[3]步入宮門稍東。皇帝乘輦，繖扇侍衛如常儀，至天興殿門外稍西。皇帝降輦，入幄次，簾降。典贊儀引皇太子、閤門引親王、宰執四品已上官由偏門入，至于殿庭，左右分班立定。二宣徽使導皇帝由天興門正門入，[4]自東階升殿，詣褥位立定。皇太子已下官合班，五品以下班于殿門外。宣徽使奏“請皇帝先再拜”，“請詣侍神位立”，俟有司置香案酒卓訖，[5]“請詣褥位”，又再拜，三上香、奠酒，復位，再拜。已上，皇太子已下皆陪拜。再奏“請詣稍東侍神位立”。典贊儀引皇太子升殿赴褥位，先兩拜，奠酒，再兩拜，降復褥位。次閤門引終獻官趙王上殿行禮。[6]宣徽使奏“請皇帝詣褥位”，再兩拜。皇太子已下官皆再拜。禮畢，百官依前分班立。皇帝出殿門外，入幄次，簾降，更衣。次引皇太子已下官出宮門外立班。[7]皇帝乘輦，至宮門稍東降輦，步出宮門外，上馬還宮，導從侍衛如來儀。皇太子已下官，俟車駕行然後退。

[1]大定二十一年：原脱“大定”二字。中華點校本據上下文意補。今從。

[2]皇帝乘馬至衍慶宮門外下馬：“皇帝乘”，文淵閣四庫全書本《大金集禮》記載與此相同，廣雅書局、叢書集成初編本《大金集禮》作“皇太子”。按，皇太子已在宮門外立班奉迎，此處自是皇帝乘馬，廣雅書局、叢書集成初編本似誤。

[3]二宣徽前導：北監本、殿本、局本“徽”字下有“使”字。本卷上文有“並宣徽使”，下文有“二宣徽使”，此處似脱“使”字。

[4]二宣徽使導皇帝由天興門正門入：中華點校本校勘記謂“天興門”《大金集禮》作“天興殿”。查廣雅書局、叢書集成初編本《大金集禮》作“天興殿”，文淵閣四庫全書本《大金集禮》作“天興門”。

[5]卓：同桌、棹，几案。今稱桌子。

[6]終獻官：古代祭祀過程中，一般要在陳設祭品以後三次獻酒，第一次獻酒稱初獻，第二次獻酒稱亞獻，第三次獻酒稱終獻。負責第三次獻酒的官員稱終獻官。　趙王：據本書卷八《世宗紀下》，大定二十一年（1181）七月“丁酉，樞密使趙王永中罷”。由此可知大定二十一年五月十二日睿宗忌辰行朝拜禮時，任趙王者爲完顔永中。永中（？—1194），也作允中、惟中，本名實魯剌，

又名萬僧，世宗長子，元妃張氏所生。大定十一年，進封趙王。十三年，拜樞密使。二十一年，改判大宗正事。後以詛咒罪爲章宗賜死。本書卷八五有傳。

[7]次引皇太子已下官出宮門外立班：原脱“次”字。中華點校本據《大金集禮》補。今從。

大定五年，奉旨：“太祖忌辰，衍慶宫薦享止用素食，諸京凡御容所在皆同。[1]又朔望皆行朝拜禮。”[2]

[1]諸京：指金代五京。即上京（今黑龍江省阿城市南白城）、東京（今遼寧省遼陽市）、北京（今内蒙古自治區寧城縣西北大明城）、西京（今山西省大同市）、南京（今河南省開封市）。金初五京皆沿遼舊，至熙宗天眷元年（1138）始以會寧府爲上京，改遼上京（今内蒙古自治區巴林左旗駐地林東鎮東南二里波羅城）爲北京。據本書卷五《海陵紀》，海陵貞元元年（1153）遷都，改燕京爲中都，以汴京爲南京，中京爲北京。正隆二年（1157）削上京之號。《大金國志》卷一三《海陵煬王上》：“以燕京爲中都，上京爲北京，遼陽府爲東京，雲中府爲西京，開封府爲南京。”《三朝北盟會編》卷二四二引張棣《正隆事迹》：“以渤海遼陽府爲東京，山西大同府爲西京，中京大定府爲北京，東京開封府爲南京，燕山爲中都。”《金虜圖經》稱五京有中都，無上京，而以會寧府計入總管府内，所記都是海陵時的制度。施國祁《金史詳校》卷三下，“中都大興自屬總管府，故直云建五京”，考之本書卷五七《百官志下》，諸京留守司條下女直司吏，“上京二十人，北京十三人，東京十人，南京、西京各五人”，確無中都路，當以《金史詳校》爲是，五京不包括中都。本處所説諸京即指中都之外諸京。

[2]朔：指朔日，農曆每月初一。　望：指望日，農曆每月十五。

六年，有司奏：“太祖皇帝忌辰，車駕親奠，百官陪拜。今車駕巡幸，[1]合以宰臣爲班首，率百官詣衍慶宫行禮。”從之。

[1]今車駕巡幸：據本書卷六《世宗紀上》記載：大定六年（1166）“三月甲寅，上如西京”，六月“丙戌，發自西京”，“九月辛丑朔，至自西京”，知是時世宗正在巡幸西京等地。

十六年，奉旨：“世祖、太宗忌辰，一體奉奠。”

十八年八月，太祖忌辰，世祖、太宗同在一處致祭。有司言“歷代無一聖忌辰列聖預祭之典”，擬議間，勅遣太子，一位行禮，并就祭功臣。

二十六年，以内外祖廟不同，定擬：“太廟每歲五享，[1]山陵朔、望、忌辰及節辰祭奠並依前代典故外，[2]衍慶宫自來車駕行幸，遇祖宗忌辰百官行禮，并諸京祖廟節辰、忌辰、朔、望拜奠，雖無典故參酌，恐合依舊，以盡崇奉之意。”從之。

[1]享：把祭品、珍品供獻給祖先、神明或天子、侯王稱享；鬼神享受祭品也稱享。這裏指祭祀。　太廟每歲五享：即每年於農曆正月、四月、七月、十月和十二月五次赴太廟祭奠祖先。本書卷三〇《禮志三》：“尚書省奏：‘按唐禮四時各以孟月（四季的頭一個月）享于太廟，季冬又臘享，歲凡五享。若依海陵時歲止兩享，非天子之禮，宜從典禮歲五享。’從之。”

[2]節辰：節日。

别廟

大定二年，有司擬奏閔宗無嗣，合别立廟，[1]有司以時祭享，不稱宗，以武靈爲廟號。又奏："唐立别廟，不必專在太廟垣内。今武靈皇帝既不稱宗，又不與祫享，[2]其廟擬於太廟東墉外隙地建立。"從之。十四年，廟成，以武靈後謚孝成，又謂之孝成廟。

[1]閔宗無嗣合别立廟：閔宗即熙宗。此處所載"閔宗無嗣，合别立廟"，主要依仿晋唐故事。金人援引唐人"廟數有限，無後之主，則宜出置别廟"之議，認爲熙宗無後，也應該另立别廟，四時祭祀。

[2]祫享：即祫祭，合祭。就是將遠近群廟的神主集中在太祖廟進行總祭。一般爲三年一次，也有用三十月一祫者。

十五年三月戊申，奉安武靈皇帝及悼皇后。[1]前期一日，奏告太廟十一室及昭德皇后廟，[2]餘如昭德過廟之儀。四月十七日，夏享太廟，同時行禮，命判宗正英王爽攝太尉，[3]充初獻官。[4]兵部尚書讓攝司徒，[5]差大理卿天錫攝太常卿，[6]充亞獻。[7]大興少尹高居中攝光禄卿，[8]充終獻。自是，歲常五享。

[1]武靈皇帝：即金熙宗。　悼皇后：即熙宗悼平皇后。裴滿氏，熙宗即位，封貴妃。天眷元年（1138），立爲皇后。皇統元年（1141），熙宗受尊號，册爲慈明恭孝順德皇后。皇統九年爲熙宗所殺。海陵弑熙宗，降熙宗爲東昏王，追謚裴滿后爲悼皇后。世宗大定年間，復熙宗帝號，加謚後爲悼平皇后，祔葬思陵。

[2]昭德皇后：世宗皇后，女真烏林答氏。大定二年（1162），

追册爲昭德皇后。章宗時，有司奏太祖謚有“昭德”字，改謚明德皇后。本書卷六四有傳。

［3］判宗正：即判大宗正事，大宗正府長官。以皇族中屬親者充，掌敦睦糾率宗屬欽奉王命。從一品。　英王爽：即太祖完顏阿骨打之子完顏爽。本書卷六九《完顏爽傳》稱，爽，本名阿鄰。世宗初判大宗正事，不久進封英王。後進封榮王，改太子太師。本書卷七四《宗望傳附齊傳》稱，大定“十五年，上召英王爽”。是知大定十五年奉安武靈皇帝時，完顏爽仍爲英王。　攝太尉：太尉爲三公之一，掌論道經邦，燮理陰陽。多授予宗室、外戚和勳臣，是一種榮譽官銜。攝太尉，即代理太尉之職。正一品。

［4］初獻官：古代祭祀過程中，一般要在陳設祭品以後三次獻酒。負責第一次獻酒的官員稱初獻官。

［5］兵部尚書：尚書省下屬機構兵部長官。掌兵籍、軍器、城隍、鎮戍、厩牧、鋪驛、車輅、儀仗、郡邑圖志、險阻、障塞、遠方歸化之事。正三品。　讓：即完顏讓，女真人。曾任大興少尹、臨洮尹、户部郎中、兵部尚書等職。　攝司徒：司徒爲三公之一，多爲榮譽虚銜，無實職。正一品。攝司徒即代理司徒之職。

［6］大理卿：大理寺長官。掌審斷天下奏案，詳核疑獄。正四品。　天錫：當爲烏林答天錫，女真人。金世宗昭德皇后之兄烏林答暉的第三子。世襲納鄰河猛安親管謀克，歷大理卿、攝太常卿、殿前都點檢，封太尉。　攝太常卿：太常卿爲太常寺長官。掌禮樂、郊廟、社稷、祠祀之事。從三品。攝太常卿即代理太常卿之職。

［7］亞獻：古代祭祀過程中，一般要在陳設祭品以後三次獻酒，負責第二次獻酒的官員稱亞獻官。

［8］大興少尹：大興即大興府，治所在今北京市。大興少尹爲大興府屬官。協助府尹、同知掌宣風導俗，肅清所部，通判府事。正五品。　高居中：本書僅此一見。不詳。　攝光禄卿：光禄卿爲光禄寺長官。秦設郎中令，掌管宫殿門户，漢武帝時改名光禄勳，

居宮中。北齊設光禄寺，置卿和少卿，兼管皇室膳食帳幕。唐以後成爲專管皇室祭品、膳食及招待酒宴之官。金代光禄卿應是光禄寺長官。《大金集禮》卷二二《孝成舊廟》，“於十月六日告本廟並差太常、光禄卿”下小字注曰“三品”。本書《百官志》失載。攝光禄卿即代理光禄卿之職。

十七年十月，祫享太廟，“檢討唐禮，孝敬皇帝廟時享用廟舞、宮縣、登歌，[1]讓皇帝廟至禘祫月一祭，[2]只用登歌，其禮制損益不同。今武靈皇帝廟庭與太廟地步不同，難以容設宮縣樂舞，并樂器亦是闕少，看詳恐合依唐讓皇帝祫享典故，樂用登歌，所有牲牢樽俎同太廟一室行禮。[3]及契勘得自來祫享，遇親祠每室一犢，[4]攝官行禮共用三犢。今添武靈皇帝别廟行禮，合無依已奏定共用三犢，或增添牛數”。奏奉勅旨：“太廟、别廟共用三犢，武靈皇帝廟樂用登歌，差官奏告，並准奏。”

[1]孝敬皇帝：即唐高宗第五子李弘。顯慶元年（656）立爲皇太子。上元二年（675）早卒，唐高宗追謚爲孝敬皇帝。《舊唐書》卷八六、《新唐書》卷八一有傳。　時享：宗廟四時的祭祀。《爾雅·釋天》：“春祭曰祠，夏祭曰礿，秋祭曰嘗，冬祭曰蒸。”古代帝王及臣民都行時享之禮。　廟舞：太廟祭祀用舞。　宮縣：樂曲名，即《宮縣之樂》。古時鐘磬等樂器懸掛於架上，懸掛的形式和數量根據身份地位的差異而不同。　登歌之樂：樂曲名。古代舉行祭典、大朝會時，樂師升堂所奏之歌。

[2]讓皇帝：即唐朝讓皇帝李憲，本名成器，唐睿宗之長子。文明元年（684）立爲皇太子。卒後追謚讓皇帝。《舊唐書》卷九五、《新唐書》卷八一有傳。　禘祫：祭名。禘，以其始祖配祭天

地以及宗廟大祭，均謂之禘。　月：禘祫無“月”之説，疑“月”爲“日”字之誤。

[3]牲牢：供祭祀用的牲畜。《詩·小雅·瓠葉》：“上棄禮而不能行，雖有牲牢饔餼，不肯用也。”鄭玄箋：“牛、羊、豕爲牲，繫養者曰牢，熟曰饔，腥曰餼，生曰牽。”　樽俎：也作“尊俎”，古代盛載酒肉的器具。樽，亦作“尊”“罇”，古代盛酒用禮器。其形狀似觚而中部較粗，口徑較大。古代置肉的几、切肉用的砧板、祭祀和設宴時陳置犧牲及牲肉的器具，均稱俎。這裏所説之俎是指祭祀時陳置牛羊豬等犧牲的禮器，木製，漆飾。

[4]犢：指牛犢，即牛牲。

大定十九年四月，[1]升祔太廟，[2]其舊廟遂毁。

[1]大定十九年四月：《大金集禮》卷二二《别廟》記此事作“大定十九年四月二十日”。

[2]升祔：即升神主於祖廟，並排列昭穆之位，祔祭於祖先。此指熙宗由别廟升入太廟。

昭德皇后廟。[1]大定二年，有司援唐典，昭德皇后合立别廟，擬於太廟内垣東北起建，從之。三年十月七日，太廟祫享，升祔睿宗皇帝，并昭德皇后神主同時制造題寫，[2]奉詣殿庭，謁畢祔於祖姑欽仁皇后之左，[3]享祀畢，奉主還本廟。十二月二十一日，臘享，[4]禮官言：“唐禮，别廟薦享皆準太廟一室之儀，伏恐今廟享畢已過質明，請别差官攝祭。”制可，後以殿制小，又於太廟之東别建一位。十二年八月，廟成，正殿三間，東西各空半間，以兩間爲室，從西一間西壁上安置祏室。廟置一便門，與太廟相通。仍以舊殿爲册寶殿，[5]祏室奏毁。

[1]昭德皇后廟：施國祁《金史詳校》卷三下據本傳及《烏林荅暉傳》稱“‘昭’當作‘明’”。本書卷六四《世宗昭德皇后傳》稱，烏林荅氏“大定二年，追册爲昭德皇后，立别廟”，“章宗時，有司奏太祖謚有‘昭德’字，改謚明德皇后”。

[2]神主：供奉的牌位，也稱神位、版位、靈位。

[3]欽仁皇后：即金太宗欽仁皇后，唐括氏。卒謚欽仁皇后，祔葬恭陵。本書卷六三有傳。

[4]臘享：即臘祭。臘指臘月，即農曆十二月。古代以是月臘祭百神，因稱臘月。　祏（shí）室：古代宗廟中藏神主的石匣。祏室，即藏宗廟神主石匣之室。宋人程大昌《演繁録・祏室》：“宗廟神主皆設石函，藏諸廟室之西壁，故曰祏室。室必用石者，防火也。”此指安置昭德皇后神主之室。

[5]册寶殿：指放置册書和玉寶的殿室。册指玉册，帝王祭祀天地祖先及上尊謚的册書。

十三年六月二十一日，奏告太廟，祭告别廟。二十三日，奉安，用前祫享過廟儀。有司言當用鹵簿，[1]以廟相去不遠，參酌擬用清道二人，次團扇二人，次職掌八人，次衙官二十六人爲十三重，供奉官充。次腰輿，輿士一十六人，傘子二人，次團扇十四爲七重，方扇四，次排列職掌六人，燭籠十對，輦官並錦襖盤裹。仍令皇太子率百官行禮。

[1]鹵簿：古代帝王和公卿大臣出行時排列其前後的儀仗隊。

前一日，行事、執事官就祠所清齋一宿，仍習儀。執事者眂醴饌，[1]太廟令帥其屬掃除廟之内外。禮直官設皇太子西向位，執事官位皇太子後，近南，西向，各依品從立。監祭，[2]殿西階下東向立。及親王、百官位於廟庭，北向，西上。又設祝案於神位之右，[3]設尊彝之位於左，[4]各加勺、冪、坫。[5]又設祭器，皆藉以席，[6]左一籩實以鹿脯，[7]右一豆實以鹿臡。[8]又設盥洗、爵洗位于横街之南稍東。[9]罍在洗東，加勺。篚在洗西，南肆，實以巾。執罍篚者位于其後。太廟令又設神位於室内北墉下，當户南向。設直几一、黼扆一、莞席一、繅席一、次席二、紫綾厚褥一、紫綾蒙褥一并幄帳等，[10]諸物並如舊廟之儀。又設望燎位于西神門外之北，[11]設燎柴于位之北，[12]預掘瘞坎于燎所。[13]所司陳儀衛於舊廟門之外。

［1］眂："視"的古字。　醴饌：即酒饌。醴，甜酒，此處泛指祭祀用酒。饌指祭祀用食物，一般稱食物齊備爲饌。

［2］監祭：原作"監察"，據局本和中華點校本改。指監祭御史，負責監察各項典禮不如儀的官員。當由負責"監祭禮"的監察御史充任。

［3］祝案：當指放置祝册的几案。

［4］尊彝：祭祀用禮器。尊用以盛酒，主要有獻尊、象尊、壺尊、著尊、大尊、山尊六尊。彝用以盛明水和鬱鬯，主要有鷄彝、鳥彝、斝彝、黄彝、虎彝、蜼彝六彝。

［5］冪（mì）：也作"幂""鼏"，覆蓋祭祀所用禮器及食物之巾，以疏布、畫布、功布、葛布等爲之。　坫（diàn）：古代設於堂中兩楹間的土臺，用於諸侯相會飲酒時置放空杯及放置來會諸侯

所饋贈的玉圭等物。此外，古代築在室内用於放置食物的土臺也稱“坫”。本文中的“坫”是指用於放置祭祀用的酒尊等物的器具。

[6]席：古代祭祀用以襯墊祭器和祭品的用物。

[7]籩（biān）：古代祭祀燕享時用以盛果脯等食物的竹編食器。　鹿脯（fǔ）：鹿肉乾。《太常續考》：“鹿脯，用活鹿宰，取一斤一塊，方切，如無，麞、麂代之。”

[8]豆：古代食器。初以木製，後亦有陶製及青銅製作者。高一尺，徑一尺，形似高足盤。後多用於祭祀，以盛肉醬等食物。　鹿臡（ní）：也作“鹿醢”，即鹿肉醬。臡，亦作“腝”，有骨之肉醬，醢的一種。

[9]爵洗位：即洗爵之位。爵，爲飲酒器之總名，亦爲飲酒器之一種。此處之爵，指飲酒器之總名。

[10]几：古代坐時憑依以及放置器物的器具。長方形，不高，類似現在北方的炕桌而更狹長。　黼（fǔ）扆（yǐ）：古代帝王座後繡有斧形花紋的屏風。　莞席：也稱莞筵，五席之一。用燈心草編織而成。另説爲筦草編織之席。　繅席：也稱藻席，以蒲蒻草編織，再夾以五色花紋之席。　次席：也稱桃竹席、篾席。用桃竹枝編織之席。金人遵從鄭玄之説，以桃枝席爲次席。

[11]望燎：即祭祀程式即將結束時，皇帝以及重要官員到望燎位觀看點燃的柴草焚燒犧牲玉幣等祭品的情景，其觀看燎祭之位就是望燎位。

[12]燎柴：即燎祭所用之柴。燎爲古代祭名，即燃燒堆積之柴薪，使煙氣上聞於天神。

[13]瘞坎：瘞埋祭品之坑穴。瘞，古祭名，即埋祭，也稱瘞埋。

奉安日未明二刻，所司進方扇燭籠於舊廟殿門外，設腰輿一、繖一於殿階之下，南向。質明，皇太子公服乘馬，本宫官屬導從，至廟門外下馬，步入廟門，至幕次。引親王、百官常服由廟門入，[1]於殿庭北向西上、重行立定。次引皇太子於百官前絶席位立，贊者曰“再拜”，皆再拜。宫闈令升殿，[2]捧昭德皇后神主置于座，贊者曰“再拜”，皆再拜。

[1]引親王百官常服由廟門入：施國祁《金史詳校》卷三下謂：“‘引’上當加‘禮直官’。”疑是。　常服：又稱“燕服”，一般的禮服。古稱褻服，以爲家居之服。北朝以後開始轉化爲一般的公務之服。至隋唐，常服應用範圍進一步擴大。

[2]宫闈令：《宋史》卷一六四《職官志四》記爲太常寺屬官。本書《百官志》不載，但《禮志》多次出現宫闈令一職，謂“禮直官引太常寺官屬並太祝、宫闈令升殿，開始祖祏室。太祝、宫闈令捧出帝后神主，設於座”等。是知，金代也設宫闈令一官，祭祀時主要負責出納和安放神主之位等。

次引内常侍北向俛伏，[1]跪奏“請昭德皇后神主奉安于新廟，降殿升輿”，奏訖，俛伏，興。捧几内侍先捧几匱跪置於輿，[2]又宫闈令接神主，内侍前引，跪置于輿上几後，覆以紅羅帕。内常侍已下分左右前引，皇太子步自舊廟先從行，親王次之，百官分左右後從，儀衛導從，至别廟殿下北向。内常侍於腰輿前俛伏，興，跪奏“請降輿升殿”。内侍捧几匱前，宫闈令捧接神主升殿，置于座。禮直官引皇太子以下親王百官入殿庭，北向西上，重行立，皇太子在絶席立，禮直官贊曰“再拜”，皆再拜。又贊曰“行事官各就位”。禮直官引皇太子西向位立定。禮直官少前贊曰“有司謹具，請行事”。即引皇太子就盥洗位，北向，搢笏，[3]盥手，帨手，[4]執笏。詣爵洗位，北向立，搢笏，洗爵，拭爵以授執事者。執笏，升，詣酒尊所，西向立，執事者以爵授皇太子，搢笏，執爵。執事者舉冪酌酒，皇太子以爵授執事者，詣神位前北向，搢笏，跪。執事者以爵授皇太子，執爵三祭酒，反爵于坫，執笏，俛伏，興，少立。

[1]内常侍：隋置内侍省管理内侍、内常侍等官。唐沿襲不改。金代在宣徽院下設置内侍局，有令、丞、局長、都監、同監等官員。又於泰和二年（1202）設内侍寄禄官，有中常侍、給事中、内殿通直、黄門郎、内謁者、内侍殿頭、内侍高品、内侍高班等官員。不見内常侍之記載。本書除本志三見内常侍以外，卷四二《儀衛志下》，皇太后、皇后鹵簿中尚見有“内常侍二人”之記載。本志之内常侍是否即内侍寄禄官中的“中常侍”，待考。

[2]匱：大型藏物器，自唐以來作“柜”。

[3]搢笏（hù）：將笏版插於腰帶上。笏，亦稱手版。本書卷四三《輿服志上》：“自西魏以來，所制玉笏皆長尺有二寸，方而不折。”大約金代所用之笏長一尺二寸。

[4]帨（shuì）手：用巾擦手。

次引太祝、舉祝官詣讀祝位東北向，舉祝官跪舉祝版，太祝跪讀祝，訖，置祝于案，俛伏，興。舉祝官皆却立北向。贊者曰“再拜”，皇太子就兩拜，降階復位。舉祝、讀祝官後從，復本位。禮直官曰“再拜”，在位者皆再拜。宫闈令納神主于室，贊者曰“再拜”，皆再拜，禮畢，退。署令闔廟門，瘞祝于坎，儀物各還所司。

十一年，[1]郊祀前一日朝享，[2]與太廟同日，用登歌樂，行三獻禮，[3]有司攝事。

［1］十一年：按大定中唯十一年曾行南郊之禮，此處既言“郊祀前一日朝享”，則“十一年”不誤。但上文爲“十三年”，下文爲“二十六年”，敘次有些顛倒不倫。

［2］郊祀：古代祭名。皇帝祭祀天地的重大禮儀。　朝享：亦稱朝廟，宗廟祭祀。

［3］三獻：古代祭祀過程中，陳列祭品以後要三次獻酒，合稱“三獻”。

二十六年，勑别建昭德皇后影廟于太廟内。[1]有司言：“宜建殿三間，南面一屋三門，垣周以甓，[2]外垣置靈星門一，神厨及西房各三間。[3]然禮無廟中别建影廟之例，今皇后廟西有隙地，廣三十四步，袤五十四步，可以興建。”制可。仍於正南别創正門，門以坤儀爲名。仍留舊有便門，遇禘祫祔享由之。每歲五享并影廟行禮於正南門出入。又於廟外起齋廊房二十三間。

［1］影廟：僅本志四見，當爲别廟之一。影當爲畫像。

［2］垣周以甓（pì）：四周的圍墻用磚砌成。垣，矮墻；甓，磚。

［3］神厨：當爲宰殺牛、羊、豬等犧牲以及烹製祭祀所用食物之處。

宣孝太子廟。[1]大定二十五年七月，有司奏：“依唐典，故太子置廟，設官屬奉祀。擬於法物庫東建殿三間，[2]南垣及外垣皆一屋三門，東西垣各一屋一門，門設九戟。[3]齋房、神厨，[4]度地之宜。”又奉旨，太子廟既安神主，宜别建影殿。有司定擬制度，於見建廟稍西中間，限以塼墉，[5]内建影殿三間。南面一屋三門，垣周以甓，無闕角及東西門。外垣正南建三門一，[6]左右翼廊二十間，神厨、齋室各二屋三間。[7]是歲十月，廟成，十一日奉安神主，十四日奉遷畫像。

[1]宣孝太子：金顯宗謚號。顯宗，女真名完顔胡土瓦，漢名允恭，世宗嫡長子。大定二年（1162）立爲皇太子，二十五年六月病卒，七月賜謚號宣孝太子。章宗即位，追封尊謚爲“體道弘仁英文睿德光孝皇帝”，廟號顯宗。本書卷一九《世紀補》有紀。

[2]法物庫：官署名。掌鹵簿、儀仗、車輅、法服等事。

[3]門設九戟：《周禮·天官·掌舍》：“爲壇壝宫，棘門。”鄭玄注：“鄭司農云：‘棘門，以戟爲門。’”戟，古代兵器，合戈矛爲一體，可以直刺和横擊。唐制，官、階、勳俱三品，得立戟於門，因稱顯貴之家爲戟門。此指宣孝太子别廟設九戟之門。

[4]齋房：即齋戒之房室。

[5]限以塼（zhuān）墉（yōng）：用磚砌成一道隔墻。塼，同磚。墉，墻，多指城墻。

[6]外垣正南建三門一：中華點校本疑“一”字爲衍文。按上文有“南面一屋三門”。秦蕙田《五禮通考》卷一〇七《太子廟》、《續文獻通考》卷八六《群廟考》記此事“一”字下有“屋”字，似是。

[7]神厨、齋室各二屋三間：中華點校本疑當作“各一屋三間”或“二屋各三間”。

神主用栗，[1]依唐制諸侯用一尺，刻謚于背。省部遣官於本廟西南隅面北設幄次，[2]監視製造，於行禮前一日製造訖。其日晚，奉神主官奉承以箱，[3]覆以帕，捧詣題神主幄中。次日丑前五刻，題神主官與典儀并禮官詣幄次前，[4]題神主官詣罍洗位，盥手、帨手訖，奉神主官先以香湯奉沐，拭以羅巾。題神主官就褥位，題謚號於背云“宣孝太子神主”，墨書，用光漆模，訖，授奉神主官，承以箱，覆以梅紅羅帕，藉以素羅帕，詣座置於匱，乃下簾帷，侍衛如式。俟典儀俛伏，跪請，備腰輿傘扇詣神位。導引侍衛皆減昭德廟儀。

[1]栗：指栗木。一種喬木。

[2]省部：指尚書省及其下屬的吏、户、禮、兵、刑、工六部。

[3]奉神主官奉承以箱：捧奉神主之官將神主裝入箱中。

[4]題神主官：即書寫神主謚文之官。　典儀：當爲負責典禮儀式的官員。

祭儀，有司言：“當隨祖廟四時祭享。初獻於皇孫皇族、亞獻於皇族或五品以下差。樂用登歌，今量減用二十五人，其接神用無射宫，[1]升降徹豆則歌夾鍾。[2]牲羊、豕各一，籩豆各八，簠簋各二，[3]登鉶各一，[4]其餘祭食亦量減之。”

[1]無射宫：古十二樂律中六陽律之一。《周禮·春官·大師》：“大師掌六律六同，以合陰陽之聲。陽聲：黄鐘、大蔟、姑洗、蕤賓、夷則、無射。”《左傳·昭公二十一年》：“天王將鑄無射。”杜預注：“周景王也。無射，鐘名。律中無射。”孔穎達疏：

“其聲于律應無射之管，故以律名名鐘。”

［2］夾鍾：古十二樂律中六陰律之一。《周禮·春官·大師》：“大師掌六律六同，以合陰陽之聲。……陰聲：大吕、應鐘、南吕、函鐘、小吕、夾鐘。”《周禮·春官·大司樂》：“乃奏無射，歌夾鐘。”鄭玄注：“無射，陽聲之下也，夾鐘爲之合。夾鐘一名圜鐘。”

［3］簠（fǔ）：古代盛穀物的器皿。多用於祭祀。初爲竹製，後亦有青銅製作者。多爲長方形，也有圓形者，器與蓋形狀相同，可却置，各有兩耳。 簋（guǐ）：古代盛穀物的器皿。多用於祭祀。初爲陶製，後以銅製者爲多。多爲圓形，也有方形者。

［4］登：也作“鐙”。陶製禮器，亦有銅製者，用以盛大羹（肉汁）等食物。 鉶：盛和羹（也稱“鉶羹”，加五味的菜汁和肉汁）之禮器，亦曰鉶鼎。

二十六年十一月一日，奏：“神主廟，牲牢樂縣官給。影廟，皇孫奉祀。”

金史　卷三四

志第十五

禮七

社稷　風雨雷師　嶽鎮海瀆

貞元元年閏十二月,[1]有司奏建社稷壇于上京。[2]大定七年七月,[3]又奏建壇于中都。[4]

[1]貞元元年閏十二月：中華點校本按，依本志文例，此句前當脱“社稷”二字。是，今從。　貞元：海陵王年號（1153—1156）。

[2]建社稷壇于上京：中華點校本按，此處有誤字，“上京”當作“中都”。本書卷五《海陵紀》，貞元元年（1153）“三月辛亥，上至燕京”，“乙卯，以遷都詔中外，改燕京爲中都”。又閏十二月“癸巳，定社稷制度”，則所建社稷壇當在中都。上京舊建築曾毁滅之不暇，絶無創建社稷壇之理。本卷下文“大定七年七月，又奏建壇于中都”，或是改建增修，不可考矣。　社稷壇：古代帝王、諸侯和州縣祭祀土神和穀神之壇，多爲社、稷二壇，亦有合爲一壇

者。　上京：今黑龍江省阿城市。金初京師所在地。初稱“皇帝寨”，天眷元年（1138）號上京，海陵貞元元年遷都燕京，削上京之號，衹稱會寧府，大定十三年（1173），復爲上京。

[3]大定：金世宗年號（1161—1189）。

[4]中都：今北京。本書卷二四《地理志上》中都路：“遼會同元年爲南京，開泰元年號燕京。海陵貞元元年定都，以燕乃列國之名，不當爲京師號，遂改爲中都。”

社爲制，其外四周爲垣，[1]南向開一神門，門三間。内又四周爲垣，東西南北各開一神門，門三間，各列二十四戟。[2]四隅連飾罘罳，[3]無屋，於中稍南爲壇位，令三方廣闊，一級四陛。[4]以五色土各飾其方，中央覆以黄土，[5]其廣五丈，高五尺。其主用白石，[6]下廣二尺，剡其上，[7]形如鐘，埋其半。壇南，栽栗以表之。[8]

[1]垣：矮墻。

[2]戟：古代兵器。合戈矛爲一體，可以直刺和横擊。唐制，官、階、勳俱三品，得立戟於門，因稱顯貴之家爲戟門。此指社壇内垣設二十四戟之門。

[3]隅：角落。此指社壇内垣墻角。　罘（fú）罳（sī）：亦作“浮思”“桴思”“罦思”“罛思”“罘思”。古代設在宫門外或墻角的屏，上面有孔，形似網，用以守望和防禦。

[4]陛：殿、壇的臺階，常用以專指天子殿堂上的臺階。這裏指社壇的臺階。

[5]以五色土各飾其方，中央覆以黄土：《韓詩外傳》云：“天子大社，東方青，南方赤，西方白，北方黑，中央黄土。”《新唐書》卷一九九《張齊賢傳》：“問：‘社稷壇隨四方用色，而中不數尺，冒黄土，謂何?’齊賢等曰：‘天子太社，度廣五丈，分四方，

上冒黄土，象王者覆被四方，然則當以黄土覆壇上。舊壇上不數尺，覆被之狹，乖于古。'"

［6］主：指社主，即社神（土神）之牌位。

［7］剡（yǎn）：削。

［8］栗：指栗樹，一種喬木。

近西爲稷壇，如社壇之制而無石主。四壝門各五間，[1]兩塾三門，[2]門列十二戟。壝有角樓，樓之面皆隨方色飾之。饌幔四楹，[3]在北壝門西，北向。神厨在西壝門外，[4]南向。廨在南圍墻内，[5]東西向。有望祭堂三楹，[6]在其北，雨則於是堂望拜。堂之南北各爲屋二楹，三獻及司徒致齋幕次也。[7]堂下南北相向有齋舍二十楹。外門止一間，不施鴟尾。[8]

［1］壝（wéi）：圍繞祭壇四周矮土墻。

［2］塾：宫門外兩側的房屋。此指稷壇外兩側的房屋。

［3］饌幔：陳放祭祀用食物的幔帳，也稱"饌幕"。饌，指具有酒、牲、脯、醢等食物的飯食，或食物齊備謂之饌。　楹：支承屋梁的柱子，一般指堂前兩柱。古代屋中最大的柱子有四根，用以承梁，後兩柱附於室，前兩柱叫做楹，在堂中。兩楹之間叫楹間，故堂之中也稱楹間。

［4］神厨：當爲宰殺牛、羊、豬等犧牲以及烹製祭祀所用食物之處。

［5］廨：本指官舍，官署。此指祭祀官員居息之所。

［6］望祭堂：即望祭之處所。望祭爲古代祭名，即遥望而致祭。

［7］三獻：古代祭祀過程中，陳列祭品以後要三次獻酒，第一次獻酒稱初獻，第二次獻酒稱亞獻，第三次獻酒稱終獻，合稱"三獻"。負責三次獻酒的官員稱三獻官，此即指三獻官。　司徒：三

公之一，掌論道經邦，燮理陰陽。多爲榮譽虚銜，無實職。正一品。　致齋幕次：致齋之處所。致齋爲齋戒名。古人在祭祀或典禮前沐浴更衣，不飲酒，不吃葷，以清整身心，表示誠敬，稱爲致齋。

[8]鴟（chī）尾：又稱“蚩尾”“祠尾”“鴟吻”。宫殿屋脊正脊兩端構件上的裝飾。以外形略如鴟尾而得名。古人認爲鴟尾乃水精，能辟火灾，故以爲飾。

祭用春秋二仲月上戊日，[1]樂用登歌，[2]遣官行事。太尉一，[3]司徒一，已上奏差。[4]亞獻太常卿一，[5]終獻光禄卿一，[6]省差。[7]太常卿一，光禄卿一，郊社令一，[8]學士院官一，[9]請御署祝版。[10]大樂令一，[11]太官令二，[12]監祭御史二，[13]太常博士二，[14]廩犧令一，[15]奉禮郎一，[16]協律郎二，[17]司尊罍二，[18]奉爵酒官一，[19]太祝七，[20]祝史四，[21]盥洗官二，[22]爵洗官二，[23]執巾篚官四，[24]齋郎四十八，[25]贊者一，[26]禮直官十，[27]已上部差。[28]守衛十二人，各衣其方色，其服官給。舉瘞四，[29]衣皂，[30]軍人内差，其衣自備。

[1]春秋二仲月：仲月指位次在中間之月。春秋二仲月即指春季中間之月和秋季中間之月。春季中間之月即仲春，爲農曆二月。秋季中間之月即仲秋，爲農曆八月。

[2]登歌：此指樂曲名，即《登歌之樂》。古代舉行祭典、大朝會時，樂師升堂所奏之歌。

[3]太尉：三公之一。多授予宗室、外戚和勳臣，是一種榮譽官銜。正一品。

[4]奏差：即上奏皇帝由皇帝任命差遣。

［5］亞獻：古代祭祀過程中，一般要在陳設祭品以後三次獻酒，第二次獻酒稱亞獻，負責第二次獻酒的官員稱亞獻官。　太常卿：太常寺長官。掌禮樂、郊廟、社稷、祠祀之事。從三品。此指以太常卿充任亞獻官。

［6］終獻官：古代祭祀過程中，一般要在陳設祭品以後三次獻酒，第三次獻酒稱終獻，負責第三次獻酒的官員稱終獻官。　光禄卿：《宋史》卷一六四《職官四》：光禄寺屬官有“卿、少卿、丞、主簿各一人”，“卿掌祭祀、朝會、宴饗酒醴膳羞之事，修其儲備而謹其出納之政，少卿爲之貳，丞參領之”。金代光禄卿亦應是光禄寺長官，專管皇室祭品、膳食及招待酒宴等。《大金集禮》卷二二《孝成舊廟》，“於十月六日告本廟並差太常、光禄卿”下小字注曰“三品”。本書《百官志》失載。此指由光禄卿充任終獻官。

［7］省差：由尚書省任命差遣。

［8］郊社令：太常寺下屬機構郊社署長官。掌社稷、祠祀、祈禱並廳舍祭器等物。從六品。

［9］學士院：官署名。即翰林學士院，掌制撰詞命，應奉文字。長官爲翰林學士承旨，正三品。下設翰林學士，正三品；翰林侍讀學士、翰林侍講學士，皆從三品；翰林直學士，從四品；翰林待制，正五品；翰林修撰，從六品；應奉翰林文字，從七品。

［10］祝版：亦作祝板、祝册，古代祭祀用以書寫祝文之版册。

［11］大樂令：太常寺下屬大樂署屬官。掌調和律吕，教習音聲並施用之法。從六品。

［12］太官令：據本書卷五《海陵紀》天德三年（1151）閏四月“命太官常膳惟進魚肉，舊貢鵝鴨等悉罷之”。卷七《世宗紀中》大定十四年（1174）十一月世宗召尚食局使，諭之曰：“太官之食，皆民脂膏。日者品味太多，不可遍舉，徒爲虚費。自今止進可口者數品而已。”可知，太官令當爲尚食局下屬太官屬官，掌御膳、進食先嘗、兼管從官食等。本書《百官志》未載。　太官令二：南監本、北監本、殿本、局本作“太官令三”。

［13］監祭御史：負責監察各項典禮不如儀的官員。當由負責“監祭禮”的監察御史充任。

［14］太常博士：太常寺屬官。本書卷五五《百官志一》，太常寺“博士二員，正七品，掌檢討典禮”。

［15］廩犧令：太常寺下屬廩犧署長官。一般由太廟令兼任。掌薦犧牲及養飼等事。從六品。

［16］奉禮郎：太常寺屬官。掌設版位，執儀行事。從八品。

［17］協律郎：太常寺屬官。掌以麾節樂，調和律呂，監視音調。從八品。

［18］司尊罍：當爲負責尊罍等禮器的官員。尊，亦作“樽”“罇”，古代盛酒用禮器。尊的形狀似觚而中部較粗，口徑較大。罍，爲古代盛酒器，也用以盛水。

［19］奉爵酒官：當爲負責酌酒及進奉酒爵的官員。爵，爲飲酒器之總名，亦爲飲酒器之一種。

［20］太祝：太常寺屬官。掌奉祀神主。從八品。

［21］祝史：太常寺下屬機構郊社署屬官。協助郊社令、丞。本書卷五五《百官志一》：“郊社署：承安三年設祝史、齋郎百六十人，作班祗傔使，周年一替。大安元年，奏兼武成王廟署。”

［22］盥洗官：當爲負責盥洗之官員。古代祭祀過程中，洗爵之前必先洗手。《禮記·少儀》：“凡洗必盥。”孔穎達疏：“洗，洗爵也。盥，洗手也。凡飲酒必洗爵，洗爵必宜先洗手也。”此盥洗官當爲負責準備洗、罍等盥洗器及舀水、用洗承水的官員。

［23］爵洗官：當爲負責爵洗之器及爲皇帝及三獻等官員洗爵時舀水及用洗承水的官員。

［24］執巾篚（fěi）官：即執奉巾篚的官員。巾是用以拭手等的擦抹用布。巾篚，即盛擦手巾的竹器。這裏所說的奉巾官是指負責執奉擦手巾的官員。篚是盛物的竹器，一般爲方形，有蓋。

［25］齋郎：太常寺下屬機構郊社署屬官。協助郊社令、丞。

［26］贊者：主管祭祀、典禮時贊導等事的官員。

[27]禮直官：似爲太常寺屬下負責祭祀、典禮等禮儀行事的官員，本書《百官志》未載。

[28]部差：由六部等機構任命和差遣。

[29]舉瘞：當爲舉奉瘞血及瘞埋所用祭品的官員。瘞，埋葬。這裏指將祭祀地祇的祭品埋起來。

[30]皂：黑色。此指黑色衣服。

前三日質明，行事官受誓戒於尚書省、御史臺，[1]太常寺引衆官就位，[2]禮直官贊“揖”，對揖，訖，太尉誓曰：“某月某日上戊，祭于太社，[3]各揚爾職。不恭其事，國有常刑。”讀訖，對拜，訖，退。凡與祭官散齋二日，致齋一日，[4]已齋而闕者通攝行事，仍習禮於社宫。[5]諸衛令率其屬，各以其方器服守衛社宫門。大樂工人俱清齋一宿。[6]

[1]尚書省：官署名。爲金最高政務機構。太宗天會四年（1126）始置尚書、中書、門下三省，尚書省實際執政。海陵王完顏亮廢中書、門下省，祇存尚書省，尚書省成爲最高政務機構，中國古代中央官制開始由三省制向一省制轉變。　御史臺：官署名。掌糾察朝儀、彈劾官邪、勘鞫官府公事、糾察内外非違並監祭禮及出使之事等。屬官有御史大夫、御史中丞、侍御史、治書侍御史、殿中侍御史、監察御史等。

[2]太常寺：官署名。皇統三年（1143）始設，下屬機構有太廟署、廩犧署、郊社署、武成王廟署、諸陵署、園陵署、大樂署。長官爲太常卿，從三品。下設少卿、丞、博士、檢閲官、檢討、太祝、奉禮郎、協律郎等官。此指太常寺官員。

[3]太社：也作“大社”，即社，指社壇。《白虎通義》卷二《社稷》引《禮記·三正記》曰：“王者二社，爲天下立禮曰太社，

自爲立社曰王社；諸侯爲百姓立社曰國社，自爲立社曰侯社。太社爲天下報功，王社爲京師報功，太社尊于王社。”後世多立一社一稷。

[4]散齋二日致齋一日：祭祀前的齋戒。本書卷二八《禮志一》稱：“齋戒，用唐制。大祀，散齋四日，致齋三日。中祀，散齋二日，致齋一日。”散齋可以外出，但要不飲酒，不吃葷，不御，不聽音樂，不弔喪。致齋則要日夜居於室内，不飲酒，不吃葷，不御，不聽音樂，不弔喪。

[5]社宫：即社壇，此處當指社壇中室屋。

[6]大樂工人：指大樂署下樂工。本書卷五五《百官志一》太常寺下屬機構有大樂署，養樂工百人。　清齋：祭祀前的齋戒。

前三日，陳設局設祭官公卿已下次於齋房之内。[1]及設饌幔四於社宫西神門之外，門南，西向。

[1]陳設局：當爲負責陳設祭祀所用之物的機構和官員。本書僅此一見。　公卿已下：秦朝設置三公九卿爲皇帝以下最高官員。此處公卿已下當指三公、宰相以下各級官員。　次：以布帷、蘆席臨時張設供居息之處所。凡大祭祀、朝覲、田獵、射禮、冠禮、喪禮都要設次。

前二日，郊社令率其屬，[1]掃除壇之上下。大樂令設樂於壇上。郊社令爲瘞坎二於壬地，[2]方深取足容物，南出陛。又設望瘞位於坎之北，[3]南向。

[1]郊社令率其屬：“率”，原作“牽”。據上下文意及南監本、北監本、殿本和中華點校本改。

[2]瘞坎：指瘞埋祭品之坑穴。

［3］望瘞位：古代祭祀土神等地祇神典禮基本完成之後，皇帝要到望瘞位觀看瘞坎埋祭犧牲玉幣等祭品。皇帝觀看瘞埋祭品之處稱爲望瘞位。

前一日，奉禮郎帥禮直官，設祭官公卿已下褥位於西神門之内道南，[1]執事官於道北，每等異位，俱重行，東向，南上。設御史位二於壇下，[2]一在太社東北，西向，一在太稷西北，[3]東向，博士各在其北。[4]設奉禮郎位於稷壇上西北，贊者一在北，東向。設協律郎位二於壇上東北隅，俱西向。設大樂令位於兩壇之間，南向。設獻官褥位於逐壇上神座前。[5]設省牲位於西神門外。[6]設牲榜於當門，[7]黝牲二居前，[8]又黝牲二少退，三牲皆用黝。[9]北上。設廩犧令位於牲東北，南向。設諸太祝位於牲西，各當牲後，祝史陪其後，俱東向。設太常卿省牲位於前近南，北向。又設御史位於太常卿之東，北向。太常卿帥其屬，設酒罇之位。太罇二、著罇二、犧罇二、山罍二在壇上北隅，[10]南向。象罇二、壺罇二、山罍二在壇下北陛之西，[11]南向。后土氏象罇二、著罇二、山罍二在太社酒罇之西，[12]俱東南上。設太稷、后稷酒罇於壇之上下，[13]如太社、后土之儀。設洗位二於社壇西北，[14]南向。罍在洗東，篚在洗西，北肆。司罇罍篚冪者，[15]各位於其後。設玉帛之篚於壇上罇坫之所。[16]設四座，各籩十、豆十、簠二、簋二、鉶三、盤一、俎三、坫四，[17]内籩一、豆一、簠一、簋一、俎三各設於饌幔内。光禄卿率其屬，入實。籩之實，魚鱐、乾棗、形鹽、鹿脯、榛實、乾䕩、桃、菱、芡、栗，[18]

以序爲次。豆之實，芹菹、笋菹、葵菹、菁菹、韭菹、魚醢、兔醢、豚拍、鹿臡、醓醢，[19]以序爲次。鉶實以羹，[20]加芼滑。[21]簠實以稻、粱，[22]簋實以黍、稷，[23]粱在稻前，稷在黍前。太官令入實罇罍以酒，各一罇實以玄酒。[24]

[1]褥位：即跪拜之位。褥，坐卧的墊具，此指跪拜的墊具。

[2]御史：御史臺屬官。

[3]太稷：神壇名。即稷壇，也稱太稷壇。祭祀穀神的神壇。

[4]博士：金代國子監下屬國子學、太學均設有博士官，分掌教授生員、考校藝業等；太常寺也設有博士官，掌檢討典禮。本書《章宗紀四》載有“諸路醫學博士”，據此知各路也設有醫學博士。此處所載“博士”當爲太常寺屬官。

[5]獻官：指三獻官。

[6]省牲位：即檢視祭祀所用犧牲之位。省牲，也做“展牲”，祭祀前檢視祭祀所用犧牲。

[7]牲榜：也作“牲牓”，是展示牛、羊、豬等犧牲的榜單。

[8]黝牲：黑色牲畜。

[9]三牲皆用黝：中華點校本按上文“黝牲二居前，又黝牲二少退”，凡四牲。疑“三”或爲“四”之誤。《大唐開元禮》卷三四《仲春仲秋上戊祭太社有司攝事·陳設》“烹牲”後小字注稱“三牲用黝色”，無“四”字之説。“三”字或爲襲用《大唐開元禮》小字注時致誤。“三”，北監本、殿本、局本作“二”，似是。

[10]太罇：六尊之一。即太尊，也作大尊、泰尊，祭祀用酒器。　著罇：六尊之一。即著尊，祭祀用酒器。　犧罇：六尊之一。即犧尊，也作獻尊，祭祀用酒器，犧牛之形狀。　山罍（léi）：六尊之一。亦稱山尊或山樽。爲古代刻有山雲形圖文的盛酒器具，多爲祭祀用酒器。

[11]象鐏：六尊之一。即象尊，祭祀用酒器，象形，用以盛鬱鬯等高級香酒。　壺鐏：六尊之一。即壺尊，祭祀用酒器，壺形。

[12]后土：古代稱地神或土神爲后土，或稱后土皇地祇。

[13]后稷：周人始祖。相傳她的母親曾欲棄之不養，故名棄。爲舜農官，封於邰，號后稷。後周人以其始祖配天，並逐步演變爲穀神。

[14]洗位：即洗手、洗爵之位。古代祭祀過程中，凡飲酒必洗爵，洗爵之前必先洗手。洗手、洗爵，皆一人從篚中取枓（舀水器），用枓從罍中取水，從上澆之，其下注之水，謂之棄水，承棄水之器謂之洗。

[15]冪（mì）：覆蓋祭祀所用禮器及食物之巾。以疏布、畫布、功布、葛布等爲之。

[16]玉帛：也稱玉幣，祭祀用物品。　坫（diàn）：古代設於堂中兩楹間的土臺，用於諸侯相會飲酒時置放空杯及放置來會諸侯所饋贈的玉圭等物。此外，古代築在室内用於放置食物的土臺也稱"坫"。祭祀時放置爵尊之禮器也稱"坫"。

[17]籩（biān）：古代祭祀燕享時用以盛果脯等食物的竹編食器。　豆：古代食器。初以木製，後亦有陶製及青銅製作者。高一尺，徑一尺，形似高足盤。後多用於祭祀，以盛肉醬等食物。　簠（fǔ）：古代盛穀物的器皿。多用於祭祀。初爲竹製，後亦有青銅製作者。多爲長方形，也有圓形者，器與蓋形狀相同，可却置，各有兩耳。　簋（guǐ）：古代盛穀物的器皿。多用於祭祀。初爲陶製，後以銅製者爲多。多爲圓形，也有方形者。　鉶：盛和羹（也稱"鉶羹"，加五味的菜汁和肉汁）之禮器。亦曰鉶鼎。　盤：古代淺而敞口的盛物、盛水和沐浴之器。　俎：古代置肉的几、切肉用的砧板、祭祀和設宴時陳置牲口的器具，均稱俎。這裏是指祭祀時陳置犧牲之肉的禮器，木製，漆飾。

[18]魚鱐（sù）：乾魚。　乾棗：祭祀所用之棗。　形鹽：祭祀所用之鹽。　鹿脯（fǔ）：鹿肉乾。　榛實：亦稱榛仁。榛是一

種灌木或小喬木，所結果實叫榛子。　乾橑（lǎo）：即乾梅，將梅煮熟晾乾。　菱：即菱角，一種草本植物。生在池沼中，果實的硬殼有角，果肉可以吃。　芡（qiàn）：植物名。也稱“鷄頭”。多年生水生草本植物，全株有刺。葉圓盾形，夏季開花，漿果海綿質，種子球形，黑色，稱“芡實”或“鷄頭米”，可供食用或釀酒。　栗：即栗子，一種喬木。果實叫栗子，包在多刺的殼斗内，可以吃。

[19]芹菹：切斷的芹菜。　笋沮：即將笋切碎。　葵菹：葵爲草本植物，如錦葵、蜀葵、向日葵等。似吉禮用葵應切，稱葵菹。　菁菹：《太常續考》：“菁菹，用菁菜略經沸湯，切作長條，淡用。”菁，菜名，即蔓菁，又名蕪菁。　韮菹：《太常續考》：“韭菹，用生韭菜切去頭尾，取中四寸，淡用。如無韭根亦可。”韮，韮菜，草本植物，葉子細長，是普通蔬菜。　魚醢（hǎi）：醢的原意是指肉、魚等製成的醬。此處的“魚醢”是指將魚肉切成小塊。　兔醢：將兔肉切成小塊。　豚（tún）拍：亦作“豚胉”。豚，小豬。胉（bó），同“膊”，牲體的兩脅。　鹿臡（ní）：也作“鹿醢”，即鹿肉醬。臡，亦作“腝”，有骨之肉醬，醢的一種。　醓（tǎn）醢：多汁的肉醬，也屬醢。

[20]羹：煮肉汁。羹有大羹和鉶羹之分，大羹不加鹽菜，鉶羹加鹽菜。

[21]芼（máo）：指可供食用的野菜和水草，也指野菜雜羹，稱芼羹。　滑：古時指使菜肴柔滑的作料。

[22]稻：古之稻，多指糯稻。宋以後兼指粳稻。

[23]黍：一年生草本植物。種子淡黄色，去皮後叫黄米，煮熟後有黏性。　稷：即粟，穀子。去皮後稱小米，不黏。

[24]玄酒：亦稱上水、新水。古代祭祀用水。

祭日未明五刻，郊社令升設太社、太稷神座，[1]各於壇上近南，北向。設后土氏神座於太社神座之左，后稷氏神座於太稷神座之左，俱東向。席皆以莞，[2]加裀褥如幣之色。神位版各於座首。[3]

［1］神座：即放置神位板之位，也稱神位、版位、靈位等。

［2］席：古代祭祀用席子。　莞：即莞席，也稱莞筵，五席之一。用燈心草編織而成，另説爲莞草編織之席。

［3］神位版：供奉神靈的牌位，也稱神主、神位板等。

前一日，諸衛之屬禁斷行人。郊社令與其屬，以罇坫罍洗篚冪入設於位，司罇罍、奉禮郎及執事者升自太社壇西陛以俟。其省牲器、視滌溉，並如郊廟儀。[1]

［1］省牲器：祭祀前派遣官員檢視祭祀所用之犧牲和祭器。省（xǐng），察看，檢視。牲，指祭祀用犧牲。器，指祭祀用禮器。視滌溉：也稱視滌濯，檢視祭祀所用禮器是否清洗乾凈。省牲器、視滌溉禮儀參見本書卷二八《禮志一》及卷三〇《禮志三》等。

祭日未明十刻，太官令率宰人以鸞刀割牲，[1]祝史以豆取毛血，各置於饌所，以盤取血置神座前，遂烹牲。未明三刻，諸祭官各服其服。郊社令、太官令入實玉幣罇罍。太官令帥進饌者實諸籩豆簠簋。未明一刻，奉禮郎、贊者先入就位。禮直官引光禄卿、御史、博士、諸太祝、祝史、司罇罍篚冪者入自西門，當太社壇北，重行南向東上立定，奉禮曰“再拜”，贊者承傳，御史以下皆再拜，訖，司罇罍篚冪者皆就位。奉盤血祝史與太祝由西陛升壇，各於罇所立，祝史以俟瘞血，大祝以俟取玉幣。大樂令帥工人入。禮直官各引祭官入，就位立定，奉禮曰“衆官再拜”，贊者曰“在位者皆再拜”，其先拜者不拜。禮直官進太尉之左曰“有司謹具請行事”，退復位。禮直官引光禄卿就瘞血所，又引祝史奉盤血降自西陛，至瘞位，光禄卿瘞血，訖，復位。祝史以盤還饌幔，以俟奉毛血豆。奉禮曰“衆官再拜”，在位者皆再拜。諸太祝取玉幣於篚，各立於尊所。禮直官引太尉詣盥洗位。協律郎跪，俛伏，[2]舉麾，[3]樂作太簇宫《正寧之曲》。[4]后盥洗同。[5]至洗位南向立，樂止。

[1]宰人：負責宰殺牛、羊、豬等犧牲之人。　鸞刀：祭祀時割宰牛、羊、豬等犧牲所用之刀。

[2]俛伏：指跪拜。俛，通“俯”，屈身，低頭。

[3]麾：即旌旗。此指指揮奏樂之旗。

[4]正寧之曲：本書僅本志兩見，《樂志》不載。

[5]后盥洗同：《五禮通考》卷四四《吉禮·社稷》記此事改作小字注文。

搢笏、盥手、帨手訖，[1]詣太社壇，樂作應鍾宫《嘉寧之曲》。[2]後升壇同。[3]升自北陛，樂止，南向立。太祝以玉帛西向授太尉，太尉受玉帛。禮神之玉奠於神前，瘞玉加於幣，配位不用玉。玉用兩圭有邸，盛以匣。瘞玉以玉石爲之。帛用黑繒，長一丈八尺。[4]樂作太簇宫《嘉寧之曲》，太稷同。[5]禮直官引太尉進，南向跪奠於太社座前，俛伏，興。引太尉少退，詣褥位南向再拜。太祝以幣授太尉，太尉受幣，西向跪奠於后土神座前，俛伏，興。禮直官引太尉少退，西向再拜，訖，樂止。

[1]搢笏（hù）：將笏版插於腰帶上。笏，亦稱手版，記事其上，以備遺忘。　盥手：洗手。　帨（shuì）手：用巾擦手。

[2]應鍾宫《嘉寧之曲》：樂曲名。本書卷三九《樂志上》：郊祀“昊天上帝，酌獻，登歌大吕宫《嘉寧之曲》”，歌辭是：“郊禋展敬，昭事上靈。太尊在席，有醑斯馨。酌言獻之，靈其醉止。福禄來宜，以答明祀。”本書卷四〇《樂志下》宗廟祭祀“初獻升、降殿，中吕宫《嘉寧之曲》”，歌辭是：“有來肅肅，登降以敬。粲粲袨服，鏘鏘佩聲。金石節奏，既協且平。其儀不忒，乃終有慶。”祫禘有司攝事，“升自西階，登歌奏夾鐘宫《嘉寧之曲》”，歌辭是：“國有太宫，合食以禮。躋階肅肅，降陛濟濟。鏘然純音，節乃容止。神之格思，永綏福履。”時享，攝事登歌樂章，“初獻升殿，夾鐘宫《嘉寧之曲》”，歌辭是：“濟濟在庭，祇薦有序。雍容令儀，旋規折矩。爰徂于基，鳴佩接武。敬恭神明，來寧來處。”昭德皇后時享，登歌樂章，“初獻升殿，夾鐘宫《嘉寧之曲》”，歌辭是：“假哉神宫，神宫有侐。惟時吉蠲，登降翼翼。歌鐘鏘煌，笙磬翕繹。於昭肅恭，靈鼇來格。”殿廷樂歌，大定八年（1168）正月，册皇太子，“群臣合班，奏《嘉寧之曲》”，歌辭是：“於皇臨軒，禮崇上嗣。維眷之祺，傃方正位。言觀其儀，翔翔濟濟。美歸吾君，太平萬歲。”未載社稷祭祀所用“應鐘宫《嘉寧之曲》”和“太簇宫《嘉寧之曲》”。

[3]後升壇同：《五禮通考》卷四四《吉禮·社稷》記此事改作小字注文。

[4]“禮神之玉奠於神前”至“長一丈八尺”：《五禮通考》卷四四《吉禮·社稷》記此事改作小字注文。　禮神之玉：祀神所用

之玉分兩種，一種是禮神之玉，一種是燔玉及瘞玉。禮神之玉，一般情況下不予燔燒和瘞埋，燔玉和瘞玉則在祭祀時放在柴草上燔燒和埋入瘞坎。　瘞玉：用作埋祭之玉。秦蕙田《五禮通考》，“瘞玉，以玉石爲之”，有時“以黝石代之”。本志下文稱：“瘞玉以玉石爲之。”是知，金代瘞玉以玉石爲之。　兩圭有邸：古人祭祀用玉器。圭，也作“珪”，上尖下方。形製大小，因爵位及用途不同而不同。兩圭有邸即於圓璧上下琢出兩圭，以圓璧爲本身，圭璧相連。

[5]太稷同：《五禮通考》卷四四《吉禮·社稷》記此事改作小字注文。

禮直官引太尉降自北陛，詣太稷壇，盥洗、升奠玉幣如太社后土之儀。祝史奉毛血入，各由其陛升，毛血豆係别置一豆。[1]諸太祝迎取於壇上，俱進奠於神座前，祝史退立於罇所。太尉既升奠玉幣，太官令出帥進饌者，奉饌陳於西門外。禮直官引司徒出詣饌所，司徒奉太社之俎。諸太祝既奠毛血，禮直官太官令引太社太稷之饌入自正門，配座之饌入自左闥。[2]

[1]毛血豆係别置一豆：《五禮通考》卷四四《吉禮·社稷》記此事改作小字注文。

[2]配座：也稱配位，指配享神座之位。

饌初入門，樂作太簇宫《正寧之曲》，饌至陛，樂止。祝史俱進徹毛血豆，[1]降自西陛以出。太社太稷之饌升自北陛，配座之饌升自西陛，諸太祝迎引於壇上，各於神座前設訖，禮直官引司徒已下降自西陛，樂作，復位，樂止。諸太祝還罇所。禮直官引太尉詣罍洗位，樂作，至位，樂止。

[1]徹：通“撤”。

盥手、洗爵訖，禮直官引太尉詣太社壇，升自北陛，樂作，至太社酒罇所，樂止。執罇者舉冪，執事者以爵授太尉，太尉執爵，[1]太官令酌酒，訖，樂作太簇宮《皁寧之曲》。[2]太稷同。[3]太尉以爵授執事者。禮直官引太尉詣太社神座前，執事者以爵授太尉，南向跪奠爵，[4]訖，以爵授執事者，俛伏，興。太尉少退，樂止。讀祝官與捧祝官進於神座前右，[5]西向跪讀祝，讀訖，讀祝官就一拜，各還罇所。太尉拜訖，詣配位酒罇所。執事者舉冪，執事者以爵授太尉，太尉執爵，太官令酌酒，訖，樂作太簇宮《昭寧之曲》。[6]太尉以爵授執事者。禮直官引太尉進后土神座前，執事者以爵授太尉，西向跪奠爵，[7]訖，以爵授執事者，俛伏，興。太尉少退，樂止。讀祝如上儀。太尉再拜，訖，禮直官引太尉降自北陛，樂作，至罍洗位，樂止。

[1]太尉執爵：原脱“太尉”二字。中華點校本據《五禮通考》卷四四《社稷》引本文補。查《五禮通考》卷四四《社稷·金社稷》引文並無復“太尉”二字。應據本卷下文“執事者以爵授太尉，太尉執爵，太官令酌酒，訖，樂作太簇宮《昭寧之曲》”補。

[2]皁寧之曲：樂曲名。本書僅此一見。

[3]太稷同：《五禮通考》卷四四《吉禮·社稷》引本文改作

小字注文。

[4]執事者以爵授太尉，南向跪奠爵：據下文“執事者以爵授太尉，太尉執爵，太官令酌酒，訖，樂作太簇宫《昭寧之曲》”，“南向”前似脱“太尉”二字。

[5]讀祝官：即誦讀祝神之辭的官員。　捧祝官：即捧奉寫有記載祝神辭之版册的官員。

[6]昭寧之曲：樂曲名。本書僅此一見。

[7]執事者以爵授太尉，西向跪奠爵：據上文“執事者以爵授太尉，太尉執爵，太官令酌酒，訖，樂作太簇宫《昭寧之曲》”，“西向”前似脱“太尉”二字。

盥手、洗爵訖，禮直官引太尉詣太稷壇，升自北陛，並如太社后土之儀，樂曲同。[1]訖，禮直官引太尉還本位。

[1]樂曲同：《五禮通考》卷四四《吉禮·社稷》引本文改作小字注文。

亞、終獻，盥洗升獻並如太尉之儀。

禮直官引終獻降復位，樂止。太祝各進徹豆，樂作應鍾宫《娱寧之曲》，[1]還罇所，樂止。徹者籩豆各一，少移於故處。奉禮曰“賜胙”，[2]贊者曰“衆官再拜”，在位者皆再拜。禮直官進太尉之右，請就望瘞位，御史、博士從，南向立。於衆官將拜之前，太祝執篚進於神座前取玉幣，齋郎以俎載牲體、稷黍飯、爵酒，體謂牲之左髀。[3]各由其陛降壇，以玉幣饌物置於坎，訖，奉禮曰“可瘞”，坎東西各二人置土半坎，訖，禮直官進太尉之左曰“禮畢”，遂引太尉出，祭官以下以次出。禮直官引御史博士以下俱復執事位，立定。奉禮曰“再拜”，御史以下皆再拜，訖，出。工人以次出。祝版燔於齋坊。光禄卿以胙奉進，御史就位展視，光禄卿望闕再拜，乃退。

其州郡祭享，一遵唐、宋舊儀。

[1]應鍾宮：南監本、北監本、殿本作“應鐘宮”。鐘，“鍾”的異體字。　娱寧之曲：樂曲名。本書僅此一見。

[2]賜胙：皇帝將祭祀用過的牲肉贈給宗室臣下稱“賜胙”。胙，祭祀用的牲肉。

[3]體謂牲之左髀：中華點校本按，此六字原誤作正文，殿本、局本改成小注。今從之。

風、雨、雷師[1]

明昌五年，[2]禮官言：[3]“國之大事，莫重於祭。王者奉神靈，祈福祐，皆爲民也。我國家自祖廟禘祫五享外，[4]惟社稷、嶽鎮海瀆定爲常祀，[5]而天地日月風雨雷師其禮尚闕，宜詔有司講定儀注以聞。”[6]尚書省奏：“天地日月，或親祀或令有司攝事。若風雨雷師乃中祀，[7]合令有司攝之。且又州縣之所通祀者也，合先舉行。”制可。

[1]風、雨、雷師：古人認爲風、雨、雷皆有神靈，颳風、下雨、打雷由風神、雨神和雷神主宰，爲保證風調雨順，各朝各代皆祭祀風、雨、雷神。風、雨、雷師屬於天神第三等級。

[2]明昌：金章宗年號（1190—1196）。

[3]禮官：即禮部官員，掌禮樂、祭祀、學校、貢舉、册命、天文、釋道、使官之事。有時也指宣徽院、御史臺負責禮儀的官員。

[4]禘祫：祭名。禘，以其始祖配祭天地以及宗廟大祭，均謂之禘。“祫”，就是合祭，將遠近群廟的神主集中在太祖廟進行總祭，稱祫祭。一般情況下，三年喪畢時，祫祭一次，第二年禘祭。此後，祫祭三年一次，禘祭五年一次，後世多用三十月或四十二月一次。　五享：每年於農曆正月、四月、七月、十月和十二月五次赴太廟祭奠祖先，稱太廟每歲五享。

[5]嶽鎮海瀆：嶽指五嶽，即東嶽泰山、西嶽華山、南嶽衡山、北嶽恒山、中嶽嵩山爲五嶽；鎮指五鎮，即東鎮沂山（今山東省沂水縣）、南鎮會稽山（今浙江省紹興市）、北鎮醫無閭山（今遼寧省北寧市）、冀州鎮（中鎮）霍山（今山西省霍州市），並就山立祠，號爲四鎮，後以吴山（今陝西省隴縣）爲西鎮，成爲“五鎮”；海指四海，即東海、南海、西海、北海；瀆指四瀆，即長江、黄河、淮水、濟水爲四瀆。四瀆者，發源注海者也。

[6]儀注：禮節制度。此指祭祀天地日月風雨雷師等禮儀制度。

[7]中祀：《舊唐書》卷四三《職官二》：“凡祭祀之名有四：一曰祀天神，二曰祭地祇，三曰享人鬼，四曰釋奠于先聖先師。其差有三：若昊天上帝、皇地祇、神州、宗廟爲大祀。日月星辰、社稷、先代帝王、嶽鎮海瀆、帝社、先蠶、孔宣父、齊太公、諸太子廟爲中祀。司中、司命、風師、雨師、衆星、山林、川澤、五龍祠等，及州縣社稷、釋奠爲小祀。”金代中祀與唐同。

乃爲壇於景豐門外東南，[1]闕之巽地，[2]歲以立春後丑日，以祀風師。牲、幣、進熟，如中祀儀。又爲壇於端禮門外西南，[3]闕之坤地，以立夏後申日以祀雨師，其儀如中祀，羊、豕各一。是日，祭雷師於位下，[4]禮同小祀，一獻，羊一，無豕。其祝稱“天子謹遣臣某”云。

[1]景豐門：城門名，也作“景風門”。爲金中都外城南面三門中的東門。

[2]闕：古代建築物名。古代天子諸侯在宫門外築臺，臺上建屋，稱爲闕，又稱觀、魏、象魏等。可以登臨遠觀，也可以懸掛國家政令、刑法等布告，讓萬民觀之。

[3]端禮門：城門名。金中都外城南面三門中的西門。

[4]祭雷師於位下："師"，原作"神"。中華點校本按上文三處皆作"師"並據殿本改。今從。

嶽、鎮、海、瀆

大定四年，禮官言："嶽鎮海瀆，當以五郊迎氣日祭之。"[1]詔依典禮以四立土王日就本廟致祭，[2]其在他界者遥祀。[3]立春，祭東嶽于泰安州、[4]東鎮于益都府、[5]東海于萊州、[6]東瀆大淮于唐州。[7]立夏，望祭南嶽衡山、南鎮會稽山于河南府，[8]南海、南瀆大江于萊州。季夏土王日，祭中嶽于河南府、[9]中鎮霍山于平陽府。[10]立秋，祭西嶽華山于華州、西鎮吴山于隴州，[11]望祭西海、西瀆于河中府。[12]立冬，祭北嶽恒山于定州、北鎮醫巫閭山于廣寧府，[13]望祭北海、北瀆大濟于孟州。[14]其封爵並仍唐、宋之舊。[15]明昌間，從沂山道士楊道全請，[16]封沂山爲東安王，吴山爲成德王，霍山爲應靈王，會稽山爲永興王，醫巫閭山爲廣寧王，淮爲長源王，江爲會源王，[17]河爲顯聖靈源王，濟爲清源王。

[1]五郊迎氣日：即立春、立夏、先立秋十八日、立秋、立冬，爲迎時氣祭五方帝之日。《後漢書》卷九八《祭祀中》："迎時氣，五郊之兆。……立春之日，迎春于東郊，祭青帝句芒。……立夏之日，迎夏于南郊，祭赤帝祝融。……先立秋十八日，迎黄靈于中兆，祭黄帝后土。……立秋之日，迎秋于西郊，祭白帝蓐收。……立冬之日，迎冬于北郊，祭黑帝玄冥。"

[2]四立：即立春、立夏、立秋、立冬。　土王日：四季中的土王之日，一説爲三月十八日、六月十八日、九月十八日和十二月十八日。本書卷二一《曆志上》："求土王用事：以貞策減四季中氣大小餘，即土王用事日也。"

[3]遥祀：即遥望而祝祭，也稱望祀、望祭。

[4]祭東嶽于泰安州：《大金集禮》卷三四《嶽鎮海瀆》稱"泰山爲東嶽"，施國祁《金史詳校》卷三下謂"'嶽'下當加'泰山'"。　泰安州：治所在今山東省泰安市。

[5]祭東鎮于益都府：《大金集禮》卷三四《嶽鎮海瀆》稱"東鎮沂山"，施國祁《金史詳校》卷三下謂"'鎮'下當加'沂山'"。　益都府：治所在今山東省青州市。

[6]萊州：治所在今山東省萊州市。

[7]唐州：治所在今河南省唐河縣。

[8]河南府：治所在今河南省洛陽市。

[9]祭中嶽于河南府：《大金集禮》卷三四《嶽鎮海瀆》稱"中嶽嵩山"，施國祁《金史詳校》卷三下謂"'嶽'下當加'嵩山'"。

[10]平陽府：治所在今山西省臨汾市。

[11]華州：治所在今陝西省華縣。　隴州：治所在今陝西省千陽縣西北。

［12］西瀆于河中府：《大金集禮》卷三四《嶽鎮海瀆》稱“西瀆大河”，施國祁《金史詳校》卷三下謂“‘瀆’下當加‘大河’”。　河中府：治所在今山西省永濟市西。

［13］定州：宋時爲中山府，金屬河北西路，天會七年（1129）降爲州，治所在今河北省定州市。　廣寧府：治所在今遼寧省北寧市。

［14］孟州：治所在今河南省孟州市。

［15］其封爵並仍唐、宋之舊：唐，朝代名（618—907）。《舊唐書》卷二四《禮儀志四》：“玄宗先天二年，封華岳神爲金天王。開元十三年，封泰山神爲天齊王。天寶五載，封中嶽神爲中天王，南嶽神爲司天王，北嶽神爲安天王。六載，河瀆封靈源公，濟瀆封清源公，江瀆封廣源公，淮瀆封長源公。十載正月，四海並封爲王。”宋，朝代名。960年趙匡胤在開封（今河南省開封市）建國，1127年政權南遷後建行在所於臨安（今浙江省杭州市），1279年被元朝滅亡。史稱1127年以前的宋朝爲北宋（960—1127），1127年以後的宋朝爲南宋（1127—1279）。《宋史》卷一〇二《禮志五》稱：宋真宗封禪泰山後“加號泰山爲仁聖天齊王”，祀汾陰後又“加上東嶽曰天齊仁聖帝，南嶽曰司天昭聖帝，西嶽曰金天順聖帝，北嶽曰安天元聖帝，中嶽曰中天崇聖帝”。“仁宗康定元年，詔封江瀆爲廣源王，河瀆爲顯聖靈源王，淮瀆爲長源王，濟瀆爲清源王，加東海爲淵聖廣德王，南海爲洪聖廣利王，西海爲通聖廣潤王，北海爲冲聖廣澤王。”“其五鎮，沂山舊封東安公，政和三年封王；會稽舊封永興公，政和封永濟王；吴山舊封成德公，元豐八年封王；醫巫閭舊封廣寧公，政和封王；霍山舊封應聖公，政和封應靈王。東海，太觀四年，加號助順廣德王。”

［16］楊道全：本書僅此一見。不詳。

［17］江爲會源王：《宋史》卷一〇二《禮志五》稱“仁宗康定元年，詔封江瀆爲廣源王”，與此“會源王”有異。

每歲遣使奉御署祝板奩薌，[1]乘馹詣所在，[2]率郡邑長貳官行事。禮用三獻。讀祝官一、捧祝官二、盥洗官二、爵洗官二、奉爵官一、司尊彝一、禮直官四，[3]以州府司吏充。

[1]奩（lián）：盛物之器，此指裝載祝版的匣子。　薌（xiāng）：紫蘇之類的香草。此指與奩放置一處的香草，用以散發香味。

[2]馹（rì）：古代驛站專用之車。《爾雅·釋言》："馹、遽，傳也。"郭璞注："皆傳車、驛馬之名。"

[3]司尊彝：本書《百官志》未載。疑爲負責尊類、彝類禮器的官員。尊和彝均爲用於盛酒的酒器。

前三日，應行事、執事官散齋二日，治事如故，宿於正寢，如常儀。前二日，有司設行事執事官次於廟門外。掌廟者掃除廟之内外。前一日，有司牽牲詣祠所，享官以下常服閲饌物，[1]視牲充腯。[2]

[1]常服：又稱"燕服"，一般的禮服。　閲饌物：檢視祭祀用食物。

[2]視牲充腯（tú）：檢視祭祀所用牛羊豬等犧牲是否肥壯。犧牲是供奉上天的寶物，必須經過嚴格挑選，皮毛要純净，不能有絲毫損傷和疵漏，因爲給神的祭品必須是完美無缺的。充，肥。腯，肥壯。

享日丑前五刻，執事者設祝版於神位之右，置於坫，及以血豆設於饌所。次設祭器，皆藉以席，掌饌者實之。左十籩爲三行，以右爲上，實以乾橑、乾棗、形鹽、魚鱐、鹿脯、榛實、乾桃、菱、芡、栗。右十豆爲三行，以左爲上，實以芹菹、笋菹、韭菹、葵菹、菁菹、魚醢、兔醢、豚拍、鹿臡、醓醢。左簠二，實以粱、稻。右簋二，實以稷、黍。俎二，實以牲體。次設犧罇二、象罇二，在堂上東南隅，北向西上。犧罇在前，實以法酒。[1]犧罇，初獻官酌。象罇，亞終獻酌。又設太罇一、山罇一，[2]在神位前，設而不酌。有司設燭於神位前。洗二，在東堦之下，[3]直東霤北向，[4]罍在洗東，加勺。[5]篚在洗西，南肆，實以巾。執罍篚者位於其後。又設揖位於廟門外，初獻在西，東向，亞、終及祝在東，西向，北上。[6]開瘞坎於廟内廷之壬地。

[1]法酒：符合禮法之酒。《漢書》卷四三《叔孫通傳》："置法酒。"師古注曰："法酒者，猶言禮酌，謂不飲之至醉。"

[2]山罇：也作山樽、山尊，即山罍。

[3]堦："階"的異體字。

[4]霤（liù）：屋檐滴水之處。

[5]勺：用以酌酒舀水之器，用來從尊中挹酒注於爵或用來從罍中挹水盥手。

[6]初獻在西，東向，亞、終及祝在東，西向，北上："西向北上"，原作"南向北上"。中華點校本按，"南向"則不得"北上"，此處係與"初獻在西東向"相對，當作"在東，西向"爲是。今從。

享日丑前五刻，執事官各就次。掌饌者帥其屬，實饌具畢。凡祭官各服其服，與執事官行止皆贊者引，點視陳設訖，退就次。引初獻以下詣廟南門外揖位，立定，贊禮者贊“揖”。次引祝升堂就位立。次引初獻詣盥洗位北向立，搢笏、盥手、帨手，執笏，詣爵洗位北向立，搢笏，洗爵，以爵授執事者，執笏，升堂，詣酌罇所西向立。執事者以爵授初獻。初獻搢笏執爵，執罇者舉冪，執事者酌酒。初獻以爵授執事者，執笏，詣神位前北向立，搢笏，跪，執事者以爵授初獻。初獻執爵三祭酒，奠爵訖，執笏，俛伏，興，少立。次引祝詣神位前東向立。搢笏，跪，讀祝，訖，執笏，興，退復位。初獻再拜，贊禮者引初獻復位。

次引亞獻酌獻，並如初獻之儀。次引終獻，並如亞獻之儀。

贊者引初獻官詣神位前北向立，執事者以爵酌清酒，[1]進初獻之右，初獻跪，祭酒，啐酒，[2]奠爵。執事者以俎進，減神座前胙肉前脚第二節，[3]共置一俎上，以授初獻，初獻以授執事者。初獻取爵，遂飲，卒爵，執事者進受爵，復於坫。初獻興，再拜，贊者引初獻復位。贊者曰：“再拜。”[4]已飲福、受胙者不拜。[5]亞獻官以下皆再拜，拜訖，次引初獻已下就望瘞位，以饌物置於坎，東西廂各二人，贊者曰“可瘞”，置土半坎，又曰“禮畢”，遂引初獻官已下出。祝與執罇罍篚冪者俱復位立定，贊者曰“再拜”，再拜訖，遂出。祝板燔於齋所。

[1]清酒：祭祀用酒。三酒之一。惠士奇《禮説》：“凡祭祀，以法，共五齊、三酒，以實八尊。”五齊是未經過濾之酒，有酒滓，

味淡薄，爲濁酒。是祭祀用酒，不飲用。三酒均去渣滓，味濃厚，爲祭祀和人飲用之酒。《周禮·天官·冢宰》："辨三酒之物，一曰事酒，二曰昔酒，三曰清酒。"鄭玄注："鄭司農云：'事酒，有事而飲也。昔酒，無事而飲也。清酒，祭祀之酒。'"

[2]啐（cuì）酒：即祭祀完畢在飲福位飲酒。啐，嘗、飲的意思。

[3]胙肉：祭祀用的牛羊豬的牲肉。

[4]贊者曰再拜：原脱"再拜"二字。中華點校本按，《大金集禮》卷三四《嶽鎮海瀆》爲本志《嶽鎮海瀆》之所本，其叙此節有"再拜"二字，據補。今從。

[5]已飲福、受胙者不拜：此八字，原作大字正文，中華點校本據《大金集禮》改作小字注文。查《大金集禮》作爲小字注文附在下文"亞獻官以下皆再拜"文下。然《大金集禮》中小字注文，本志多有改爲大字者，爲保持底本（原）原貌，應回改爲大字。　飲福：古代稱祭祀後的酒爲"福"，飲用祭祀後的酒稱"飲福"。　受胙：也稱享胙。將祭祀用的牲肉賜給三獻官以下貴族稱"賜胙"，三獻官以下貴族接受祭祀用的牲肉，稱"受胙"。

金史　卷三五

志第十六

禮八

宣聖廟　武成王廟　前代帝王　諸神雜祠　祈禜　拜天　本國拜儀

宣聖廟[1]

皇統元年二月戊午，[2]熙宗詣文宣王廟奠祭，[3]北面再拜，顧儒臣曰："爲善不可不勉。孔子雖無位，以其道可尊，使萬世高仰如此。"[4]

[1]宣聖廟：即孔子廟。《漢書》卷一二《平帝紀》：元始元年（1）六月，"追謚孔子曰褒成宣尼公"。《漢書》卷九九《王莽傳下》顏師古注稱："莽追謚孔子爲褒成宣尼公。"自漢以來，歷代王朝皆尊孔子爲"聖人"，詩文中多稱孔子爲"宣聖"。隋唐以後，正史也稱孔子爲"宣聖"，因稱孔子廟爲"宣聖廟"。此指祭祀孔子廟之禮儀。

［2］皇統元年二月戊午：中華點校本按，皇統元年二月庚午朔，無戊午，《大金集禮》卷三六《宣聖廟》爲本志《宣聖廟》之所本，首記此事作“二月戊子日”，據改“戊午”爲“戊子”。查《大金集禮》四庫全書本仍作“戊午”，廣雅書局、叢書集成初編本改作“戊子”。本書卷一〇五《孔璠傳》記此事作“三月戊午”。施國祁《金史詳校》卷三下謂“‘二’當作‘三’”。按，皇統元年（1141）二月無“戊午”，有“戊子”，“戊午”在三月。此處或“二”爲“三”之誤，或“午”爲“子”之誤。　皇統：金熙宗年號（1141—1149）。

［3］熙宗：廟號。即完顏合剌，漢名亶（1119—1149）。金朝第三任皇帝，1135 年至 1149 年在位。海陵王弑熙宗後降爲東昏王，世宗大定初，追謚武靈皇帝，廟號閔宗，陵曰思陵。十九年（1179），升祔於太廟，增謚“弘基纘武莊靖孝成皇帝”。二十七年，改廟號熙宗。本書卷四有紀。　文宣王：即孔子。自漢以來歷代王朝尊崇孔子，皆有封號。《舊唐書》卷九《玄宗紀下》記載，唐開元二十七年（739）“制追贈孔宣父爲文宣王”，爲追謚孔子爲文宣王之始。宋真宗大中祥符元年（1008）加謚“至聖文宣王”，此後歷代多有加謚。

［4］“爲善不可不勉”至“使萬世高仰如此”：本書卷四《熙宗紀》稱，皇統元年（1141）二月“戊子，上親祭孔子廟，北面再拜。退謂侍臣曰：‘朕幼年游佚，不知志學，歲月逾邁，深以爲悔。孔子雖無位，其道可尊，使萬世景仰。大凡爲善，不可不勉。’”本書卷一〇五《孔璠傳》稱：“皇統元年三月戊午，上謁奠孔子廟，北面再拜，顧謂侍臣曰：‘朕幼年游佚，不知志學，歲月逾邁，深以爲悔。大凡爲善，不可不勉，孔子雖無位，其道可尊，萬世高仰如此。’”

大定十四年，[1]國子監言：[2]“歲春秋仲月上丁日，[3]釋奠於文宣王，[4]用本監官房錢六十貫，止造茶食等物，以大小楪排設，用留守司樂，以樂工爲禮生，[5]率倉場等官陪位，[6]於古禮未合也。伏覩國家承平日久，典章文物當粲然備具，以光萬世。况京師爲首善之地，四方之所觀仰，據釋奠器物、行禮次序，[7]合行下詳定。兼兗國公親承聖教者也，[8]鄒國公力扶聖教者也，[9]當於宣聖像左右列之。今孟子以燕服在後堂，[10]宣聖像側還虛一位，禮宜遷孟子像於宣聖右，與顏子相對，改塑冠冕，[11]粧飾法服，[12]一遵舊制。”

[1]大定：金世宗年號（1161—1189）。

[2]國子監：官署名。下設國子學、太學，爲國家最高學府及管理學校教育的機構。國子監設有祭酒、司業，掌學校；國子監丞兼提控女直學。

[3]歲春秋仲月上丁日：春夏秋冬四季，每季三個月，中間之月稱仲月。古代用干支紀日，每月不超過三十天，所以甲乙丙丁等天干一般會出現三次，第一個丁日稱上丁日。

[4]釋奠：將祭品擺在神主之前祭祀，是一種比較簡略的祭祀儀式。

[5]樂工：即大樂屬下樂工。本書卷五五《百官志一》太常寺下屬機構有大樂署，養樂工百人。

[6]倉場：當爲提舉倉場司。本書卷五六《百官志二》載有提舉倉場司，設有提舉倉場使、副，掌出納公平及毋致虧敗等事。然稱宣宗貞祐五年（1217）置提舉倉場司，本志所稱“倉場等官”，如是提舉倉場司等官，則提舉倉場司早在大定年間就已存在了。

[7]據釋奠器物：“據”，《大金集禮》文淵閣四庫全書本同，廣雅書局、叢書集成初編本改作“擬”。中華點校本據下文“禮官

參酌唐開元禮，定擬釋奠儀數”及《大金集禮》（廣雅書局、叢書集成初編本）記此事作“擬釋奠合用器物”改作“擬”。按，本句“據”字若改用“擬”字，則與“詳定”語義重複，且無主語，與下文“禮官參酌唐《開元禮》，定擬釋奠儀數”句式不同，不可類比。“據”，乃金元時公文常用語，爲所有、相應、一應之意。《元典章》卷一五《户部・禄廪・上任罷任俸例》“據經歷、知事、吏目、典史、司吏，一體施行”，即此意，似不改爲是。

［8］兖國公：即孔子弟子顔回。顔回（前521—前481），字子淵，亦稱顔淵、顔子。漢高祖東巡祀孔子時，以顔回配享。唐貞觀二年（628）詔賜顔回爲“先師”，開元八年（720）詔爲“十哲”之一，開元二十七年制封爲“兖國公”。北宋大中祥符二年（1009）襲封爲“兖國公”，南宋咸淳三年（1267）從“十哲”之一升爲“四配”（顔、曾、思、孟）之一，配享於孔廟。元至順元年（1330）加封爲“兖國复聖公”，明嘉靖九年（1530）改稱“复聖”，在曲阜城内建有“复聖廟”，稱“顔廟”。

［9］鄒國公：即孟子，名軻，鄒國（今山東省鄒城市）人。《宋史》卷一六《神宗紀三》元豐六年（1083）十月“戊子，封孟軻爲鄒國公”。《元史》卷三四《文宗紀三》至順元年（1330）閏七月，加封“孟子鄒國亞聖公”。

［10］燕服：即“常服”，一般的禮服。古稱褻服，以爲家居之服。本書卷四三《輿服志下》：“金人之常服四：帶，巾，盤領衣，烏皮靴。其束帶曰吐鶻。”

［11］冠冕：戴在頭上的帽子。冕爲古代帝王、諸侯、卿大夫所戴的禮帽，後專指皇冠。此指按孟子封爵爲孟子雕塑冕冠。

［12］法服：按照國家法律規定製作的冠服。《宋史・輿服志三》：“古者祭服、朝服……其製作莫不有法，故謂之法服。”此指按其封爵之等級規定妝飾服飾。

禮官參酌唐開元禮，[1]定擬釋奠儀數：文宣王、兖國公、鄒國公每位籩豆各十、犧尊一、象尊一、簠簋各二、俎二、祝板各一，[2]皆設案。[3]七十二賢、二十一先儒，[4]每位各籩一、豆一、爵一，[5]兩廡各設象尊二。[6]總用籩、豆各一百二十三，簠、簋各六，俎六，犧尊三，象尊七，爵九十四。其尊皆有坫。[7]罍二，[8]洗二，[9]篚、勺各二，[10]冪六。[11]正位并從祀藉尊、罍、俎、豆席，[12]約用三十幅，尊席用葦，[13]俎、豆席用莞。[14]牲用羊、豕各三，酒二十瓶。

[1]禮官：即禮部官員。掌禮樂、祭祀、學校、貢舉、册命、天文、釋道、使官之事。有時也指宣徽院、御史臺負責禮儀的官員。

[2]籩（biān）：古代祭祀燕享時用以盛果脯等食物的竹編食器。　豆：古代食器。初以木製，後亦有陶製及青銅製作者。　犧尊：六尊之一。即犧罇，也作獻尊，祭祀用酒器，爲犧牛之形狀。　簠（fǔ）：古代盛穀物的器皿。多用於祭祀。初爲竹製，後亦有青銅製作者。多爲長方形，也有圓形者，器與蓋形狀相同，可却置，各有兩耳。　簋（guǐ）：古代盛穀物的器皿。多用於祭祀。初爲陶製，後以銅製者爲多。多爲圓形，也有方形者。　俎：古代置肉的几、切肉用的砧板、祭祀和設宴時陳置牲口的器具，均稱俎。這裏是指祭祀時陳置牛羊豬等犧牲之肉的禮器，木製，漆飾。　祝板：亦作祝版、祝册等，古代祭祀用以書寫祝文之版册。

[3]案：擺放器物的器具。形如几，長方形，高一尺二寸，有足，木製，上有玉飾。

[4]七十二賢：指孔門七十二弟子。東漢永平十五年（72），明帝“幸孔子宅，祠仲尼及七十二弟子”。（《後漢書》卷二《顯宗

孝明皇帝紀二》）此後，習慣上將孔子七十二弟子畫在孔廟兩側的墻上。唐開元八年（720），以顔淵、閔子騫、冉伯牛、仲弓、冉有，子路、宰我、子貢、子游、子夏“十哲”配祀，其他弟子從祀。此後，孔子七十二弟子皆作爲“先賢”從祀於孔子廟。　二十一先儒：《舊唐書》卷三《太宗紀下》：貞觀二十一年（647）“二月壬申，詔以左丘明、卜子夏、公羊高、穀梁赤、伏勝、高堂生、戴聖、毛萇、孔安國、劉向、鄭衆、杜子春、馬融、盧植、鄭康成、服子慎、何休、王肅、王輔嗣、杜元凱、范甯等二十一人，代用其書，垂於國胄，自今有事於太學，並命配享宣尼廟堂”。同書卷二四《禮儀志四》記載此事還有賈逵，共爲二十二人。本志所稱二十一先儒，當爲《舊唐書·太宗紀下》所言二十一人。

［5］爵：飲酒器之總名。亦爲飲酒器之一種。

［6］兩廡：正堂兩側的迴廊。

［7］坫（diàn）：古代設於堂中兩楹間的土臺，用於諸侯相會飲酒時置放空杯及放置來會諸侯所饋贈的玉圭等物。此外，古代築在室内用於放置食物的土臺也稱“坫”。後稱放置爵尊之禮器爲“坫”。聶崇義《三禮圖集注》：“坫以致爵亦以承尊。”

［8］罍：古代盛酒器。也用以盛水。

［9］洗：古代盥洗器。古代祭祀時洗手、洗爵，皆一人用枓（舀水器），從罍中挹水，從上澆之，其下注之水，謂之棄水，承棄水之器謂之洗。

［10］篚（fěi）：盛物的竹器。方形，有蓋。　勺：酌酒和舀水之器。用來從尊中挹酒注於爵或用來從罍中挹水盥手。

［11］冪（mì）：覆蓋祭祀所用禮器及食物之巾，以疏布、畫布、功布、葛布等爲之。

［12］尊：亦作“樽”“罇”，古代盛酒用禮器。古代銅器銘文常以尊彝二字連用，泛指祭祀用的禮器。尊的形狀似觚而中部較粗，口徑較大。　席：古代祭祀用以襯墊祭器和祭品的用物。古代祭祀用席主要有五種，即莞筵、藻席、次席、蒲越和熊席，稱爲

五席。

[13]葦：即蘆葦。

[14]莞：指莞席，也稱莞筵。五席之一。用燈心草編織而成。另説爲筦草編織之席。

禮行三獻，[1]以祭酒、司業、博士充。[2]分奠官二，[3]讀祝官一，[4]太官令一，[5]捧祝官二，[6]罍洗官一，爵洗官一，巾篚官二，禮直官十一，[7]學生以儒服陪位。

[1]三獻：古代祭祀陳設祭品以後三次獻酒，稱“三獻”。第一次獻酒稱初獻，第二次獻酒稱亞獻，第三次獻酒稱終獻。負責三次獻酒的官員稱三獻官。此指實行三獻之禮。

[2]祭酒：國子監長官。掌學校。正四品。　司業：國子監屬官。爲祭酒之副貳，協助祭酒掌學校。正五品。　博士：金代，國子監下屬國子學、太學均設有博士官，分掌教授生員、考校藝業等；太常寺也設有博士官，掌檢討典禮。本書卷一二《章宗紀四》載有“諸路醫學博士”，是知各路也設有醫學博士。此處所載“博士”當爲國子學或太學博士，正七品。

[3]分奠官：當爲分别負責奠酒之官員。

[4]讀祝官：即誦讀祝版所書祝神之辭的官員。

[5]太官令：據本書卷五《海陵紀》天德三年（1151）閏四月，“命太官常膳惟進魚肉，舊貢鵝鴨等悉罷之”。卷七《世宗紀中》大定十四年（1174）十一月“召尚食局使，諭之曰：‘太官之食，皆民脂膏。日者品味太多，不可遍舉，徒爲虚費。自今止進可口者數品而已。’”可知，太官令當爲尚食局下屬太官屬官，掌御膳、進食先嘗、兼管從官食等。本書《百官志》未載。

[6]捧祝官：即捧奉寫有記載祝神之辭“祝版”的官員。

[7]禮直官：似爲太常寺屬下負責祭祀、典禮等禮儀行事的官

員。本書《百官志》未載。　十一：《大金集禮》卷三六《宣聖廟》"十一"下有小字注"三人充禮直官，八人充贊者"。

樂用登歌，[1]大樂令一員，[2]本署官充，樂工三十九人。迎神，三奏姑洗宫《來寧之曲》，[3]辭曰："上都隆化，[4]廟堂作新。神之來格，威儀具陳。穆穆凝旒，巍然聖真。斯文伊始，群方所視。"[5]初獻盥洗，[6]姑洗宫《静寧之曲》，[7]辭曰："偉矣素王，風猷至粹。垂二千年，斯文不墜。涓辰維良，爰修祀事。沃盥于庭，嚴禋禮備。"升階，南吕宫《肅寧之曲》，[8]辭曰："巍乎聖師，道全德隆。修明五常，垂教無窮。增崇儒宫，遹追遺風。嚴祀申虔，登降有容。"奠幣，[9]姑洗宫《和寧之曲》，[10]辭曰："天生聖人，賢於堯、舜。仰之彌高，磨而不磷。新廟告成，宫墻數仞。遣使陳祠，斯文復振。"降階，姑洗宫《安寧之曲》，[11]辭曰："稟靈尼丘，垂芳闕里。生民以來，孰如夫子。新祠巋然，四方所視。爵觴告成，祗循典禮。"兖國公酌獻，姑洗宫輯寧之曲，[12]辭曰："聖師之門，顔惟居上。其殆庶幾，是宜配享。桓圭衮衣，有嚴儀象。載之神祠，增光吾黨。"鄒國公酌獻，姑洗宫《泰寧之曲》，[13]辭曰："有周之衰，王綱既墜。是生真儒，宏才命世。言而爲經，醇乎仁義。力扶聖功，同垂萬祀。"亞、終獻，[14]姑洗宫《咸寧之曲》，[15]辭曰："於昭聖能，與天立極。有承其流，皇仁帝德。豈伊立言，訓經王國。焕我文明，典祀千億。"送神，姑洗宫《來宁之曲》，辭曰："吉蠲爲饎，孔惠孔時。正辭嘉言，神之格思。是饗是宜，神保聿歸。惟時肇祀，太平極致。”

［1］登歌：樂名。古代舉行祭典、大朝會時的所奏之歌，屬雅樂。

［2］大樂令：太常寺下屬大樂署屬官。掌調和律吕，教習音聲並施用之法。從六品。

［3］來寧之曲：樂曲名。宗廟祭祀迎神、送神所用歌曲。據本書卷四〇《樂志下》載，宗廟祭祀，“迎神，宫縣《來寧之曲》。黄鐘宫三奏，大吕角二奏，大蔟徵二奏，應鐘羽二奏”，“送神，宫縣黄鐘宫《來寧之曲》”。

［4］上都：即上京。本書卷三九《樂志上·本朝樂曲》稱，大定二十五年（1185）四月，金世宗幸上京，與父老鄉親歌唱女真本曲，歌詞有“乃眷上都，興帝之第”一語。此處所稱上都雖有指稱金上京之意，但主要是泛稱。

［5］群方所視：中華點校本按，“視”字與上文“新”“陳”“真”不叶，疑是“親”字之誤。

［6］初獻：古代祭禮。古人舉行祭祀大典，陳列祭品以後三次獻酒，第一次獻酒稱初獻，負責獻酒的官員稱初獻官。

［7］静寧之曲：樂曲名。也稱《静寧之樂》。本書卷四〇《樂志下》稱“上册寶，宫縣静寧之曲。”

［8］肅寧之曲：樂曲名。也稱《肅寧之樂》。本書卷三九《樂志上》：太常議“酌獻、舞出入奏《肅寧之曲》”，又稱：“皇帝還板位及亞終獻，皆奏無射宫《肅寧之曲》。”“大定十二年制，祫禘時享有司攝事，初獻盥洗，奏無射宫《肅寧之曲》。”初獻升壇奏“應鐘宫《肅寧之曲》”。

［9］幣：古人用以祭祀或贈送賓客的束帛等物，稱幣，後來也稱其他聘享的禮物，如車、馬、玉、帛等爲幣。

［10］和寧之曲：樂曲名。本書卷四〇《樂志下》記載，宣孝

太子别廟，“酌獻，無射宫《和寧之曲》”，“亞終獻，《和寧之曲》”。大定七年（1167）正月上册寶，“册寶初行，奏《和寧之曲》”，“上壽，皇帝將升御座，宫縣《和寧之曲》”，“皇太子升階、降階，及與宴官升殿，並奏《和寧之曲》”，“行群官酒，宫縣《和寧之曲》”。大定十一年十一月行册禮，“設群官食，奏《和寧之曲》”，“行群官酒，奏《和寧之曲》”。天德四年（1152）二月册皇太子，“皇太子復受册位，奏《和寧之曲》”。

[11]安寧之曲：樂曲名。本書僅此一見。

[12]輯寧之曲：樂曲名。本書僅此一見。

[13]泰寧之曲：本書卷三九《樂志上》記載，郊祀“皇地祇，《泰寧之曲》”。卷四〇《樂志下》載，“大定七年正月，上册寶，皇帝將升御座，宫縣奏太蔟宫《泰寧之曲》”，“大定十一年十一月，行册禮，皇帝升御座，宫縣《泰寧之曲》”，“大定十八年十二月，上‘受命寶’，皇帝將升御座，宫縣奏《泰寧之曲》”，“大定二十七年三月，册皇太孫，皇帝將升御座，宫縣《泰寧之曲》”。

[14]亞、終獻：古代祭禮。古代祭祀過程中，陳列祭品以後三次獻酒，第二次獻酒稱亞獻，第三次獻酒稱終獻。

[15]咸寧之曲：樂曲名。本書卷三九《樂志上》記載，郊祀樂歌，配位太祖皇帝，“文舞退，武舞進，宫縣黄鐘宫《咸寧之曲》”，“亞終獻，宫縣黄鐘宫《咸寧之曲》”。方丘樂歌，“亞終獻升壇，太蔟宫《咸寧之曲》”。

承安二年，[1]春丁，[2]章宗親祀，[3]以親王攝亞、終獻，[4]皇族陪祀，文武群臣助奠。上親爲贊文，舊封公者升爲國公，[5]侯者爲國侯，[6]郕伯以下皆封侯。[7]

[1]承安：金章宗年號（1196—1200）。

[2]春丁：據前文，或指春季仲月的第一個丁日，或“丁”字

後脱“未”字。施國祁《金史詳校》卷三謂：“是年二月爲乙巳朔，三日丁未。”

[3]章宗：廟號。即完顔麻達葛，漢名璟（1168—1208）。金朝第六任皇帝，1189年至1208年在位。衛紹王大安元年（1209），謚曰“憲天光運仁文義武神聖英孝皇帝”，廟號章宗，葬道陵。本書卷九至一二有紀。

[4]親王：皇族中封王者稱親王。《大金集禮》卷九《親王》：“皇統元年奏定，依令文，皇兄弟、皇子封一字王爲親王，並二品俸傔。已下宗室，封一字王皆非親王。”

[5]舊封公者升爲國公：本書卷五五《百官志一》記載，金代封爵，“正從一品曰郡王，曰國公。正從二品曰郡公。正從三品曰郡侯。正從四品曰郡伯。正五品曰縣子，從五品曰縣男”。

[6]國侯：本書僅此一見，不詳。

[7]郕伯：本書僅此一見，不詳。

宣宗遷汴，[1]建廟會朝門内，[2]歲祀如儀，宣聖、顔、孟各羊一、豕一，餘同小祀，[3]共用羊八，無豕。其諸州釋奠並遵唐儀。

[1]宣宗：廟號。即完顔吾睹補，漢名珣（1163—1224）。金朝第八任皇帝，1213年至1223年在位。正大元年（1224）謚曰繼天興統述道勤仁英武聖孝皇帝，廟號宣宗，葬德陵。本書卷一四至一六有紀。　宣宗遷汴：金貞祐二年（1214）五月，宣宗爲逃避蒙古進攻，將都城從中都（今北京）遷至南京（即汴京，今河南省開封市），史稱宣宗南播、宣宗南遷或宣宗遷汴。

[2]會朝門：南京皇城城門名。

[3]小祀：《舊唐書》卷四三《職官二》：“凡祭祀之名有四：一曰祀天神，二曰祭地祇，三曰享人鬼，四曰釋奠于先聖先師。其

差有三：若昊天上帝、皇地祇、神州、宗廟爲大祀。日月星辰、社稷、先代帝王、嶽鎮海瀆、帝社、先蠶、孔宣父、齊太公、諸太子廟爲中祀。司中、司命、風師、雨師、衆星、山林、川澤、五龍祠等，及州縣社稷、釋奠爲小祀。”金代小祀與唐同。

武成王廟[1]

泰和六年，[2]詔建昭烈武成王廟于闕庭之右，麗澤門内。[3]其制一遵唐舊，禮三獻，官以四品官已下，儀同中祀，[4]用二月上戊。[5]

[1]武成王廟：即西周太公望姜尚之廟。

[2]泰和：金章宗的年號（1201—1208）。

[3]麗澤門：中都外城城門名。

[4]中祀：唐朝以祭祀日月星辰、社稷、先代帝王、嶽鎮海瀆、帝社、先蠶、孔宣父、齊太公、諸太子廟等爲中祀。

[5]二月上戊：即二月的第一個戊日。

七年，完顏匡等言：[1]“我朝創業功臣，禮宜配祀。”於是，以秦王宗翰同子房配武成王，[2]而降管仲已下。[3]又躋楚王宗雄、宗望、宗弼等侍武成王坐，[4]韓信而下降立於廡。[5]又黜王猛、慕容恪等二十餘人，[6]而增金臣遼王斜也等。[7]其祭，武成王、宗翰、子房各羊一、豕一，餘共用羊八，無豕。

宣宗遷汴，於會朝門内闕庭之右營廟如制，春秋上戊之祭仍舊。

[1]完顏匡：本名撒速（1152—1209），始祖九世孫。泰和七年

（1207）爲平章政事，兼左副元帥，封定國公。與李元妃受章宗遺詔立衛紹王，旋拜尚書令，封申王。本書卷九八有傳。

［2］秦王：封爵名。天眷格，《大金集禮》爲大國封號第五，《金史·百官志》爲大國封號第四。　宗翰：本名粘没喝，漢語訛爲粘罕，國相撒改之長子。本書卷七四有傳。據本書卷三一《禮志四》記載，天德二年（1150）、大定三年（1163）宗翰均配享太宗廟廷，大定八年又改配享太祖廟廷。　子房：即秦末漢初大將張良，字子房，漢初封留侯。見《史記》卷五五《留侯世家》、《漢書》卷四〇《張良傳》。

［3］管仲：春秋時齊國人。見《史記》卷六二《管晏列傳》。

［4］楚王：封爵名。大定格，爲大國封號第十一位。　宗雄：本名謀良虎，康宗長子。本書卷七三有傳。　宗望：本名斡魯補，又作訛魯補、斡里不、斡離不，太祖第二子。本書卷七四有傳。　宗弼：本名斡啜，又作兀术，亦作斡出，或作晃斡出，漢名宗弼，太祖第四子。本書卷七七有傳。

［5］韓信：秦末漢初大將。楚漢戰争時受劉邦之封爲齊王，漢朝建立改封楚王，隨後降爲淮陰侯，終爲吕后所殺。見《史記》卷九三《韓信盧綰列傳》、《漢書》卷三四《韓彭英盧吴傳》。

［6］王猛：十六國時前秦大臣（325—375）。見《晋書》卷一一四《苻堅載記下·王猛傳》。　慕容恪：十六國時期前燕大臣。見《晋書》卷一一一《慕容暐載記·慕容恪傳》。

［7］而增金臣遼王斜也等："斜"，原作"賽"。中華點校本按，本書卷七六《杲傳》，"杲本名斜也"，"正隆例封遼王"，卷五九宗室表同，據改。今從。　遼王：封爵名。天眷格，爲大國封號第一。　斜也：即完顔杲，世祖第五子，太祖母弟，金初開國功臣之一。太宗即位，爲諳班勃極烈，與宗幹俱治國政。本書卷七六有傳。

諸前代帝王

三年一祭，於仲春之月祭伏犧於陳州，[1]神農於亳州，[2]軒轅於坊州，[3]少昊於兖州，[4]顓頊於開州，[5]高辛於歸德府，[6]陶唐於平陽府，[7]虞舜、夏禹、成湯於河中府，[8]周文王、武王於京兆府。[9]

[1]仲春之月：仲月指位次在中間之月，仲春之月即指春季中間之月，即農曆二月。　伏犧：也作伏羲、庖犧、包犧、宓羲、伏戲等。古代傳説中的賢王，即太昊。風姓。　陳州：治所在今河南省淮陽縣。

[2]神農：古代傳説中的賢王。相傳他用木製作耒耜，教民農業生産；嘗百草，發現藥材，教人治病。另説，神農即炎帝。　亳州：治所在今安徽省亳州市。

[3]軒轅：即黄帝，古代傳説中的賢王。姬姓，號軒轅氏、有熊氏，少典之子。《帝王世紀》以其爲“三皇”之一。《世本》《史記·五帝本紀》《禮記·月令》諸書皆以其爲五帝之一。《史記》卷一《五帝本紀》有紀。　坊州：治所在今陝西省黄陵縣西南。

[4]少昊：一作少皞。古代傳説中的賢王，東夷首領。名摯（一作質），一説號金天氏。《禮記·月令》《帝王世紀》以其爲“五帝”之一。　兖州：治所在今山東省兖州市。

[5]顓頊：古代傳説中的賢王。號高陽氏，生於若水，居於帝丘（今河南省濮陽市）。《世本》《史記·五帝本紀》《禮記·月令》《帝王世紀》等書均以其爲“五帝”之一。《史記》卷一《五帝本紀》有紀。　開州：治所在今河南省濮陽市。

[6]高辛：即帝嚳，古代傳説中的賢王。相傳有四妻四子，姜嫄生棄（即后稷），爲周族祖先；簡狄生契，爲商族祖先；慶都生堯；常儀生摯。《世本》《史記·五帝本紀》《帝王世紀》等書以其爲五帝之一。《史記》卷一《五帝本紀》有紀。　歸德府：治所在

今河南省商丘市。

[7]陶唐：即堯，陶唐氏，名放勳，史稱唐堯。古代傳説中的賢王。《世本》《史記·五帝本紀》《帝王世紀》《皇王大紀》等書均以其爲“五帝”之一。《史記》卷一《五帝本紀》有紀。　平陽府：爲河東南路首府，治所在今山西省臨汾市。

[8]虞舜：姚姓，有虞氏，名重華，史稱虞舜。古代傳説中的賢王。《世本》《史記·五帝本紀》《帝王世紀》《皇王大紀》等書以其爲五帝之一。《史記》卷一《五帝本紀》有紀。　夏禹：姒姓，名文命。亦稱禹、大禹、戎禹等，鯀之子。夏王朝的建立者（另説啟爲夏王朝的建立者）。見《史記》卷二《夏本紀》。　成湯：又稱湯、武湯、天乙、大乙等，滅夏建商，號曰武王。見《史記》卷三《殷本紀》。　河中府：治所在今山西省永濟市。

[9]周文王：謚號。商末周族領袖。姬姓，名昌，商紂王時爲西伯，亦稱西伯或伯昌，卒謚文王。見《史記》卷四《周本紀》。　武王：即周武王。周文王之子，名姬發，西周王朝的建立者。見《史記》卷四《周本紀》。　京兆府：治所在今陝西省西安市。

泰和三年，尚書省奏：“太常寺言：[1]‘《開元禮》祭帝嚳、堯、舜、禹、湯、文、武、漢祖祝板請御署。[2]《開寶禮》犧、軒、顓頊、帝嚳、陶唐、女媧、成湯、文、武請御署，[3]自漢高祖以下二十七帝不署。’平章政事鎰、左丞匡、太常博士温迪罕天興言：[4]‘方嶽之神各有所主，[5]有國所賴，請御署固宜。至于前古帝王，寥落杳茫，列于中祀亦已厚矣，不須御署。’參知政事即康及鉉以爲三皇、五帝、禹、湯、文、武皆垂世立教之君，[6]唐、宋致祭皆御署，[7]而今降祝板不署，恐於禮未盡。不若止從外路祭社稷及釋奠文宣王例，[8]

不降祝板，而令學士院定撰祝文，[9]頒各處爲常制。”勅命依期降祝板，而不請署。

[1]太常寺：官署名。掌禮樂、郊廟、社稷、祠祀之事，下屬機構有太廟署、廩犧署、郊社署、武成王廟署、諸陵署、園陵署、大樂署。長官爲太常卿，從三品。下設少卿、丞、博士、檢閱官、檢討、太祝、奉禮郎、協律郎等官。此指太常寺官員。

[2]開元禮：指唐開元年間制定的禮儀。開元是唐玄宗的年號（713—741）。　漢祖：當指漢高祖劉邦（前256或247—前195），西漢王朝的建立者，公元前202年至公元前195年在位。見《史記》卷八《高祖本紀》、《漢書》卷一《高帝紀》。　祝板請御署：即寫有祝文的版册要由皇帝署名。

[3]開寶禮：指宋開寶年間制定的禮儀。開寶爲宋太祖年號（968—976）。　犧：即伏犧。　軒：即軒轅，黄帝。　女媧：神話傳説中的古帝名。或謂伏犧之妹，或謂伏犧之婦。傳説古時出現天崩地裂，女媧乃煉五色石以補天，斷鼇足以立四極。另説女媧爲夏禹妃，塗山氏之女。　文：即周文王。　武：即周武王。

[4]平章政事：尚書省屬官。位左右丞相之下，爲宰相，掌丞天子，平章萬機。從一品。　鎰：當爲徒單鎰。本書卷一一《章宗紀三》記載，承安五年（1200）三月“庚辰，以上京留守徒單鎰爲平章政事，封濟國公”。卷九九《徒單鎰傳》稱：“泰和四年，罷知咸平府。”是知泰和三年（1203）徒單鎰仍任平章政事之職。徒單鎰，女真人，本名按出，有《弘道集》六卷。本書卷九九有傳。　左丞：即尚書左丞，尚書省屬官。位尚書令、尚書左右丞相、尚書平章政事之下，爲執政官，爲宰相之貳，佐治省事。正二品。　匡：當爲完顏匡。本書卷一一《章宗紀三》稱，泰和三年正月己卯“右丞完顏匡爲左丞”。是知，泰和三年討論祭祀前代帝王之禮時，完顏匡剛任左丞不久。　太常博士：太常寺屬官。本書卷五五《百

官志一》，太常寺，“博士二員，正七品，掌檢討典禮”。　温迪罕天興：除本志一見以外，卷一一《章宗紀三》尚有一見，是知温迪罕天興除了任太常博士以外，還任過應奉翰林文字。

［5］方嶽之神：方嶽謂四方之嶽，此指嶽鎮海瀆及五方神等。

［6］參知政事：尚書省執政官。從二品。　即康：當爲孫即康。本書卷九九《孫即康傳》稱，孫即康，字安伯，“泰和三年，除參知政事”。又同卷《孫鐸傳》稱，泰和“三年，御史中丞孫即康、刑部尚書賈鉉皆除參知政事”。與本志所載吻合。　鉉：當爲賈鉉。本書卷九九《賈鉉傳》稱，賈鉉，字鼎臣，“泰和三年，拜參知政事”。又同卷《孫鐸傳》稱，泰和“三年，御史中丞孫即康、刑部尚書賈鉉皆除參知政事”。與本志記載吻合。　三皇：有多種説法：《史記·秦始皇本紀》以天皇、地皇、泰皇爲“三皇”；《史記·補三皇本紀》引《河圖》《三五曆紀》以天皇、地皇、人皇爲“三皇”；《風俗通義·皇霸篇》引《春秋緯·運斗樞》以伏犧、女媧、神農爲“三皇”；《白虎通義》以伏犧、神農、祝融爲“三皇”；《通鑑外紀》以伏犧、神農、共工爲“三皇”；《帝王世紀》以伏犧、神農、黄帝爲“三皇”；《風俗通義·皇霸篇》引《禮緯·含文嘉》以燧人、伏犧、神農爲“三皇”。　五帝：有多種説法：《世本》《史記·五帝本紀》等書以黄帝、顓頊、帝嚳、唐堯、虞舜爲“五帝”；《禮記·月令》以太皞（伏犧）、炎帝（神農）、黄帝、少皞、顓頊爲“五帝”；《帝王世紀》以少昊（皞）、顓頊、高辛（帝嚳）、唐堯、虞舜爲“五帝”；《皇王大世》以伏犧、神農、黄帝、堯、舜爲“五帝”。

［7］唐：朝代名（618—907）。　宋：朝代名。分北宋（960—1127）和南宋（1127—1279）。

［8］社稷：古代帝王、諸侯所祭的土地神和穀神。

［9］學士院：官署名。即翰林學士院。掌制撰詞命，應奉文字。長官爲翰林學士承旨，正三品。下設翰林學士，正三品；翰林侍讀學士、翰林侍講學士，皆從三品；翰林直學士，從四品；翰林待

制，正五品；翰林修撰，從六品；應奉翰林文字，從七品。

長白山[1]

大定十二年，[2]有司言："長白山在興王之地，禮合尊崇，議封爵，建廟宇。"十二月，禮部、太常、學士院奏奉勅旨封興國靈應王，[3]即其山北地建廟宇。

[1]長白山：即今吉林省的長白山。疑長白山原稱太白山或大白山，大或達，東北民族語爲"長"，非長短的長。亦稱白頭山，即白大山，簡稱白山。備此，待考。中華點校本按，本志文例此句（長白山）上當脱"諸神雜祠"四字。

[2]大定十二年：《大金集禮》卷三五《長白山·封册禮》記此事作"大定十二年二月三日"。

[3]禮部：官署名。掌禮樂、祭祀、燕享、學校、貢舉、儀式、制度、符印、表疏、圖書、册命、祥瑞、天文、漏刻、國忌、廟諱、醫卜、釋道、四方使客、諸國進貢、犒勞張設等事。長官爲禮部尚書，正三品。下設侍郎、郎中、員外郎等官。

十五年三月，[1]奏定封册儀物，冠九旒，[2]服九章，[3]玉圭，[4]玉册、函，[5]香、幣，册、祝。[6]遣使副各一員，詣會寧府。[7]行禮官散齋二日，致齋一日。[8]所司於廟中陳設如儀。廟門外設玉册、衮冕幄次，[9]牙杖旗鼓從物等視一品儀。禮用三獻，如祭嶽鎮。

[1]十五年三月：《大金集禮》卷三五《長白山·封册禮》記此事作"十五年三月二十三日"。

[2]冠九旒（liú）：冠即帽子。古代帝王、諸侯、卿大夫所戴

禮帽稱冕或冕冠。冕冠的頂部有一塊長形板叫冕板，覆在冕板上的布叫綖或冕綖。冕綖前後垂有若干珠玉，以彩綫穿組，稱冕旒。每旒用十二玉，兩玉相間一寸。天子冕旒用朱、白、蒼、黄、玄五彩玉，以次穿組，穿玉的五彩絲繩稱藻，以藻穿玉，以玉飾藻，稱玉藻。冕冠最多用十二旒，依次降爲九旒、七旒、五旒不等，且每旒所用玉的質料、色彩、數量都不相同，以區别等級高下。此冠九旒是僅次於天子冕冠之冠旒。

[3]服九章：古代帝王的禮服主要有大裘冕、衮冕、鷩冕、毳冕、希冕、玄冕等幾種。大裘冕上衣繪有日、月、星辰、山、龍、華蟲，下裳繡有宗彝、藻、火、粉米、黼、黻共十二章紋。衮冕衣五章，裳四章，衹有山、龍以下九章紋。此服九章就是僅次於大裘冕十二紋、相當於衮冕一級的服飾。金代無大裘冕，衮冕爲皇帝最高禮服，十二章紋。九章紋服飾則爲僅次於天子衮冕一級的服飾。

[4]玉圭：也作“玉珪”。古代帝王諸侯舉行隆重儀式時所用的玉製禮器，上尖下方。形製大小，因爵位及用途不同而不同。主要有大圭、鎮圭、桓圭、信圭、躬圭、四圭、祼圭等。

[5]玉册：祭祀天地祖先及爲祖先上尊謚的册書。此指册封長白山爲興國靈應王的册書。　函：即玉匣，裝玉册的匣子。

[6]册：當指寫有册文之册。　祝：當指祝版，書有祝文之版。

[7]會寧府：即上京會寧府，治所在今黑龍江省阿城市。金初京師所在地，初稱“皇帝寨”，後建會寧府。天眷元年（1138）號上京，海陵貞元元年（1153）遷都燕京，削上京之號，衹稱會寧府，大定十三年（1173）復爲上京。

[8]散齋二日，致齋一日：祭祀前的齋戒。本書卷二八《禮志一》稱：“齋戒，用唐制。大祀，散齋四日，致齋三日。中祀，散齋二日，致齋一日。”散齋可以外出，但要不飲酒，不吃葷，不御，不聽音樂，不弔喪。致齋則要日夜居於室内，不飲酒，不吃葷，不御，不聽音樂，不弔喪。

[9]衮冕：即衮衣和冠冕，古代帝王及公侯的祭祀禮服。　幄

次：古代祭祀時以布帷、蘆席等臨時張設供居息以及放置祭祀用品的處所。這裏指册封長白山所設放置衮冕等祭祀用物以及祭祀官員臨時居息之處所。

其册文云："皇帝若曰：自兩儀剖判，山嶽神秀各鍾于其分野。國將興者，天實作之。對越神休，必以祀事。故肇基王迹，有若岐陽。[1]望秩山川，於稽虞典。厥惟長白，載我金德，仰止其高，實惟我舊邦之鎮。混同流光，源所從出。秩秩幽幽，有相之道。列聖蕃衍熾昌，迄于太祖，[2]神武徵應，無敵于天下，爰作神主。肆予冲人，紹休聖緒，四海之内，名山大川靡不咸秩。矧王業所因，瞻彼旱麓，可儉其禮？服章爵號非位於公侯之上，不足以稱焉。今遣某官某，持節備物，册命兹山之神爲興國靈應王，仍勅有司歲時奉祀。於戲！廟食之享，亘萬億年。維金之禎，與山無極，豈不偉歟。"自是，每歲降香，命有司春秋二仲擇日致祭。

[1]有若岐陽：岐陽，今陝西省歧山縣。此以西周先祖周太王古公亶父居岐陽以興王業，喻女真居長白山以成王業。

[2]太祖：廟號。即完顏阿骨打（1068—1123），漢名旻。金朝開國皇帝，1115 年至 1123 年在位。天會三年（1125）上尊謚曰武元皇帝，廟號太祖。皇統五年（1145），增謚"應乾興運昭德定功睿神莊孝仁明大聖武元皇帝"。本書卷二有紀。

明昌四年十月，[1]備衮冕、玉册、儀物，上御大安殿，[2]用黄麾立仗八百人，行仗五百人，[3]復册爲開天弘聖帝。

[1]明昌四年十月：中華點校本按：本書卷一〇《章宗紀二》作明昌四年（1193）十二月。明昌爲金章宗年號（1190—1196）。

[2]大安殿：宮殿名。在中都大興府皇城應天門内，爲宫中第一重宫殿。

[3]黄麾立仗八百人，行仗五百人：皇帝出行儀衛使用黄色旌旗之立仗。本書卷四一《儀衛志上》："金制，天子之儀衛，一曰立仗，二曰行仗。……立仗則有殿庭内仗、殿庭外仗，凡大禮、大朝會則用之；其朔望常朝，弩手百人分立兩階而已。行仗則有法駕、大駕、黄麾仗，凡行幸及郊廟祀享則用之。"又稱："凡遇大禮、大朝會，則有内外立仗。"

大房山[1]

大定二十一年，勑封山陵地大房山神爲保陵公，冕八旒、服七章、圭、册、香、幣，使副持節行禮，並如册長白山之儀。其册文云："皇帝若曰：古之建邦設都，必有名山大川以爲形勝。我國既定鼎於燕，[2]西顧郊圻，巍然大房，秀拔混厚，雲雨之所出，萬民之所瞻，祖宗陵寢於是焉依。仰惟嶽鎮古有秩序，皆載祀典，矧兹大房，禮可闕歟？其爵號服章俾列于侯伯之上，庶足以稱。今遣某官某，備物册命神爲保陵公。申勑有司，歲時奉祀。其封域之内，禁無得樵采弋獵。著爲令。"是後，遣使山陵行禮畢，山陵官以一獻禮致奠。

[1]大房山：地名。在今北京市房山區，爲金代帝王陵所在地。

[2]燕：指燕京，今北京。

混同江[1]

大定二十五年，[2]有司言："昔太祖征遼，策馬徑渡，[3]江神助順，靈應昭著，宜修祠宇，加賜封爵。"迺封神爲興國應聖公，致祭如長白山儀，册禮如保陵公故事。

[1]混同江：即今松花江自哈爾濱市往北至同江市的一段，和黑龍江自同江市往北直至入海口的一段。

[2]大定二十五年：《大金集禮》卷三七《雜祠廟·應聖公》記此事作"大定二十五年四月十三日"。

[3]昔太祖征遼，策馬徑渡：本書卷二《太祖紀》記載，收國元年（1115）八月："上親征黄龍府。次混同江，無舟，上使一人道前，乘赭白馬徑涉，曰：'視吾鞭所指而行。'諸軍隨之，水及馬腹。後使舟人測其渡處，深不得其底。"

其册文云："昔我太祖武元皇帝，受天明命，掃遼季荒茀，成師以出，至于大江，浩浩洪流，不舟而濟，雖穆滿渡江而黿梁，[1]光武濟河而水冰，[2]自今觀之，無足言矣。執徐之歲，[3]四月孟夏，[4]朕時邁舊邦，臨江永歎，仰藝祖之開基，[5]佳江神之効靈，至止上都，議所以尊崇之典。蓋古者五嶽視三公，四瀆視諸侯，至有唐以來，遂享帝王之尊稱，[6]非直後世彌文，而崇德報功，理亦有當然者。矧兹江源，出於長白，[7]經營帝鄉，實相興運，非錫以上公之號，[8]則無以昭答神休。今遣某官某，持節備物，册命神爲興國應聖公。申命有司，歲時奉祀。於戲！嚴廟貌，正封爵，禮亦至矣。惟神其衍靈長之德，用輔我國家彌億年，[9]神亦享廟食於無窮，豈不休哉。”

[1]穆滿渡江而黿梁：穆滿即周穆王。《尚書·君牙》：“穆王命君牙爲周大司徒。”注：“穆王，名滿。”《漢書》卷二〇《古今人表》：“穆王滿，昭王子。”元人陰時夫《韻府群玉》釋黿梁謂：“周穆王至九江以黿梁。”

[2]光武濟河而水冰：光武即東漢光武帝劉秀。《後漢書》卷一《光武帝紀上》，更始二年（24）“至呼沱河，無船，適遇冰合，得過”。

[3]執徐：指太歲在辰。《爾雅·釋天》云：“大歲在寅曰攝提格，在卯曰單閼，在辰曰執徐。”

[4]孟夏：孟夏爲夏季的頭一個月，即農曆四月。

[5]藝祖：有文德才藝之祖，古帝王對祖先的美稱。後代帝王因以藝祖爲太祖的通稱。顧炎武《日知録》卷二五《藝祖》稱“藝祖”爲“歷代太祖之通稱也”。此指金太祖完顔阿骨打。

[6]至有唐以來，遂享帝王之尊稱：唐代以來，五嶽、四瀆皆被封爲王、公等。

[7]矧兹江源，出於長白：松花江源於長白山。

[8]上公：西周以太師、太傅、太保三公爲八命，出封時加一命，稱上公。

[9]用輔我國家彌億年：施國祁《金史詳校》卷三下謂：“‘年’上當加‘萬’。”

嘉蔭侯

大定二十五年，[1]勑封上京護國林神爲護國嘉蔭侯，毳冕七旒，[2]服五章，圭同信圭，[3]遣使詣廟，以三獻禮祭告。其祝文曰：“蔚彼長林，實壯天邑，廣袤百里，惟神主之。廟貌有嚴，侯封是享，歆時蠲潔，相厥滋榮。”是後，遇月七日，上京幕官一員行香，著爲令。

［1］大定二十五年：《大金集禮》卷三七《雜祠廟・嘉蔭侯》記此事作“大定二十五年四月二十日”。

［2］毳冕：古代帝王及公卿的祭祀禮服。《周禮・春官・司服》載，“王之吉服”有六，“祀昊天、上帝，則服大裘而冕，祀五帝亦如之。享先王則袞冕，享先公、饗、射則鷩冕，祀四望、山川則毳冕，祭社稷、五祀則希冕，祭群小祀則玄冕”。《釋名・釋首飾》：“毳冕：毳，芮也，畫藻文於衣，象水草之毳芮，温暖而潔也。”

［3］信圭：《周禮・大宗伯》：“王執鎮圭，公執桓圭，侯執信圭，伯執躬圭。”鄭玄注曰：“‘信’當爲‘身’，聲之誤也。身圭、躬圭，蓋皆象以人形爲瑑飾，文有粗縟耳。欲其慎行以保身。圭皆長七寸。”

盧溝河神[1]

大定十九年，[2]有司言：“盧溝河水勢泛決嚙民田，乞官爲封册神號。”禮官以祀典所不載，難之。已而，特封安平侯，建廟。二十七年，奉旨，每歲委本縣長官春秋致祭，如令。

［1］盧溝河：即今北京市附近的永定河。

［2］大定十九年：《大金集禮》卷三七《雜祠廟・河神》記此事作“大定十九年十一月十七日”。

昭應順濟聖后

大定十七年，[1]都水監言：[2]“陽武上埽黄河神聖后廟，[3]宜依唐仲春祭五龍祠故事。”[4]二十七年春正月，尚書省言：“鄭州河陰縣聖后廟，[5]前代河水爲患，屢禱有應，嘗加封號廟額。今因禱祈，河遂安流，乞加褒贈。”上從其請，特加號曰昭應順濟聖后，廟曰靈德善利之廟。每歲委本縣長官春秋致祭，如令。

[1]大定十七年：《大金集禮》卷三七《雜祠廟·河神》記此事作“大定十七年十二月”。

[2]都水監：都水監長官。本書卷五六《百官志二》稱：“都水監，街道司隸焉。分治監，專規措黄、沁河，衛州置司。”都水監長官亦稱都水監，“正四品，掌川澤、津梁、舟楫、河渠之事。興定五年兼管勾沿河漕運事”。

[3]陽武：縣名。治所在今河南省原陽縣，另説在今河南省原陽縣東南。

[4]宜依唐仲春祭五龍祠故事：唐祭五龍祠爲小祀。

[5]鄭州河陰縣：鄭州治所在今河南省鄭州市。鄭州市所屬河陰縣治所在今河南省鄭州市西北七十里任莊。

鎮安公[1]

舊名旺國崖，[2]太祖伐遼嘗駐蹕於此。[3]大定八年五月，更名静寧山，後建廟。明昌六年八月，[4]以冕服玉册，[5]册山神爲鎮安公。

[1]鎮安公：金朝所封静寧山神之封號。

[2]旺國崖：《契丹國志》作國崖，《大金國志》作國崖、望國崖，《建炎以來繫年要録》作望國崖，《三朝北盟會編》卷十引

《燕雲奉使録》作五國崖，五國崖當爲王國崖之誤，王國崖即旺國崖。本書卷二四《地理志上》謂西京路大同府撫州“有旺國崖，大定八年五月更名静寧山”，其地當在今河北省張北縣附近。

[3]駐蹕：帝王出行，中途暫住。蹕，指帝王車駕。

[4]明昌六年八月：中華點校本按，本書卷一〇《章宗紀》作“明昌六年九月”。

[5]冕服：古代帝王及公侯的禮服。舉行吉禮時都要服用冕服。

册文曰：“皇帝若曰：古之名山，咸在祀典。軒皇之世，[1]神靈所奉者七千。虞氏之時，[2]望秩每及於五載。[3]蓋惟有益于國，是以必報其功。逮乎後王，申以徽册，至于嶽鎮之外，亦或封爵之加。故太白有神應之稱，[4]而終南有廣惠之號。[5]禮由義起，事與時偕，載籍所傳，于今猶監。朕修和有夏，咸秩無文，眷兹静寧，秀峙朔野，緼澤布氣，幽贊乎坤元，導風出雲，協符乎乾造。一方之表，萬物所瞻，南直都畿，北維障徼，連延廣厚，寶藏攸興，盤固高明，誃宮斯奠。昔有遼嘗恃以富國，[6]迄大定更爲之錫名。洪惟世宗，[7]功昭列聖，亦越顯考，[8]德利生民。爰即歲時，駕言臨幸，兵革不試，遠人輯寧。雨暘常調，品彙蕃廡，此上帝無疆之貺，亦英靈有相之符。比即輿情，載修故事。顧先皇帝駐蹕之地，揖累世承平之風。迓續遺休，式甄神祐。肆象德以畀號，仍班台而闡儀。宇像一新，采章具舉。今遣使某、副某，持節備物，[9]册命神爲鎮安公，仍勑歲時奉祀。於戲！容典焜燿，精明感通，惟永億年，翊我昌運。神其受職，豈不偉歟。”

［1］軒皇：即軒轅，黄帝。

［2］虞氏：即虞舜。

［3］望秩：即望祭，意謂按等級望祭山川。

［4］太白：即太白山，今長白山。

［5］終南：即終南山，又名中南山、周南山、秦山、南山、秦嶺等，今陝西省秦嶺山脉。　廣惠：終南山封號。據《文獻通考》記載，唐文宗開成二年（837）“九月勑終南山宜封爲廣惠公，準四鎮例，以本府都督刺史充獻官，每年一祭，以季夏土王日祭之”。

［6］昔有遼嘗恃以富國：《遼史》卷二三《道宗紀三》記載，道宗於咸雍九年（1073）“夏四月壬辰，如旺國崖”。同書卷二七《天祚皇帝一》記載，天祚帝曾於乾統四年（1104）“六月甲辰，駐蹕旺國崖”。然旺國崖何以使遼富國，不詳，待考。

［7］世宗：廟號。即完顔烏禄，漢名雍（1123—1189）。金朝第五任皇帝，1161 年至 1189 年在位。卒後上尊謚曰“光天興運文德武功聖明仁孝皇帝”，廟號世宗，葬興陵。本書卷六至卷八有紀。

［8］顯考：章宗父允恭廟號顯宗。此顯考或指章宗之父顯宗，或泛指德行昭著的祖先。

［9］節：符節，奉使命的一種標志。

瑞聖公[1]

即麻達葛山也，[2]章宗生於此。世宗愛此山勢衍氣清，故命章宗名之。[3]後更名胡土白山，建廟。明昌四年八月，[4]以冕服玉册，封山神爲瑞聖公。建廟，命撫州有司，[5]春秋二仲，擇日致祭爲常。

［1］瑞聖公：金朝所封麻達葛山神之封號。

［2］麻達葛山：大定二十九年（1189）更名爲胡土白山，也作忽土白山，義爲福山。本書卷二四《地理志上》謂西京路大同府撫

州，“有麻達葛山，大定二十九年更名胡土白山。有冰井”。其地當在今河北省張北縣一帶。

[3]世宗愛此山勢氣清，故命章宗名之：本書卷九《章宗紀一》謂章宗“小字麻達葛”，“大定八年，世宗幸金蓮川，秋七月丙戌，次冰井，上生。翌日，世宗……謂司徒李石、樞密使紇石烈志寧等曰：‘朕子雖多，皇后止有太子一人。幸見嫡孫又生於麻達葛山，朕嘗喜其地衍而氣清，其以山名之。’”

[4]明昌四年八月：中華點校本按，本書卷一〇《章宗紀二》明昌六年（1195）九月“甲申，册忽土白山神爲瑞聖公”，年月與此不同。疑此處誤。

[5]撫州：治所在今河北省張北縣。一説在今内蒙古自治區興和縣境内。

其册文曰：“皇帝若曰：國家之興，命曆攸屬。天地元化，惟時合符。山川百神，無不受職。粹精薦瑞，明聖繼生。[1]著丕應於殊禎，啟昌期於幽贊。裒對信猶之典，咸修望秩之文。嘉乃名山，奠兹勝地，下綿乾分，上直樞輝。盤析木之津，達中原之氣。廓除氛祲，函毓泰和。仰惟光烈昭垂，徽音如在，即高明而清暑，克静壽以安仁。周廬安寧，厚澤浹洽。朕祗循祖武，順講時巡，感美號以興懷，佩聖謨而介福。言念誕彌之初度，抑由翊衛之効靈。然猶祀秩無章，神居不屋，非所以盡報功崇德之義，副追始樂原之心。爰飾名稱，載新祠宇。勒忱辭於貞琰，涓良日於元龜，彰服采以辨威，潔庪縣而致祭。闡揚茂實，敷繹多儀。今遣使某、副某，持節備物，册命神爲瑞聖公，仍勅有司歲時奉祀。於戲！尚其聰明，歆此誠意，孚休惟永，亦莫不寧。”

[1]明聖繼生：指章宗生於麻達葛山。

貞獻郡王廟[1]

明昌五年正月，陳言者謂："葉魯、谷神二賢創製女直文字，[2]乞各封贈名爵，建立祠廟。令女直、漢人諸生隨拜孔子之後拜之。"有司謂葉魯難以致祭，若金源郡貞獻王谷神則既已配享太廟矣，亦難特立廟也。有旨，令再議之。禮官言："前代無創製文字入孔子廟故事，如於廟後或左右置祠，令諸儒就拜，亦無害也。"尚書省謂："若如此，恐不副國家厚功臣之意。"遂詔令依蒼頡立廟于盩厔例，[3]官爲立廟于上京納里渾莊，[4]委本路官一員與本千户春秋致祭，[5]所用諸物從宜給之。

[1]貞獻郡王廟：中華點校本按，本書卷七三《希尹傳》，"完顏希尹本名谷神"，"金人初無文字……太祖命希尹撰本國字，備制度"，"正隆二年例降金源郡王。大定十五年謚貞憲"。《大金故左丞相金源郡貞憲王完顏公神道碑》拓本亦作"貞憲"。與此異。今按：從"貞獻郡王廟"名稱看，似爲祭祀完顏希尹一人之廟，然據本書卷一〇《章宗紀二》記載，明昌五年（1194）春正月"乙亥，以葉魯、谷神始製女直字，詔加封贈，依倉頡立廟盩厔例，祠於上京納里渾莊。歲時致祭，令其子孫拜奠，本路官一人及本千户春秋二祭"。又似祭祀葉魯和完顏希尹二人之廟。據本志記載，最初確曾討論立二人之廟，歲時祭祀，但有人認爲，"葉魯難以致祭"，後所立廟當完顏希尹一人之廟。

[2]葉魯：本書僅卷一〇《章宗紀二》及本志三見，不詳。谷神：女真人。即完顏希尹，爲歡都之子，曾受太祖之命創製女真

文字。天眷三年（1140）賜死，皇統三年（1143）贈儀同三司、邢國公，天德三年（1151）追封豫王，正隆二年（1157）例降金源郡王，大定十五年（1175）謚貞憲。本書卷七三有傳。

[3]蒼頡：亦作倉頡，傳説中創製漢文字者。　盩（zhōu）厔（zhì）：西漢縣名。治所在今陝西省周至縣。

[4]上京：路名。治所在今黑龍江省阿城市。　納里渾莊：地名。《中國歷史地圖集》標注於今吉林省舒蘭市小城子鎮一帶地方。

[5]千户：即地方官猛安。這裹指統轄納里渾莊猛安的長官，職掌具有軍政合一的特點。猛安相當於防禦州。

祈禜[1]

大定四年五月，不雨。命禮部尚書王競祈雨北嶽，[2]以定州長貳官充亞、終獻。[3]又卜日於都門北郊，望祀嶽鎮海瀆，有司行事，禮用酒脯醢。[4]後七日不雨，祈太社、太稷。又七日祈宗廟，不雨，仍從嶽鎮海瀆如初祈。其設神座，實樽罍，如常儀。其樽罍用瓢齊，[5]擇甘瓠去柢以爲尊。祝板惟五嶽、宗廟、社稷御署，餘則否。後十日不雨，乃徙市，禁屠殺，斷繖扇，[7]造土龍以祈。雨足則報祀，送龍水中。

[1]祈禜（yǒng）：古代祈雨求福禳水旱灾之祭。

[2]禮部尚書：禮部長官。正三品。　王競：字無競，彰德人（治所在今河南省安陽市），大定二年（1162）復爲禮部尚書。本書卷一二五有傳。

[3]定州：治所在今河北省定州市。

[4]脯：原指乾肉，後稱蜜汁乾果等爲果脯。此指祭祀所用各種果脯。　醢（hǎi）：肉醬。

［5］瓢齊：此指用葫蘆去蒂做成的尊。

［6］瓠（hù）：即葫蘆。

［7］繖（sǎn）："傘"之本字。爲擋雨或遮太陽的工具，亦稱蓋。　扇：障塵蔽日的用具。

十七年夏六月，京畿久雨，遵祈雨儀，命諸寺觀啟道場祈禱。[1]

［1］寺觀：僧人所居稱寺，道士所居稱觀。　道場：佛、道二教誦經、禮拜、行道的地方稱道場，舉行誦經祈禱的活動亦稱作道場。

拜天

金因遼舊俗，以重五、中元、重九日行拜天之禮。[1]重五於鞠場，[2]中元於内殿，重九於都城外。其制，刳木爲盤，如舟狀，赤爲質，畫雲鶴文。爲架高五六尺，置盤其上，薦食物其中，聚宗族拜之。若至尊則於常武殿築臺爲拜天所。[3]

［1］重五：農曆五月初五。也稱重午，即端午節。　中元：舊俗以農曆七月十五日爲"中元節"。古代術數家以第二個甲子爲中元。　重九：農曆九月初九，即重陽節。施國祁《金史詳校》卷三下："案《太祖紀》，收國元年五月甲戌，拜天射柳。故事五月五日、七月十五日、九月九日，歲以爲常。《海陵紀》，貞元二年九月己未，常武殿擊鞠，令百姓縱觀。《世宗紀》，大定三年五月乙未，以重五幸廣樂園射柳，命皇太子、親王、百官皆射，勝者賜物有差。上復御常武殿賜宴、擊毬，歲以爲常……如上，率於五月、九

月，惟七月無考。"

[2]鞠（jū）場：即球場，主要指打馬球的場所。鞠，古代一種用革製的球。

[3]常武殿：在中都大興府皇宫中，爲擊球、習射之所。

重五日質明，陳設畢，百官班俟於毬場樂亭南。皇帝靴袍乘輦，[1]宣徽使前導，[2]自毬場南門入，至拜天臺，降輦至褥位。[3]皇太子以下百官皆詣褥位。[4]宣徽贊"拜"，皇帝再拜。上香，又再拜。排食抛盞畢，[5]又再拜。飲福酒，[6]跪飲畢，又再拜。百官陪拜，引皇太子以下先出，皆如前導引。

[1]靴：又作"鞾"，一種高至踝骨以上的長筒鞋，多用皂、黄等色皮革製成，爲北方少數民族的傳統服裝之一。　袍：一種傳統的衣裝，不分男女皆可穿著。最初袍衹被人們當做保暖的衣裝使用，一般爲雙層，中間夾以棉絮，類似於當今的棉襖，穿著時需另罩外衣。　輦：秦漢以後專指帝王后妃乘坐的車。

[2]宣徽使：宣徽院長官。宣徽院設有左、右宣徽使，掌朝會、燕享，殿庭禮儀及監知御膳。正三品。

[3]褥位：即跪拜祭神之位。褥，坐卧的墊具，此指跪拜的墊具。

[4]皇太子：皇帝嫡長子，指皇位繼承人。皇太子之制始於漢，后代因之，金元時也有稱皇帝庶子爲太子者。

[5]抛盞：祭祀形式之一種。陳述認爲抛盞即燒飯，爲遼金元祭祀形式之一種，抛盞與燒飯屬於譯文重疊用字（陳述《談遼金元"燒飯"之俗》，《歷史研究》1980年第5期）。宋德金認爲，抛盞即排食，燒飯不是抛盞，燒飯衹用於祭祀死者而不用於祭天，抛盞則用於祭天（宋德金《"燒飯"瑣議》，《中國史研究》1983年第2

期）。那木吉拉則進一步認爲遼金的抛盞與蒙古的抛灑馬奶子、抛灑茶飯相似，是抛灑祭品的一種祭祀儀式，認爲排食是扔抛食物，抛盞是臨灑飲料。燒飯是契丹、女真、蒙古人以焚燒酒食、衣物等以祭祖、祭天、祭神靈的活動，抛盞同樣是契丹、女真、蒙古人的祭祀活動，但與燒飯有完全不同的形式（那木吉拉《“燒飯”“抛盞”芻議》，《中央民族大學學報》1994年第6期）。

［6］飲福酒：古代稱祭祀後的酒爲“福酒”，祭祀即將結束時飲用祭祀剩餘的“福酒”稱“飲福酒”。

皇帝回輦至幄次，更衣，行射柳、擊毬之戲，[1]亦遼俗也，金因尚之。

［1］射柳、擊毬：金人競技性娛樂活動。本爲遼人舊俗，金人延之。

凡重五日拜天禮畢，插柳毬場爲兩行，當射者以尊卑序，各以帕識其枝，去地約數寸，削其皮而白之。先以一人馳馬前導，後馳馬以無羽横鏃箭射之，既斷柳，又以手接而馳去者，爲上。斷而不能接去者，次之。或斷其青處，及中而不能斷，與不能中者，爲負。每射必伐鼓以助其氣。[1]

［1］伐鼓：即擊鼓。

已而擊毬，各乘所常習馬，持鞠杖。杖長數尺，其端如偃月。分其衆爲兩隊，共争擊一毬。先於毬場南立雙桓，[1]置板，下開一孔爲門，而加網爲囊，能奪得鞠擊入網囊者爲勝。或曰："兩端對立二門，互相排擊，各以出門爲勝。"毬狀小如拳，以輕韌木枵其中而朱之。[2]皆所以習蹺捷也。

既畢賜宴，歲以爲常。

[1]桓：本指表柱，以横木交柱頭，作道路的標志或作桓表、華表等。此"雙桓"當指立兩個柱子，上以横木相交。

[2]以輕韌木枵其中而朱之：將輕柔而堅固之木掏空後再塗上紅色。

本國拜儀[1]

金之拜制，先袖手微俯身，稍復却，跪左膝，左右搖肘，若舞蹈狀。凡跪，搖袖，下拂膝，上則至左右肩者，凡四。如此者四跪，復以手按右膝，單跪左膝而成禮。國言搖手而拜謂之"撒速"。

[1]本國拜儀：指女真拜儀。

承安五年五月，上諭旨有司曰："女直、漢人拜數可以相從者，酌中議之。"禮官奏曰："周官九拜，一曰稽首，拜中至重，臣拜君之禮也。乞自今，凡公服則用漢拜，[1]若便服則各用本俗之拜。"主事陳松曰：[2]"本朝拜禮，其來久矣，乃便服之拜也。可令公服則朝拜，便服則從本朝拜。"平章政事張萬公謂拜禮各便所習，[3]不須改也。司空完顏襄曰：[4]"今諸人衽髮皆從本朝之制，[5]宜從本朝拜禮，松言是也。"上乃命公裳則朝拜，[6]諸色人便服則皆用本朝拜。

［1］公服：又稱“省服”或“從省服”，公幹時所穿的禮服。

［2］陳松：本書除本志所見爲主事外，卷一〇二《蒙古綱傳》尚有一見。兩人是否爲一人，待考。

［3］張萬公：字良輔，東平東阿人。承安四年（1199）起復爲平章政事，躐遷資善大夫，封壽國公。卒贈儀同三司，謚文貞。本書卷九五有傳。

［4］司空：三公之一。本書卷五五《百官志一》以太尉、司徒、司空爲三公，掌論道經邦，燮理陰陽。皆正一品。　完顏襄：本名唵，昭祖五世孫。承安元年（1196）拜左丞相，四年，進拜司空，領左丞相如故。卒謚武昭。本書卷九四有傳。

［5］衽髮：指服式和髮式。衽，衣襟，此指服飾。

［6］公裳：即公服。

金史　卷三六

志第十七

禮九

國初即位儀　受尊號儀　上壽儀　朝參常朝儀　肆赦儀　臣下拜詔儀

國初即位儀

收國元年春正月壬申朔，[1]諸路官民耆老畢會，議創新儀，奉上即皇帝位。阿离合懑、宗翰乃陳耕具九，[2]祝以闢土養民之意。復以良馬九隊，隊九疋，別爲色，并介冑弓矢矛劍奉上。國號大金，建元收國。

[1]收國：金太祖年號（1115—1116）。

[2]阿离合懑："离"，北監本、殿本作"離"，中華本點校統一改作"离"，今從。阿离合懑，景祖子，隨金太祖起兵反遼。本書卷七三有傳。　宗翰：本名粘没喝，漢語訛爲粘罕，國相撒改之長子。本書卷七四有傳。

天會元年九月六日，[1]皇帝諳板孛極烈即皇帝位。[2]己未，告祀天地。丙寅，大赦，改元。

[1]天會：金太宗年號（1123—1135）。金熙宗即位之初延用近三年（1135—1137）。

[2]諳板孛極烈：也作諳版勃極烈。本書《金國語解》："諳版勃極烈，官之尊且貴者。"諳版，女真（滿）語意爲"大"，滿語漢譯或作"昂邦"。諳版勃極烈，即大勃極烈，金初受此官者爲皇位繼承人，故太宗、熙宗皆以諳版勃極烈繼承帝位。熙宗廢除勃極烈制度，立其子濟安爲太子，諳版勃極烈不再稱用。

受尊號儀[1]

皇統元年正月二日，[2]太師宗幹率百僚上表，[3]請上皇帝尊號，凡三請，詔允。七日，遣上京留守奭告天地社稷，[4]析津尹宗强告太廟。[5]十日，帝服衮冕御元和殿，[6]宗幹率百僚恭奉册禮。册文云云，"臣等謹奉玉册、玉寶，[7]上尊號曰崇天體道欽明文武聖德皇帝"。[8]是日，皇帝改服通天冠，[9]宴二品以上官及高麗、夏國使。[10]十二日，恭謝祖廟，[11]還御宣和門，[12]大赦，改元。

[1]尊號：尊崇帝、后的稱號稱尊號。嗣位皇帝尊前皇帝爲太上皇，尊前皇后爲皇太后、太皇太后，也稱上尊號。唐以後在帝、后號之上再加稱號也稱上尊號。

[2]皇統：金熙宗年號（1141—1149）。

[3]太師：三師之首。金代以太師、太傅、太保爲三師，師範一人，儀刑四海。皆正一品。　宗幹：本名斡本，太祖庶長子，海

陵王完顏亮之父。海陵篡立，追謚“憲古弘道文昭武烈章孝睿明皇帝”，廟號德宗，以故第爲興聖宮。大定二年（1162），除去廟號，改謚明肅皇帝。大定二十二年，追削明肅帝號，封爲皇伯、太師、遼王，謚忠烈。明昌四年（1193），配享太祖廟廷。本書卷七六有傳。

［4］上京留守：上京留守司長官，例兼本府府尹、本路兵馬都總管。正三品。　奭：當爲宗傑之子。本書卷六九《宗傑傳》載：宗傑“長子奭爲會寧牧，封鄧王。後爲上京留守，再改燕京、西京。皇統三年，薨”。據此可知，皇統元年（1141）爲熙宗上尊號時，奭當任上京留守，與本志記載相合。　社稷：古代帝王、諸侯所祭的土神和穀神。《白虎通義》卷二《社稷》：“人非土不立，非穀不食。土地廣博，不可遍敬也；五穀衆多，不可一一祭也。故封土立社，示有土尊。稷，五穀之長，故封稷而祭之也。”因以社稷爲國家政權的象徵。

［5］析津尹：析津，古稱幽州、幽都府等，即今北京。《遼史》卷一五《聖宗紀六》開泰元年（1012）十一月“改幽都府爲析津府”。金海陵王貞元元年（1153）遷都於其地，改名爲中都，似金朝不再稱析津。本書“析津尹”僅此一見，卷六九《宗强傳》稱燕京留守，似析津尹爲燕京留守之誤。　宗强：本名阿魯，金太祖之子。本書卷六九有傳。　太廟：皇帝的祖廟。

［6］衮冕：即衮衣和冠冕，古代帝王及公侯的祭祀禮服。　元和殿：金中都宮殿名。本書卷二四《地理志上》中都路條下稱，宮城“皇統元年有元和殿”。

［7］玉册：帝王祭祀天地祖先及上尊號尊謚的册書。此指上尊號的册書。　玉寶：此指上尊號所用寶印。

［8］上尊號曰崇天體道欽明文武聖德皇帝：本書卷四《熙宗紀》稱，皇統元年（1141）正月“庚戌，群臣上尊號曰崇天體道欽明文武聖德皇帝。初御衮冕”。

［9］通天冠：皇帝專用的禮冠，始於秦代。

［10］高麗：指王建建立的王氏高麗政權（918—1392）。　夏：指李元昊建立的西夏政權（1038—1227）。

［11］祖廟：此處指皇帝的祖廟即太廟。

［12］宣和門：金中都皇宫城門名。本書卷二四《地理志上》中都路條下稱，宫城“皇統元年有宣和門”。

大定七年，[1]恭上皇帝尊號。前三日，遣使奏告天地宗廟社稷。[2]前二日，諸司停奏刑罰文字。百官習儀於大安殿庭。[3]兵部帥其屬，[4]設黄麾仗於大安殿門之内外。[5]宣徽院帥儀鸞司，[6]於前一日設受册寶壇於大安殿中間，又設御榻於壇上，[7]又設册寶幄次於大安殿門外，[8]及設皇太子幕次於殿東廊，又設群官次于大安門外。大樂令與協律郎前一日設宫縣于殿庭，[9]又設登歌樂架于殿上，[10]立舞表于殿下。符寶郎其日俟文武群官入，[11]奉八寶置于御座左右，[12]候上册寶訖，復舁寶還所司。[13]

［1］大定：金世宗完顔雍年號（1161—1189）。

［2］遣使奏告天地宗廟社稷：本書卷三一《禮志四》稱“大定七年正月十一日，上尊號。前三日，命皇子判大興尹許王告天地，判宗正英王文告太廟”。《大金集禮》卷二《帝號下・大定七年册禮》亦謂大定七年（1167）“正月八日，遣皇子判大興尹許王告天地，判宗正英王文告太廟”。未言奏告“社稷”。似此時未奏告社稷。

［3］大安殿：宫殿名。在中都大興府皇城應天門内，爲宫中第一重宫殿。

［4］兵部：官署名。尚書省下屬機構。掌兵籍、軍器、城隍、

鎮戍、厩牧、鋪驛、車輅、儀仗、郡邑圖志、險阻、障塞、遠方歸化之事。長官兵部尚書，正三品。

［5］黄麾仗：皇帝出行儀衛使用的黄色旌旗行仗。

［6］宣徽院：官署名。設有左宣徽使、右宣徽使、同知宣徽院事、同簽宣徽院事、宣徽判官等，掌朝會、燕享，凡殿庭禮儀及監知御膳。　儀鸞司：本書卷五六《百官志二》載，宣徽院下屬機構有儀鸞局，設有提點、直長、收支都監等官員，掌殿庭鋪設、帳幕、香燭等事。本書未見儀鸞司之設置。本志所説儀鸞司，當指儀鸞局屬官。

［7］御榻：皇帝坐卧的牀榻。

［8］幄次：也稱幕次、次。次，是以布帷、蘆席等臨時張設供居息之處所，凡大祭祀、朝覲、田獵、射禮、冠禮、喪禮都要設次。

［9］大樂令：太常寺下屬機構大樂署長官。掌調和律吕，教習音聲並施用之法。從六品。　協律郎：太常寺屬官。掌以麾節樂，調和律吕，監視音調。從八品。　宫縣：即宫縣樂，樂曲名。古時鐘磬等樂器懸掛於架上，由這些樂器演奏的樂曲稱宫縣樂。

［10］登歌：即《登歌之樂》，樂曲名。古代舉行祭典、大朝會時，樂師升堂所奏之歌。

［11］符寶郎：殿前都點檢司屬官。舊名牌印祗侯，世宗大定二年（1162）改稱符寶祗侯，後改稱符寶郎，主管皇帝印璽及金銀牌。本書卷五六《百官志二》作正員四人，卷五三《選舉志三》作符寶郎十二人。官品不詳。

［12］八寶：指天子八寶。《宋史·輿服志六》稱："秦制，天子有六璽，又有傳國璽，歷代因之。唐改爲寶，其制有八。"《史記·高祖本紀》正義稱秦代天子六璽爲，"皇帝行璽、皇帝之璽、皇帝信璽、天子行璽、天子之璽、天子信璽"。《舊唐書·職官志二》稱唐朝"八寶"，"一曰神寶"，"二曰受命寶"，"三曰皇帝行寶"，"四曰皇帝之寶"，"五曰皇帝信寶"，"六曰天子行寶"，"七曰天子

之寶”，“八曰天子信寶”。《宋史·輿服志六》稱，徽宗崇寧五年（1106）作“鎮國寶”，“大觀元年（1107），又得玉工，用元豐中玉琢天子、皇帝六璽”。又“自作受命寶”。“鎮國、受命二寶，合天子、皇帝六璽，是爲八寶。”宋徽宗“八寶”在北宋滅亡時爲金人所得。金朝舉行郊祀等大禮時，可能使用獲取宋人之“八寶”。

[13]舁（yú）寶：即抬舉着寶。舁，抬，舉。

其日質明，奉册太尉、奉寶司徒、讀册中書令、讀寶侍中以次應行事官，[1]並集於尚書省，俟册寶興，乘馬奉迎。册寶至應天門，[2]下馬由正門步導入，至大安殿門外，置册寶於幄次。舁册寶牀弩手人等分立於左右。文武群官並朝服入次。[3]攝太常卿與大樂令帥工人入就位，[4]協律郎各就舉麾位。[5]舁册寶案官由西偏門先入，[6]置案於殿東西間褥位，[7]置訖，各退于西階册寶位後。捧册官、捧寶官、舁册匣官、舁寶盝官由西偏門先入，[8]至殿西階下册寶褥位之西，東向立，俟閤門報。[9]

[1]太尉：三公之一。掌論道經邦，燮理陰陽。正一品。多授予宗室、外戚和勳臣，多爲榮譽虚銜，無實職。　司徒：三公之一。多爲榮譽虚銜，無實職。正一品。　中書令：中書省長官。金初例由右丞相兼任，海陵王合中書、門下於尚書省以後，中書省已被取消，中書令一職當不再設置，此職成爲宰相加銜。本書禮志所載，當爲舉行祭祀及上尊號尊謚時臨時設置的官職。　侍中：門下省長官。當爲舉行祭祀及上尊號尊謚時臨時設置的官職。

[2]應天門：中都皇宫正門。原名通天門，世宗大定五年（1165）更名爲應天門。

[3]朝服：又稱“具服”，爲祭祀、朝會兼用禮服。

[4]攝太常卿：太常卿爲太常寺長官。掌禮樂、郊廟、社稷、祠祀之事。從三品。攝太常卿即代理太常卿之職。　工人：指大樂署下樂工。本書卷五五《百官志一》太常寺下屬機構有大樂署，養樂工百人。

[5]麾：即旌旗。此指指揮奏樂之旗位。

[6]案：擺放器物的器具。形如几，長方形，高一尺二寸，有足，木製，上有玉飾。

[7]褥位：即跪拜祭神之位。褥，坐卧的墊具，此指跪拜的墊具。

[8]册匣：裝有玉册的匣子。　寶盝（lù）：裝有玉寶的小匣。寶指上尊號所用玉寶。盝，小匣。

[9]閤門：本書卷五六《百官志二》記載，宣徽院之下設有閤門，閤門屬官有"東上閤門使二員，正五品。副使二員，正六品。……掌簽判閤門事"，"西上閤門使二員，正五品。副使二員，正六品。……掌贊導殿庭禮儀"。此處所載閤門，當爲西上閤門使。

通事舍人引攝侍中版奏"中嚴"，訖，[1]典儀、贊者各就位。[2]閤門官引文武百僚分左右入，於殿階下塼道之東西，相向立。符寶郎奉八寶由西偏門分入，升置殿上東西間相向訖，分左右立於寶後。通事舍人引攝侍中版奏"外辦"，扇合，[3]服衮冕以出，[4]曲直華蓋、侍衛警蹕如常儀。[5]殿上鳴鞭，訖，殿下亦鳴鞭。初索扇，協律郎跪，俛伏，[6]興，[7]舉麾。工鼓柷，[8]奏《乾寧之曲》。[9]出自東房，即座，儀鸞使副添香，[10]爐煙升，扇開，簾捲。協律郎偃麾，戛敔，[11]樂止。

[1]通事舍人引攝侍中版奏"中嚴"訖：中華點校本按《受尊

號儀》至此句以上，係據《大金集禮》卷二《帝號下・大定七年册禮》編寫。自此句以下，至本段末，係誤抄《大金集禮》卷一《帝號上・天德貞元册禮》，遂與上文不合。本書卷四〇《樂志・殿庭樂歌》首爲“大定七年正月上册寶”樂歌，皆與《大定七年册禮》合，而與此文不同，可證此文之誤，其抄《天德貞元册禮》亦多脱誤。《大金集禮》卷二《帝號下・大定七年册禮》稱，“吏部侍郎王璹等提點編排儀仗册寶，用天德貞元制度。曲直華蓋，依皇統貞元例……奏定行禮節次，與天德儀同，亦有更異”。《大金集禮》卷二《帝號下・大定七年册禮》儀節多省略，故參用天德貞元儀制補之，而未能改變不同處，並因省文而有脱誤。今查“通事舍人引攝侍中”下脱“詣前楹間，躬承旨，退臨階稍東，西向，稱曰‘制可’，侍中”二十字；“上公”下脱“退至進酒位，以槃”七字；“閤門揖百僚皆躬身”下脱“上公奏稱‘文武百僚具官等稽首言’云云，臣等不勝大慶，謹上千萬歲壽，俯伏，興。二閤使揖上公出，太常博士、通事舍人引上公降自東階，復本班。太常博士、通事舍人退。上公初降階，樂奏《肅寧之曲》，至位，立定，樂止。典儀曰‘拜’，贊者承傳。上公與在位官皆再拜，訖，百僚皆躬身”一百零五字。　通事舍人：當指閤門通事舍人。本書卷五六《百官志二》宣徽院下屬機構閤門設有“閤門通事舍人二員，從七品，掌通班贊唱、承奏勞問之事”。

［2］典儀贊者：典儀，當爲負責典禮儀式的官員；贊者，當爲負責祭祀、典禮時贊導等事的官員。本書卷五七《百官志三》載東宫宫師府屬官有：“典儀，從六品。贊儀，從七品。司贊禮儀。”

［3］扇：古代儀仗中障塵蔽日的用具。

［4］服衮冕以出：施國祁《金史詳校》卷三下謂，“‘服’上當加‘皇帝’”。

［5］華蓋：古代帝王和貴官車上的傘蓋。

［6］俛伏：指跪拜。俛，通“俯”，屈身，低頭。

［7］興：起來。

[8]柷（zhù）：樂器名。《爾雅·釋樂》郭璞注："柷如漆桶，方二尺四寸，深一尺八寸，中有椎柄，連底挏之，令左右擊。"中間有椎，摇動之則自擊，奏樂之始，都先要擊柷。

[9]奏乾寧之曲：《大金集禮》卷二《帝號下·大定七年册禮》作"奏《泰寧之曲》"。此爲誤抄《大金集禮》卷一《帝號上·天德貞元册禮》之文。

[10]儀鸞使副添香："儀鸞使"，原作"儀使"。本書卷五六《百官志二》、《大金集禮》卷二《帝號下·大定七年册禮》作"儀鸞使"。據改。此亦爲誤抄《大金集禮》卷一《帝號上·天德貞元册禮》之文。

[11]敔（yǔ）：樂器名，一名楬。《爾雅·釋樂》邢昺疏："敔如伏虎，背上有二十七鉏鋙，刻以木，長尺，櫟之。"敔多爲木製，背部有刻，劃之則樂止。爲控制奏樂停止或結束時使用的樂器。

太常博士、通事舍人自册寶幄次分引册，[1]太常卿前導，吏部侍郎押册而行，[2]奉册太尉、讀册中書令、舉册官於册後以次從之。次太常博士、通事舍人二員分引寶，禮部侍郎押寶而行，[3]奉寶司徒、讀寶侍中、舉寶官於寶後以次從之。由正門入，宫縣奏《歸美揚功之曲》。[4]太常卿於册牀前導，[5]至第一墀香案南，[6]藉册寶褥位上少置。太常卿與舉册寶官退於册寶稍西，東向立。應博士、舍人立於其後，[7]舁册寶牀弩手、繖子官等又於其後，[8]皆東向。太尉、司徒、中書令、侍中皆於册後，面北以次立。吏部侍郎、禮部侍郎次立於其後。立定，樂止。

[1]太常博士：太常寺屬官。本書卷五五《百官志一》，太常

寺“博士二員，正七品，掌檢討典禮”。《大金集禮》卷二《帝號下·大定七年册禮》“通事舍人”下有“二員”二字。

[2]吏部侍郎：尚書省吏部屬官。協助吏部尚書掌文武選授、勳封、考課、出給制誥等政事。正四品。

[3]禮部侍郎：尚書省禮部屬官。協助禮部尚書掌禮樂、祭祀、學校、貢舉、册命、天文、釋道、使官之事。正四品。

[4]宫縣奏《歸美揚功之曲》：《大金集禮》卷二《帝號下·大定七年册禮》作《天保報上之曲》。此爲誤抄《大金集禮》卷一《帝號上·天德貞元册禮》之文。

[5]册牀：即放置玉册及册匣之牀案。

[6]香案：上面放有香爐的几案。

[7]博士：金代國子監下屬國子學、太學均設有博士官，分掌教授生員、考校藝業等；太常寺也設有博士官，掌檢討典禮；本書卷一二《章宗紀四》載有“諸路醫學博士”，據此知各路也設有醫學博士。此處所載“博士”當爲太常寺屬官。　舍人：當指閤門通事舍人。

[8]弩手傘子：本書卷四一《儀衛志上》，“其衛士，曰護衛、曰親軍、曰弩手、曰控鶴、曰傘子、曰長行”。又卷五六《百官志二》，宣徽院“所隸弩手、傘子二百三十九人，控鶴二百人”。此處當指宣徽院下屬之弩手、傘子。

閤門舍人分引東西兩班群官合班，轉北向立，中間少留班路。俟立定，太常博士、通事舍人四員分引太尉、司徒、中書令、侍中、吏部禮部侍郎以次各復本班，訖，博士、舍人退以俟。初引時，樂奏《歸美揚功之曲》，[1]至位立定，樂止。典儀曰“拜”，贊者承傳，太尉以下應在位官皆舞蹈，五拜。班首出班起居訖，又贊“再拜”，如朝會常儀。[2]

[1]歸美揚功之曲：樂曲名。本書卷四〇《樂志下·殿庭樂歌》載，大定七年（1167）正月，上册寶，"奉册寶官將復班位，奏《歸美揚功之曲》"，歌辭是："聖德高明，萬邦咸休。鎡銖唐、虞，糠粃商、周。維時群臣，對揚稽首。天子明明，令聞不朽。"大定十一年十一月，行册禮，"奉册寶官將復班位，奏《歸美揚功之曲》"，歌辭是："玉册玉寶，尊聖天子。丕揚鴻名，昭受帝祉。閎休對天，其隆孰比。臣下同心，翼戴歸美。"大定十八年十二月，上"受命寶"，"群臣合班，奏《歸美揚功之曲》"，歌辭是："德冒生民，明明元后。端冕臨軒，神寶是受。群工來賀，咸拜稽首。無疆無期，享祚長久。"

[2]朝會：古代諸侯或臣屬朝見君主。朝會常朝儀參見本卷《朝參常朝儀》及《大金集禮》卷四〇《朝會下·朔望常朝儀》。

太常博士、通事舍人四員再引太尉、司徒、中書令、侍中、吏禮部侍郎復進至册寶所稍南，立定。舁册寶牀弩手、繖子官並進前，[1]舉册寶牀興。太常博士、通事舍人二員分引册，太常卿前導，吏部侍郎押册而行，奉册太尉、讀册中書令、舉册官於册後以次從之。册初行，樂奏《肅寧之曲》。[2]次通事舍人、太常博士又二員分引寶，禮部侍郎押寶而行，奉寶司徒、讀寶侍中、舉寶官於寶後以次從之，詣西階下，至册寶褥位少置，册北，寶南。樂止。舁册寶牀弩手、繖子官等退於後稍西，東向立。

[1]册寶牀：即放置册寶及寶盝之牀案。

[2]樂奏《肅寧之曲》：《大金集禮》卷二《帝號下·大定七年

册禮》作《和寧之曲》。此爲誤抄《大金集禮》卷一《帝號上·天德貞元册禮》之文。

捧册官與舁册官並進前，取册匣升。太常博士、通事舍人分引册，太常卿側身導册先升，奉册太尉、讀册中書令、舉册官、捧册官於册後以次從升。册初行，樂奏《肅寧之曲》。[1]進至殿上，博士舍人分左右於前楹立以俟，[2]讀册中書令於欄子外前楹稍西立以俟，舉册官、捧册官立於其後。奉册太尉從升，至褥位，搢笏，[3]少前跪置訖，執笏，俛伏，興，樂止，退於前楹稍西立以俟。[4]太常博士立於後。太常卿少退東向立。舁册官立於其後，皆東向。捧册官先入，舉册官次入，讀册中書令又次入。捧册官四員皆搢笏雙跪捧。舉册官二員亦搢笏，兩邊單跪對舉。中書令執笏進，跪稱"中書令臣某讀册"。讀訖，俛伏，興。中書令俟册興，先退。通事舍人引，降自東階，復本班。訖，太常卿降復寶牀前、舁册官並進，與捧册官等取册匣興，置於殿東間褥位案上，西向。捧舉册官等降自東階，還本班。舁册官亦退。太常博士引奉册太尉降自西階，東向立以俟。

[1]肅寧之曲：《大金集禮》卷二《帝號下·大定七年册禮》作《和寧之曲》。此爲誤抄《大金集禮》卷一《帝號上·天德貞元册禮》之文。

[2]博士舍人分左右於前楹立以俟：《大金集禮》卷二《帝號下·大定七年册禮》"立"字前有"稍東"二字。　楹：堂屋前部支承屋梁的柱子。

[3]搢笏（hù）：將笏版插於腰帶上。笏，亦稱手版，記事其

上，以備遺忘。

[4]退於前楹稍西立以俟："稍西"，《大金集禮》卷二《帝號下·大定七年册禮》作"稍東"。

次捧寶官與舁寶官俟讀册中書令讀訖，出，並進前，取寶盝升。太常博士、通事舍人分引寶，太常卿側身導寶，先升。奉寶司徒、讀寶侍中、舉寶官、捧寶官於寶後以次從升。寶初行，樂奏《肅寧之曲》。[1]進至殿上，博士舍人俱退不升，並於前楹稍西立俟。讀寶侍中於欄子外前楹間稍西立以俟。舉寶官、捧寶官立於其後。奉寶司徒從升，至褥位，搢笏，少前跪置，訖，執笏，俛伏，興，樂止。司徒退於前楹西，立以俟。太常卿少退，東向立。舁寶官立於其後，皆東向。捧寶官先入，舉寶官次入，讀寶侍中又次入。捧寶官四員皆搢笏雙跪捧。舉寶官二員亦搢笏，兩邊單跪對舉。侍中執笏進，跪稱"侍中臣某讀寶"，讀訖，俛伏，興。侍中俟寶輿先退，通事舍人引，降自西階，復本班。訖，舁寶官進前，與捧寶舉寶官等取寶盝輿，置於殿之西間褥位案上，東向。捧寶舉寶官等與太常卿俱降自西階，及吏部侍郎皆復本班。舁寶官亦退。太常博士引奉寶司徒次奉册太尉，東向立定。

[1]樂奏肅寧之曲：《大金集禮》卷二《帝號下·大定七年册禮》作《和寧之曲》。此爲誤抄《大金集禮》卷一《帝號上·天德貞元册禮》之文。

博士舍人贊引太尉、司徒進，詣第一墀香案南褥位立定，博士、舍人稍退。典儀曰“拜”，贊者承傳，在位官皆再拜，訖，博士、舍人二員引太尉詣東階升，宮縣奏《純誠享上之曲》，[1]至階，止。閤門使二員引太尉進至前，立定，樂止。閤門使揖贊太尉拜跪賀，殿下閤門揖百僚躬身，太尉稱“文武百僚具官臣等言”，致賀詞云云，[2]俛伏，興，退至階上。博士、舍人分引太尉降。至東階初降，宮縣作《肅寧之曲》，復香案南褥位立定，樂止。博士、舍人少退。典儀曰“拜”，贊者承傳，太尉、司徒及在位群官俱再拜舞蹈，三稱萬歲，又再拜。訖，通事舍人引攝侍中升自東階，進詣前楹間，躬承旨，退臨階西向，稱“有制”。典儀曰“拜”，贊者承傳，太尉、司徒及在位群官俱再拜，躬身。宣詞云云，[3]宣訖，通事舍人引侍中還位。典儀曰“拜”，贊者承傳，階上下應在位群官俱再拜舞蹈，三稱萬歲，又再拜。訖，博士、舍人分引太尉、司徒就百僚位。初引，宮縣作《肅寧之曲》，[4]至位立定，樂止。閤門舍人分引應北面位群官，各分班東西相向立定。通事舍人引攝侍中升自東階，[5]當前楹間，跪奏“禮畢”，俛伏，興，引降還位。扇合，簾降。協律郎俛伏，興，舉麾，工鼓柷，奏《乾寧之曲》。[6]降座，入自東房，[7]還後閤，進膳，[8]侍衛警蹕如儀。扇開，樂止。捧册官帥舁册牀人，捧寶官帥舁寶牀人，皆升殿取匣、盝，蓋訖，置於牀前。引進司官前導，[9]通事舍人贊引，詣東上閤門上進。通事舍人分引文武百僚等以次出，歸幕次，[10]賜食，以俟上壽。

[1]純誠享上之曲：本書僅此一見，不詳。

[2]致賀詞云云："云云"，底本、元刻本爲小字注文，南監本、北監本、殿本、局本爲大字正文。

[3]躬身宣詞云云："云云"，底本、元刻本爲小字注文，南監本、北監本、殿本、局本爲大字正文。

[4]樂奏《肅寧之曲》：《大金集禮》卷二《帝號下·大定七年册禮》作《和寧之曲》。此爲誤抄《大金集禮》卷一《帝號上·天德貞元册禮》之文。

[5]通事舍人引攝侍中升自東階："升"，原作"并"，局本、中華點校本改作"升"，今從。

[6]奏《乾寧之曲》：《大金集禮》卷二《帝號下·大定七年册禮》作"奏《泰寧之曲》"。此爲誤抄《大金集禮》卷一《帝號上·天德貞元册禮》之文。

[7]入自東房："東房"，《大金集禮》卷二《帝號下·大定七年册禮》作"西房"。此爲誤抄《大金集禮》卷一《帝號上·天德貞元册禮》之文。

[8]進膳：進食。膳，飲食，常指精美的飯食。

[9]引進司：官署名。宣徽院下屬機構。掌進外方人使貢獻禮物等事。屬官有引進使，正五品；引進副使，從六品。

[10]幕次：即幄次，統稱次，祭祀時臨時居息之所。

上册寶禮畢，有司供辦御牀及與宴群官位，[1]並如曲宴儀。[2]

[1]御牀：皇帝的坐卧之具。牀，與今天的牀不同，比較矮小，主要供人坐卧，有時也用來擺放器具和物品。

[2]曲宴儀：曲宴，猶言私宴，多指宫中之宴。爲宫廷賜宴之一種。金代曲宴儀參見本書卷三八《禮志十一·曲宴儀》。

攝太常卿與大樂令帥工人入，并協律郎各就舉麾位，俟舍人報。通事舍人引三師以下文武百僚親王宗室等分左右入，[1]至殿階下稍南，東西相向立。通事舍人先引攝侍中版奏"中嚴"，少頃，又奏"外辦"。扇合，鳴鞭。協律郎跪，俛伏，興，工鼓柷，宫縣奏《乾寧之曲》。[2]服通天冠、[3]絳紗袍，[4]即座，簾捲。内侍贊"扇開"，[5]殿上下鳴鞭，戛敔，樂止。儀使副等添香，[6]爐煙升。通事舍人引班首已下合班，樂奏《肅寧之曲》，[7]至北向位，重行立定，中間少留班路。通事舍人引攝侍中詣東階升，至殿上少立。閤門舍人引禮部尚書出班前，北向，俛伏，跪奏，稱"禮部尚書臣某言，請允群臣上壽"，俛伏，興，躬身。通事舍人引攝侍中少退。舍人贊"禮部尚書再拜"，訖，贊"祇候"，復本班。内侍局進御牀入。[8]次良醖令於殿下横階南酹酒，[9]訖，典儀曰"拜"，贊者承傳，在位官皆再拜，隨拜三稱"萬歲"，訖，平立。

[1]三師：金代以太師、太傅、太保爲三師，師範一人，儀刑四海。皆正一品。以東宫宫師府屬官太子太師、太子太傅、太子太保爲東宫三師，掌保護東宫，導以德義。正二品。　宗室：皇族。

[2]乾寧之曲：《大金集禮》卷二《帝號下·大定七年册禮》作"奏《泰寧之曲》"。此爲誤抄《大金集禮》卷一《帝號上·天德貞元册禮》之文。

[3]服通天冠：施國祁《金史詳校》卷三下謂："'服'上當加

‘皇帝’”。

[4]絳紗袍：皇帝的朝服和禮服，有的朝代亦爲皇太子及親王之服。

[5]内侍：泛指宫中侍從及各種服務官員，主要指宦官。

[6]儀使副等添香：“儀使”，本書卷五六《百官志》作“儀鸞使”。

[7]肅寧之曲：《大金集禮》卷二《帝號下·大定七年册禮》作《和寧之曲》。

[8]内侍局：管理内侍及宫中事務之官署。金代在宣徽院下設置内侍局，設令二員、丞二員，掌正位閤門之禁，率殿位都監、同監及御直各給其事。此外，尚設有局長，東門都監、同監，諸隨殿位承應都監、同監等，掌各位承應及門禁管鑰。

[9]良醖令：似爲酒務官。本書《百官志》未載。　酹酒：以酒灑地而祭。古代酹酒之制稱“祼”。祭祀祖先，享大賓，皆先以酒灌地而後送爵。

太常博士、通事舍人分引攝上公由東階升。[1]初升，宫縣奏《肅寧之曲》。[2]殿上，舍人少退，二閤使揖上公進，至進酒褥位，樂止。宣徽使以爵授上公，[3]上公搢笏，受爵，詣榻前跪進。受爵訖，上公執槃授宣徽使，[4]訖，二閤使揖上公入欄子内，贊“拜”，跪。殿下，閤門揖百僚皆躬身。通事舍人揖攝侍中進詣前楹間，躬承旨，退臨階西向稱“有制”，典儀曰“拜”，贊者承傳，上公及在位群官皆再拜，隨拜三稱“萬歲”，訖，躬身，宣曰：“得公等壽酒，與公等内外同慶。”閤門舍人贊宣諭訖，上公與百僚皆舞蹈五拜，訖，閤門舍人引百僚分班東西序北向立。

[1]攝上公：西周以太師、太傅、太保三公爲八命，出封時加一命，稱上公。上公當指位在諸爵之上的公爵尊稱。攝上公，即代理上公之職。

[2]肅寧之曲：《大金集禮》卷二《帝號下·大定七年册禮》作《和寧之曲》。

[3]宣徽使：宣徽院長官。正三品。　爵：爲飲酒器之總名，亦爲飲酒器之一種。此處之爵，指飲酒器之總名。

[4]槃：通“盤”“磐”，古代淺而敞口的盛物、盛水的容器和沐浴用具。古人用於沐浴之盤相當於今天的盆。本處所稱之槃指承爵等禮器之盤。

博士舍人再引上公自東階升，宮縣奏《肅寧之曲》，[1]至進酒褥位，樂止。上公搢笏，宣徽使授上公槃，上公詣欄子内褥位，跪舉酒，宮縣奏《景命萬年之曲》，[2]飲訖，樂止。上公進受虚爵訖，復褥位，以爵授宣徽使，訖，二閤使揖上公退，内侍局舁御牀出。博士、舍人並進前分引，降自東階，宮縣作《肅寧之曲》。[3]閤門舍人分引東西兩班，隨上公俱復北向位，立定，樂止。典儀曰“拜”，贊者承傳，在位官皆再拜，三稱“萬歲”，訖，平立。殿上，通事舍人揖攝侍中進詣前楹間，躬承旨，退臨階西向，閤門官先揖百僚躬身，侍中稱“有制”，典儀曰“拜”，贊者承傳，在位官皆再拜，訖，躬身，宣曰“延王公等升殿”，典儀曰“拜”，贊者承傳，在位官皆再拜，訖，搢笏，舞蹈，又再拜。訖，太常博士、通事舍人引王公以下合赴宴群官，[4]分左右升殿，不與宴群官分左右捲班出，宮縣奏

《肅寧之曲》。百僚至殿上坐後立，樂止。

[1]奏《肅寧之曲》:《大金集禮》卷二《帝號下·大定七年册禮》作《和寧之曲》。

[2]奏《景命萬年之曲》: 此爲“天德貞元册禮”樂舞名。本書卷四〇《樂志下》載大定七年（1167）上册寶“舉酒,《萬壽無疆之曲》”。

[3]奏《肅寧之曲》: 類同前注。

[4]王公: 原指天子、諸侯，後泛指王侯公卿，達官貴人。此指獲得王公封號之貴族。本書卷五五《百官志一》:“封爵: 正從一品曰郡王，曰國公; 正從二品曰郡公; 正從三品曰郡侯; 正從四品曰郡伯; 正五品曰縣子，從五品曰縣男。”

内侍局進御牀入。依尋常宴會，再進第一爵酒，登歌奏《聖德昭明之曲》,[1]飲訖，樂止。執事者行群官酒，宫縣作《肅寧之曲》，文舞入，[2]觴行一周，[3]樂止。尚食局進食，[4]執事者設群官食，宫縣奏《保大定功之舞》,[5]三成，止，出。又進第二爵酒，登歌奏《天贊堯齡之曲》,[6]飲訖，樂止。執事者行群官酒，宫縣作《肅寧之曲》，武舞入，[7]觴行一周，樂止。尚食局進食，執事者設群官食，宫縣奏《萬國來同之舞》,[8]三成，止，出。又進第三爵酒，登歌奏《慶雲之曲》,[9]飲訖，樂止。執事者行群官酒，宫縣作《肅寧之曲》,[10]觴行一周，樂止。尚食局進食，執事者設群官食，宫縣奏《肅寧之曲》，食畢，樂止。閤門官分揖侍宴群官起，立於席後。通事舍人引攝侍中詣榻前，俛伏，興，跪奏“侍中臣某言，禮畢”。俛伏，興。閤門舍人分引群官俱降東西階，内侍局舁御牀出，宫縣作《肅寧之曲》，至北向位立定，樂止。典儀曰“拜”，贊者承傳，在位官皆再拜，訖，搢笏，舞蹈，又再拜，訖，再分班東西序立。扇合，簾降，殿上下鳴鞭。協律郎俛伏，跪，舉麾，興，工鼓柷，奏《乾寧之曲》。[11]降座，入自東房，[12]還後閤，侍衛如來儀。内侍贊“扇開”，戛敔，樂止。通事舍人引攝侍中版奏“解嚴”，所司承旨放仗，在位群官皆再拜以次出。

[1]聖德昭明之曲：本書卷四〇《樂志下》載大定七年（1167）上册寶“進第一爵，登歌奏《王道昌明之曲》”。

[2]文舞：宫廷雅樂舞蹈的一種，相對“武舞”而言。文舞，執羽籥；武舞，執干戚。

[3]觴行一周：即行酒一周。觴，指盛有酒的杯，也指以酒飲人或自飲。

[4]尚食局：官署名。長官爲提點尚食局，正五品。下設尚食局使一員，從五品；尚食局副使一員，從六品；直長一員，正八品；都監三員，正九品。生料庫都監、同監，收支庫都監、同監各一員，掌御膳、進食先嘗、兼管從官食等。

[5]保大定功之舞：文舞名。本書卷四〇《樂志下》載大定七年上册寶文舞入“設群官食，奏《功成治定之舞》”。本書卷三九《樂志上》：“皇統年間，定文舞曰《仁豐道洽之舞》，武舞曰《功成治定之舞》。《貞元儀》又改文舞曰《保大定功之舞》，武舞曰《萬國來同之舞》。大定十一年又有《四海會同之舞》。”

[6]天贊堯齡之曲：《大金集禮》卷二《帝號下·大定七年册禮》、本書卷四〇《樂志下》作《天子萬年之曲》。

[7]武舞：宫廷雅樂舞蹈之一種。金代武舞先後有《功成治定之舞》《萬國來同之舞》等。

［8］萬國來同之舞：武舞名。《大金集禮》卷二《帝號下·大定七年册禮》、本書卷四〇《樂志下》作《四海會同之舞》。

［9］慶雲之曲：本書卷四〇《樂志下》作《嘉禾之曲》。

［10］肅寧之曲：《大金集禮》卷二《帝號下·大定七年册禮》、本書卷四〇《樂志下》作《和寧之曲》。

［11］乾寧之曲：《大金集禮》卷二《帝號下·大定七年册禮》作《泰寧之曲》。

［12］入自東房："東房"，《大金集禮》卷二《帝號下·大定七年册禮》作"西房"。此爲抄《大金集禮》卷一《帝號上·天德貞元册禮》之文以致誤。

元日、聖誕上壽儀[1]

皇帝陞御座，鳴鞭、報時畢，殿前班小起居，[2]各復侍立位。舍人引皇太子并臣僚使客合班入，至丹墀，[3]舞蹈五拜，平立。閤使奏諸道表目，皇太子以下皆再拜。引皇太子升殿褥位，搢笏，捧盞盤，進酒，皇帝受置於案。皇太子退復褥位，轉盤與執事者，出笏，二閤使齊揖入欄子内，拜跪致詞云："元正啟祚，品物咸新，恭惟皇帝陛下與天同休。"若聖節則云：[4]"萬春令節，[5]謹上壽卮，伏願皇帝陛下萬歲萬歲萬萬歲。"祝畢，拜，興，復褥位，同殿下臣僚皆再拜。宣徽使稱"有制"，在位皆再拜，宣答曰："履新上壽，與卿等内外同慶。"聖節則曰："得卿壽酒，與卿等内外同慶。"詞畢，舞蹈五拜，齊立。皇太子搢笏，執盤，臣僚分班，教坊奏樂。皇帝舉酒，殿上下侍立臣僚皆再拜。皇太子受虚盞，退立褥位，轉盤盞與執事者，出笏，左下殿，樂止，合班，在位臣僚皆再拜。

[1]元日：也稱元旦、元正、正旦，農曆正月初一。　聖誕：此指皇帝誕辰。

[2]殿前班：殿前當指殿前都點檢司，爲掌管親軍之官署。長官爲殿前都點檢，例兼侍衛親軍馬步軍都指揮使，掌行從宿衛、關防門禁、督攝隊仗等事。正三品。殿前班當指殿前所屬負責大典警衛、督攝隊仗的官員及行從宿衛等。　起居：此指問安之語。

[3]丹墀：古代宫殿前的石階，因漆成紅色，故稱爲丹墀。

[4]聖節：皇帝生日。唐玄宗開元十七年（729），從群臣請，定其生辰每年八月五日爲千秋節，全國宴樂休假三日。此後，皇帝生日或定節名，或不定節名，均稱爲聖節。有金一代，皇帝生日皆定節名。

[5]萬春令節：即萬春節，金世宗聖節。

分引與宴官上殿。次引宋國人從至丹墀，[1]再拜，不出班奏“聖躬萬福”，再拜，喝“有敕賜酒食”，又再拜，各祗候，[2]平立，引左廊立。次引高麗、夏人從，如上儀畢，分引左右廊立。御果牀入，進酒。皇帝飲，則坐宴侍立臣皆再拜。進酒官接盞還位，坐宴官再拜，復坐。行酒，傳宣，立飲，訖，再拜，坐。次從人再拜，坐。三盞，致語，揖臣使并從人立。誦口號畢，坐宴侍立皆再拜，坐，次從人再拜，坐。食入。七盞，曲將終，揖從人立，再拜畢，引出。聞曲時，揖臣使起，再拜，下殿。果牀出。至丹墀，合班謝宴，舞蹈五拜，各祗候，分引出。

[1]宋國人從：即宋朝使節人從。宋朝出使金朝，使臣有大使

和副使，大使、副使之下有上、中、下三節人從，合稱使節。

[2]祇候：恭迎，問候。

大定六年正月，上御大安殿，受皇太子以下百官及外國使賀，賜宴，文武五品以上侍坐者有定員，爲常制。十七年，詔以皇族袒免以上親，[1]雖無官爵封邑，若與當有班次。禮官言：[2]"按唐典，皇家周親視三品，[3]大功親、小功尊屬視四品，[4]小功親、緦麻尊屬視五品，[5]緦麻袒免以上視六品。"上命以此制爲班次。

[1]袒免：袒衣免冠。露左臂曰袒，去冠括髪曰免。古代喪禮，凡五服外的遠親，無喪服之制，唯袒衣免冠，以示哀思。後以袒免指五服以外親屬。

[2]禮官：即禮部官員，主要有禮部尚書、禮部侍郎、禮部郎中、禮部員外郎等。有時也指宣徽院、御史臺負責禮儀的官員。

[3]周親：最親近的親屬。《尚書·周書·泰誓》："雖有周親，不如仁人。"孔氏傳："周，至也。"《論語·子罕》邢昺疏："齊衰，周親之喪服也。"是知，周親指齊衰以上至親。

[4]大功親：大功爲古代喪服名。爲斬衰、齊衰、大功、小功、緦麻五服之一，服期九個月。其服用熟麻布做成，較齊衰稍細，較小功爲粗，故稱大功。大功親指相當於服大功之喪一級的親屬。小功尊屬：小功亦爲古代喪服名。五服之一，服期五個月。其服用較粗熟麻布做成。小功尊屬，相當於服小功之喪一級親屬中之尊者。

[5]緦麻尊屬：緦麻爲古代喪服名。五服之一，服期三個月。其服用疏織細麻布做成。緦麻尊屬，相當於服緦麻喪服一級親屬中之尊者。

朝參、常朝儀[1]

天眷二年五月，[2]詳定常朝及朔、望儀，[3]准前代制，以朔日、六日、十一日、十五日、二十一日、二十六日爲六參日。後又定制，以朔、望日爲朝參，餘日爲常朝。

[1]朝參：官吏上朝參見皇帝。　常朝：官吏按時朝見皇帝。

[2]天眷二年五月：《大金集禮》卷四〇《朝會下·朔望常朝儀》作“天眷二年五月十三日”。

[3]朔：指農曆每月初一。　望：指農曆每月十五。

凡朔、望朝參日，百官卯時至幕次，[1]皇帝辰刻視朝，供御弩手、傘子直於殿門外，分兩面排立。司辰入殿報時畢，[2]皇帝御殿坐，鳴鞭。閤門報班齊。執擎儀物内侍分降殿階兩傍，面南立。宿衛官自都點檢至左右親衛，[3]祗應官自宣徽閤門祗候，[4]先兩拜，班首少離位，奏“聖躬萬福”，兩拜。弩手、傘子先於殿門外東西向排立，俟奏“聖躬萬福”時，即就位北面山呼聲喏，[5]起居畢，即相向對立。擎御傘直立左班内侍上。都點檢以次陞殿，副點檢在少南，東西相向立。左右衛在殿下，東西相向立。閤門乃引親王班，贊班首名以下再拜，訖，班首少離位，奏“聖躬萬福”，歸位再拜畢，先退。

[1]幕次：此指官吏朝參時臨時駐息之所。

[2]司辰：當爲負責報時的官員。

[3]宿衛官自都點檢至左右親衛：金代設置殿前都點檢司，掌管親軍宿衛等事。屬官有殿前都點檢，正三品。殿前左副都點檢，從三品，殿前右副都點檢，從三品；殿前都點檢判官，從六品；知事一員，從七品；另有殿前左衛將軍、殿前右衛將軍、殿前左衛副將軍、殿前右衛副將軍等。掌宫禁及行從宿衛警嚴，仍總領護衛等。宿衛官自都點檢至左右親衛當指自殿前都點檢至殿前左衛右衛將軍等官員。

[4]祇應官自宣徽閤門祇候：中華點校本按，《大金集禮》卷四〇《朝會下·朔望常朝儀》爲本志《朝参常朝儀》之所本，其文“宣徽”下有“使”字。又，據文義此處亦當有“至”字。即“宣徽使至閤門祇候”，是，今從。

[5]山呼：舊時臣民對皇帝舉行頌祝儀式，叩頭高呼“萬歲”者三，叫作山呼。

次引文武百僚班首以下應合朝参官，并府運六品以上官，皆左入，至丹墀之東，西向鞠躬畢，閤門通唱，復引至丹墀。閤門贊班首名以下起居，舞蹈五拜，又再拜，畢，領省宰執陞殿奏事。[1]殿中侍御史對立於左右衛將軍之北少前，[2]修起居東西對立於殿欄子内副階下，[3]餘退，右出。

[1]宰執：宰相和執政官。本書卷五五《百官志一》尚書省設“尚書令一員，正一品，總領紀綱，儀刑端揆。左丞相、右丞相各一員，從一品，平章政事二員，從一品，爲宰相，掌丞天子，平章萬機。左丞、右丞各一員，正二品，參知政事二員，從二品，爲執政官，爲宰相之貳，佐治省事”。

[2]殿中侍御史：御史臺屬官。正七品。

[3]修起居東西對立於殿欄子内副階下：中華點校本按，《大

金集禮》卷四〇《朝會下・朔望常朝儀》，“修起居注遇視朝，起居畢，分班陞殿陛，於殿欄子外副階下東西對立”。此處“居”下脱一“注”字，“内”係“外”字之誤。是，今從。修起居，官名，即修起居注。記注院長官，負責記録皇帝的起居言行。多由他官兼之。章宗明昌年間規定，諫院官員和左右衛將軍不得兼此職。宣宗貞祐三年（1215）定制，由左右司首領官兼修起居注。

初，帝就坐，置寶匣於殿堦上東南角。[1]後定制，師傅起居畢，御案始東入，[2]置定，捧案内侍東西分下，侍殿隅。直日主寶捧寶當殿叩欄奏“封全”，符寶郎及當監印郎中各一員，監當手分令史用印，訖，主寶吏封授主寶，俟奏事畢進封，訖，内侍徹案。

[1]寶匣：裝有玉寶之匣，玉寶指皇帝印璽。
[2]御案：皇帝所用之案。此指擺放寶匣及皇帝用寶之案。

若常朝，則親王班退，引七品以上職事官，分左右班入丹墀，再拜。班首稍前起居畢，復位，再拜。宰執升殿，餘官分班退。

大定二年五月，合臺臣定朝參禮。五品已上官職趨朝朝服，入局治事則展皂。[1]自來朝參，除殿前班外，若遇朔望，自七品已上職事官皆赴。其餘朝日，五品已上職事官得赴，六品已下止於本司局治事。如左右司員外郎、侍御史、記注院等官職，[2]雖不係五品，亦赴朝參。若拜詔，則但有職事并七品已上散官，皆赴。朝參，吏員、令譯史、通事、檢法各於本局待，[3]官員朝退，赴局簽押文字，不得於宫内署押。七品已下流外職，遇朝日亦不合入宫。如左右司都事有須合取奏事，[4]乃聽入宫。七品已上職事官，如遇使客朝辭見日，[5]依朔望日，皆赴。若元日、聖節、拜詔、車駕出獵送迎、詣祖廟燒飯，[6]但有職事并七品已上散官，皆赴。凡親王宗室已命官者年十六以上，皆隨班赴起居。

[1]入局治事則展皂：入局治事即赴省治事或入本司局治事。本書卷四三《輿服志上》："大定二年制，百官趨朝、赴省，並須裹帶。五品以上官，趨朝則朝服，赴省則展皂，雨雪沾衣則從便。"是知，入局治事即赴省治事。展皂，疑爲黑色的展角幞頭。

[2]左右司員外郎：即尚書左右司員外郎，尚書省屬官。據本書卷五五《百官志一》記載，左司員外郎，正六品，"掌本司奏事，總察吏、户、禮三部受事付事，兼帶修起居注官，迴避其間記述之事"。右司員外郎，正六品，"掌本司奏事，總察兵、刑、工三部受事付事，兼帶修注官，迴避其間記述之事"。　侍御史：御史臺屬官。從五品。　記注院：官署名。負責修起居注，掌記言、動。屬官爲修起居注。

[3]吏員：各級官署中的低級小吏，如負責文書的刀筆吏等。　令譯史：吏員名。爲省院臺部等機構所設置的低級事務員。金代尚書省令史正員七十人，漢、女真各三十五人。尚書省譯史正員十四人，左、右司各七人。樞密院令史正員十八人，其中女真十二人，漢人六人。樞密院譯史三人，外加回紇譯史一人。御史臺令史正員二十八人，其中女真十三人，漢人十五人，御史臺譯史四人。　通事：吏員名。爲尚書省屬吏。金代尚書左右司及六部皆置通事，左右司各四人，六部各六人。　檢法：官名。尚書省左右三部檢法司、都元帥府、大宗正府、御史臺等機構都設有檢法一職，主管檢斷取法文字等事，多者定員二十二人，少者二人，正八品或從八品。

[4]左右司都事：金尚書省左司和右司各置都事二員，掌本司受事付事，檢勾稽失、省置文牘，兼知省内宿直，檢校架閣等事。正七品。

[5]使客朝辭：即使者朝見和辭行。

[6]燒飯：祭祀形式之一種。陳述認爲燒飯爲遼金元祭祀形式之一種，燒飯與抛盞屬於譯文重迭用字（陳述《談遼金元"燒飯"之俗》，《歷史研究》1980年第5期）。宋德金認爲，燒飯不是抛盞，燒飯衹用於祭祀死者而不用於祭天，抛盞則用於祭天（宋德金《"燒飯"瑣議》，《中國史研究》1983年2期）。那木吉拉則進一步認爲燒飯是契丹、女真、蒙古人以焚燒酒食、衣物等以祭祖、祭天、祭神靈的活動，抛盞同樣是契丹、女真、蒙古人的祭祀活動，但與燒飯有完全不同的形式（那木吉拉《"燒飯""抛盞"芻議》，《中央民族大學學報》1994年第6期）。

大定五年，右諫議大夫移剌子敬言：[1]"猛安謀克不得與州鎮官隨班入見，[2]非軍民一體之意。"上是其言，責宣徽院令隨班入見。

[1]右諫議大夫：諫院屬官。諫院設有左諫議大夫，右諫議大夫，皆正四品。　移剌子敬：字同文，本名屋骨朵魯。《宋史》卷三四《孝宗紀二》作耶律子敬。大定二年（1162）遷右諫議大夫，兼修起居注。本書卷八九有傳。

[2]猛安謀克：此指猛安謀克官。猛安謀克爲金朝女真等北方民族的社會基層組織，具有政治、軍事、生産等多種職能，有金一代未曾改變。猛安謀克官員平時爲行政長官，督促生産，徵收賦税，審理部内民事訴訟，訓練武藝。戰時，猛安謀克户壯者爲兵，由猛安謀克長官率領征戰，戰争結束後，返回原居地。猛安謀克官員實行世襲制，不論任命還是襲職都由皇帝親自决定。熙宗以後，

以猛安比防禦使，謀克比縣令。在内地者，受府、節度使統轄，在外地者，受招討司統轄。

凡班首遇朝參，有故不赴，以次押班。

凡五品以上及侍御史、尚書諸司郎中、太常丞、翰林修撰、起居注、殿中侍御史、補闕、拾遺赴召，[1]或假一月以上若除官出使之類，皆通班入見謝、辭，餘官於殿門外。[2]見謝班皆舞蹈七拜，辭班四拜，門見謝、辭並再拜。

[1]尚書諸司郎中：金代，尚書省左右司及六部皆設郎中，左右司所設郎中，正五品；六部所設郎中，從五品。　太常丞：太常寺屬官。太常卿、少卿之輔佐。正六品。　翰林修撰：翰林學士院屬官。分掌詞命文字，分判院事，凡應奉文字，銜内帶“知制誥”。從六品。　補闕：諫院屬官。據本書卷五六《百官志二》記載，諫院設有左補闕和右補闕。正七品。　拾遺：諫院屬官。有左拾遺、右拾遺之分。正七品。

[2]皆通班入見謝辭餘官於殿門外：“謝辭”，原作“辭謝”；“餘”，原作“除”。中華點校本按，下文言“謝班皆謝舞蹈，七拜，辭班四拜，門見謝、辭並再拜”，知“辭謝”是誤倒。今乙正。又上文言“凡五品以上及侍御史”等，又言“若除官出使之類皆通班入見謝辭”，知是“餘官”於殿門外見。《大金集禮》卷四〇《朝會下·朔望常朝儀》亦作“餘”。今從改。

肆赦儀[1]

大定七年正月十一日，上尊册禮畢。十四日，應天門頒赦。十一年制同。

[1]肆赦：寬赦罪人。

前期，宣徽院使率其屬，陳設應天門之内外，設御座于應天門上，又設更衣御幄於大安殿門外稍東，[1]南向。閤門使設捧制書箱案於御座之左。[2]少府監設鷄竿於樓下之左，[3]竿上置大盤，盤中置金鷄，鷄口銜絳幡，[4]幡上金書"大赦天下"四字，卷而銜之。[5]盤四面近邊安四大鐵鐶，[6]盤底四面近邊懸四大朱索，[7]以備四伎人攀緣。[8]又設捧制書木鶴仙人一，以紅繩貫之，引以轆轤，[9]置於御前欄干上。[10]又設承鶴畫臺於樓下正中，[11]臺以弩手四人對舉。大樂署設宫縣於樓下，[12]又設鼓一於宫縣之左稍北，[13]東向。兵部立黄麾仗於門外。刑部、御史臺、大興府以囚徒集於左仗外。[14]御史臺、閤門司設文武百官位於樓下，東西相向。又設典儀位於門下稍東，西向。宣徽院設承受制書案於畫臺之前。又設皇太子侍立褥位於門下稍東，西向。又設皇太子致賀褥位於百官班前。又設協律郎位於樓上前楹稍東，西向。尚書省委所司設宣制書位於百官班之北稍東，[15]西向。司天臺設鷄唱生於東闕樓之上。[16]尚衣局備皇帝常服，[17]如常日視朝之服。尚輦設輦於更衣御幄之前。[18]

[1]御幄：即皇帝幄次，皇帝行禮期間更衣及臨時居息之所。

[2]制書：即肆赦詔書。

[3]少府監：官名及官署名。金代設有少府監，掌邦國百工營造之事。下屬機構有尚方署、織染署、文思署、裁造署、文繡署

等。長官爲少府監，正四品；其餘有少府少監（從五品）和少府丞（從六品）。此指少府監屬官。

［4］絳幡：深紅色旗幟。絳，深紅色。幡，旗幟。

［5］銜：用口含着。此指金鷄用口含着絳幡。

［6］鐵鐶（huán）：即用鐵製作的鐶。鐶，圓形中間有孔可穿者爲鐶。

［7］朱索：即紅色繩索。

［8］伎人：有伎藝之人。古代稱歌舞、樂工以及雜技演員等爲伎人。此指善於攀援繩索之人，相當於雜技演員。

［9］轆轤：亦作樚櫨、槤轤。原爲安在井上用以汲水的圓轉木。後統稱用於提吊各種器物的圓轉木之類器物爲轆轤。

［10］置於御前欄干上："欄干"，南監本、北監本、殿本、局本作"欄子"。《大金集禮》卷二四《赦詔・御樓宣赦》作"欄干"。然本書除此處外，僅卷三七《禮志十》有一處作"欄干"（《大金集禮》仍作"欄子"），其餘均作"欄子"，似作"欄子"爲是。

［11］又設承鶴畫臺於樓下正中："承"，原作"捧"。中華點校本按，《大金集禮》卷二四《赦詔・御樓宣赦》爲本志肆赦儀之所本，其文"捧"作"承"，據改。今從。

［12］大樂署：官署名。爲太常寺下屬機構，兼鼓吹署，設有令、丞、樂工部籍直長、大樂正、大樂副正等官員，掌調和律吕，教習音聲，祠祀及行禮陳設樂縣等。養樂工百人。

［13］鼓：樂器名。用於大典之鼓主要有雷鼓、靈鼓、路鼓、鼖鼓、鼛鼓、晋鼓、建鼓等。

［14］刑部：官署名。尚書省下屬機構。掌律令格式、審定刑名、關津譏察、赦詔勘鞫、監户、官户、配隸、功賞、捕亡等事。屬官有刑部尚書、侍郎、郎中、員外郎、主事等。　御史臺：官署名。掌糾察朝儀，彈劾官邪，勘鞫官府公事，糾察内外非違並監祭禮及出使之事等。屬官有御史大夫、御史中丞、侍御史、治書侍御史、殿中侍御史、監察御史等。　大興府：治所在今北京市。

[15]尚書省委所司設宣制書位於百官班之北稍東："制書"前原脱"宣"字。中華點校本按，下文有"右司官捧制書詣宣制位"，並據《大金集禮》補。今從。.

[16]司天臺設鷄唱生於東闕樓之上：原脱"設"字，中華點校本據《大金集禮》卷二四《赦詔·御樓宣赦》補，今從。司天臺，官署名，爲秘書監下屬機構，掌天文曆數、風雲氣色，密以奏聞。主要官員有提點司天臺、司天監、司天少監、司天臺判官、教授、司天管勾、長行等。

[17]尚衣局：官署名。宣徽院下屬機構。掌御用衣服冠帶等事，屬官有提點、都監、直長、同監等。　常服：又稱"燕服"。一般的禮服。

[18]尚輦：本書卷五六《百官志二》：殿前都點檢司下設有尚輦局，屬官有尚輦局使、副使、直長、典輿都轄、收支都監、同監、本把等，掌承奉輿輦等事。此處尚輦，當指尚輦局屬官。輦，天子所乘之車。據本書卷四三《輿服志上》記載，金代皇帝所乘之車主要有"象輅、革輅、木輅、耕根、皮軒、進賢、明遠、白鷺、羊車、革車、大輦，凡十有一"。此外，還有海陵王取自汴京的宋欽宗爲宋徽宗所製的"七寶輦"等。

躬謝禮畢，皇帝乘金輅入應天門，[1]至幄次前，侍中俛伏，跪奏"請降輅入幄"，俛伏，興。皇帝降輅入幄，簾降。少頃，侍中奏"中嚴"。又少頃，俟典贊儀引皇太子就門下侍立位，通事舍人引群官就門下分班相向立，侍中奏"外辦"。皇帝服常朝服，尚輦進輦，侍中奏"請升輦"，繖扇侍衛如常儀，[2]由左翔龍門踏道升應天門，[3]至御座東，侍中奏"請降輦升座"，宮縣樂作。所司索扇，五十柄。扇合，皇帝臨軒即御座，[4]樓下鳴鞭，簾捲扇開，執御繖者張於軒前以障日，樂止。東上閤門使捧制書置於箱，閤門舍人二員從，以俟引繩降木鶴仙人。通事舍人引文武群官合班北向立，宮縣樂作，凡分班、合班則樂作，立定即止。典儀曰“再拜”，在位官皆再拜，訖，分班相向立。侍中詣御座前承旨，退，稍前南向，宣曰：“奉勅樹金鷄。”通事舍人於門下稍前東向，宣曰：“奉勅樹金鷄。”退復位。

［1］金輅：天子所乘之車，以金（銅）飾鈎。

［2］繖（sǎn）：同“傘”。爲擋雨或遮太陽的工具。繖，亦稱蓋。　扇：此指障塵避日的用具。

［3］左翔龍門：中都皇宫應天門内左門。

［4］臨軒：古時皇帝不坐正殿而在殿前平臺上接見臣屬，稱“臨軒”。軒，爲殿堂前檐下的平臺，因殿堂前檐之處兩邊有檻楯，如車之軒，故亦稱軒。

金鷄初立，大樂署擊鼓，樹訖鼓止。竿木伎人四人，緣繩争上竿，取鷄所銜絳幡，展示訖，三呼“萬歲”。通事舍人引文武群官合班北向立。樓上乘鶴仙人捧制書，循繩而下至晝臺，閤使奉承置於案。閤門舍人四員舉案，又二員對捧制書，閤使引至班前，西向稱“有制”，典儀曰“拜”，在位官皆再拜，訖，以制書授尚書省長官，稍前搢笏，跪受，訖，以付右司官，[1]右司官搢笏，跪受，訖，長官出笏，俛伏，興，退復位。右司官捧制書詣宣制位，都事對捧，右司官宣讀，至“咸赦除之”，所司帥獄吏引罪人詣班南，北向，躬稱

“脱枷”，訖，三呼“萬歲”，以罪人過。右司官宣制訖，西向，以制書授刑部官。跪受訖，以制書加於笏上，退以付其屬，歸本班。典儀曰“拜”，在位官皆再拜，舞蹈，又再拜。

[1]右司官：指尚書省下屬機構右司官員，有郎中、員外郎、都事等。

典贊儀引皇太子至班前褥位立定，典儀曰“拜”，皇太子已下群官皆再拜。典贊儀引皇太子稍前，[1]俛伏，跪致詞，俛伏，興，典儀曰“再拜”，皇太子已下群官皆再拜，搢笏，舞蹈，又再拜。侍中於御座前承旨，退臨軒宣曰“有制”。典儀曰“再拜”，皇太子已下群官皆再拜。侍中宣答，宣訖歸侍位。典儀曰“再拜”，皇太子已下群官皆再拜，搢笏，舞蹈，又再拜，訖，典贊儀引皇太子至門下褥位，通事舍人引群官分班相向立。侍中詣御座前，俛伏，跪奏“禮畢”，俛伏，興，退復位。所司索扇，宫縣樂作，扇合，簾降，皇帝降座，樂止。樓下鳴鞭，皇帝乘輦還内，繖扇侍衛如常儀。侍中奏“解嚴”。通事舍人承勅，群臣各還次，將士各還本所。

[1]典贊儀引皇太子稍前：原脱“贊”字。中華點校本據《大金集禮》廣雅書局、叢書集成初編本卷二四《赦詔・御樓宣赦》補。今從。

臣下拜赦詔儀

宣赦日，於應天門外設香案，及設香輿於案前，[1]又於東側設卓子，[2]自皇太子、宰臣以下序班定。閤門官於箱内捧赦書出門置於案。閤門官案東立，南向稱“有勑”，贊皇太子、宰臣、百僚再拜，皇太子少前上香訖，復位，皆再拜。閤門官取赦書授尚書省都事，都事跪受，乃尚書省令史二人齊捧，[3]同升於卓子讀，在位官皆跪聽，讀訖，赦書置於案，都事復位。皇太子、宰臣、百僚以下再拜，搢笏，舞蹈，執笏，俛伏，興，再拜。拱衛直以下三稱“萬歲”，[4]訖，退。其降諸書，禮亦准此，惟不稱“萬歲”。

[1]香輿：輿，原指車厢，因車厢載人載物，是車的主要部分，故輿亦爲車之總稱。本志所稱香輿，似爲可以用人抬舁的似肩輿的上香之輿。

[2]卓子：几案，亦作桌子、棹子。

[3]尚書省令史：尚書省左、右司辦事人員。爲無品級小官，定員七十人，漢人、女真人各半。

[4]拱衛直：即供衛直使司，此指拱衛直使司屬官。有都指揮使、副都指揮使、什將、長行以及威捷軍、鈐轄、都轄等。

其外郡，尚書省差官送赦書到京府節鎮，[1]先遣人報，長官即率僚屬吏從，備旗幟音樂綵輿香輿，[2]詣五里外迎。見送赦書官，即於道側下馬，所差官亦下馬，取赦書置綵輿中，長官詣香輿前上香，訖，所差官上馬，在香輿後，長官以下皆上馬後從，鳴鉦鼓作樂導至公廳，從正門入，所差官下馬。執事者先設案并望闕褥位於庭中，香輿置於案之前，又設所差官褥位在案之側，又設卓子於案之東南。所差官取赦書置於案，綵輿退。所差官稱“有勅”，長官以下皆再拜。長官少前上香，訖，退復位，又再拜。所差官取赦書授都目，都目跪受，及孔目官二員，三人齊捧赦書，[3]同高几上宣讀，[4]在位官皆跪聽。讀訖，都目等復位。長官以下再拜，舞蹈，俛伏，興，再拜。公吏以下三稱“萬歲”。禮畢。明日，長官率僚屬，音樂送至郭外。

[1]京府節鎮：皆地方建置名。京爲金代最高一級的地方建置，下轄府州。設諸京留守司，長官爲留守，正三品。共有上京、中都、南京、東京、西京、北京六處。府，金之五京、十四總管府計十九路，所治皆設府，另有散府九，爲金代二級地方建置，下轄州縣。長官爲府尹，正三品。節鎮，即設有節度使的大州。爲金代州之一種，地位高於刺史州與防禦州，也爲金代二級地方建置，長官爲節度使，從三品。

[2]綵輿：此處當指彩飾的用以放置赦書且可以抬送的腰輿，即用人抬的彩飾轎子。

[3]及孔目官二員三人齊捧赦書：中華點校本本卷校勘記云：“既云‘孔目官二員’，又云‘三人齊捧赦書’，殊不銜接。《集禮》卷二四《赦詔·外路迎拜赦詔》爲此儀文所本，其‘及孔目官二員’下，注云，‘如闕則司吏内上三人’。此處脱‘如闕則司吏内上’七字，并將‘三人’二字誤入正文。”今按，此“孔目官二員”之前尚有跪接赦書之“都目”一員，亦可作爲合爲“三人”理解。志文似不誤。孔目，據本書《百官志》記載，金代諸京府運司提刑司節鎮防刺等，均設有孔目官。卷五七《百官志三》大興府

屬官都孔目官，掌付事勾稽省署文牘、監印、監受案牘等。

［4］同高几上宣讀：中華點校本本卷校勘記云，《大金集禮》卷二四《赦詔·外路迎拜赦詔》，此句作“同陞卓子上讀”，與上文“又設卓子於案之東南”相合，疑此處誤。

金史　卷三七

志第十八

禮十

册皇后儀　册皇太后儀　册皇太子儀　皇太子正旦生日受賀儀　皇太子與百官相見儀

册皇后儀[1]

天德二年十月九日，[2]册妃徒單氏爲皇后。[3]前一日，儀鸞司設座勤政殿，[4]南向。設群臣次於朝堂。[5]大樂令展宫縣於殿庭，[6]設協律郎舉麾位於樂縣西北，[7]東向。閤門設百官班位於庭，[8]並如常朝之儀。[9]又設典儀位於班位之東北，[10]贊者二人在南少却，[11]俱西向。設册使副位於殿門外之東，又設册使副受命位於百官班前。又設册寶幄次二於殿後東厢，[12]俱南向。

[1]皇后：皇帝的正妻。秦以前天子之正妻稱后，秦以後天子稱皇帝，皇帝正妻遂稱皇后。

［2］天德：金海陵王完顏亮年號（1149—1153）。　十月九日：本書卷五《海陵紀》稱，天德二年（1150）“九月甲午，立惠妃徒單氏爲皇后”，卷六三《海陵后徒單氏傳》亦稱“九月，立爲皇后”。月日與此異。施國祁《金史詳校》卷三下稱“《集禮》十月二日差待制王競篆册寶，兵部郎中劉仲延造匣盝，侍讀劉長言撰册文。命禮部尚書宗安（十月七日）告天地，特進按荅海告宗廟，太尉正員，司徒以思忠攝。十月九日勤政殿發册，泰和殿受册。案十月九日乃發册日，故與《海紀》《后傳》月日不同”。

［3］妃：帝王之妾，地位次於后，高於嬪。金代有元妃、貴妃、淑妃、德妃、賢妃等，皆正一品。貞祐以後，貴妃下有真妃，淑妃下有麗妃、柔妃，而無德妃、賢妃。　徒單氏：海陵皇后，太師斜也之女。初爲岐國妃，天德二年封爲惠妃，九月，立爲皇后。海陵伐宋遇弒後，世宗詔歸父母家於上京，大定十年（1170）卒。本書卷六三有傳。

［4］儀鸞司：本書卷五六《百官志二》，宣徽院下屬機構有儀鸞局，設有提點、直長、收支都監等官員，掌殿庭鋪設、帳幕、香燭等事。本書《百官志》未見儀鸞司之設置。本志所説儀鸞司，當指儀鸞局屬官。　座：原作“坐”，《大金集禮》卷五作“座”，中華點校本徑改爲“座”，今從。　勤政殿：金上京皇宫宫殿。

［5］次：臨時居息之所，凡大祭祀、朝覲、田獵、射禮、冠禮、喪禮等重要典禮都設有次。這裏指設在朝堂的群官臨時居息之所，不分大次和小次。

［6］大樂令：太常寺下屬機構大樂署長官。掌調和律吕，教習音聲并施用之法。從六品。　宫縣：樂曲名，即《宫縣之樂》。古時鐘磬等樂器懸掛於架上，由這些樂器演奏的樂曲就叫宫縣樂。

［7］協律郎：太常寺屬官。掌以麾節樂，調和律吕，監視音調。從八品。　麾：即旌旗。此指指揮奏樂之旗。　樂縣：似即宫縣。

［8］閤門：本書卷五六《百官志二》記載，宣徽院之下設有閤門，屬官有“東上閤門使二員，正五品。副使二員，正六品。……

掌簽判閤門事”，“西上閤門使二員，正五品。副使二員，正六品。……掌贊導殿庭禮儀”。此處所載閤門，當爲西上閤門使。

[9]並如常朝之儀：官吏按時上朝參見皇帝稱常朝。常朝儀參見本書卷三六《禮志九·朝參常朝儀》及《大金集禮》卷四〇《朝會下·朔望常朝儀》。

[10]典儀：典禮儀式，此指負責典禮儀式的官員。

[11]贊者：主管典禮中贊導等事的官員。

[12]册寶幄次：即放置册寶之處所。册，即玉册，爲帝王祭祀天地祖先及上尊號尊謚、册封皇后皇太子等的册書。此指册封皇后的册書。寶，即玉寶，此指皇后受册封之寶。

其日，諸衛勒所部，略列黄麾細仗於庭。[1]符寶郎奉八寶置於左右。[2]吏部侍郎奉册，[3]禮部侍郎奉寶匣，[4]皆置於牀，[5]訖，出就門外班。大樂令、協律郎、樂工、典儀、贊者各入就位。[6]群官等依時刻集朝堂，[7]俱就次，各服朝服。[8]侍中約刻板奏“請中嚴”，[9]通事舍人引群官入，[10]就庭東西相向立，以北爲上。又引册使副立於東偏門，西向。門下侍郎引主節奉節立於殿下東廊横街北。[11]中書令、中書侍郎帥舉捧册官，[12]奉册牀立於節南。侍中、門下侍郎帥舉捧寶官，奉寶牀立於册牀之南，俱西面。

[1]黄麾細仗：皇帝出行儀衛或大型典禮時使用黄色旌旗之行仗。本書卷四一《儀衛志上》：“金制，天子之儀衛，一曰立仗，二曰行仗。……行仗則有法駕、大駕、黄麾仗，凡行幸及郊廟祀享則用之。”黄麾仗又分黄麾大仗、黄麾半仗、黄麾角仗、黄麾細仗、黄麾小半仗等。

[2]符寶郎：殿前都點檢司屬官。舊名牌印祗候，世宗大定二年（1162）改稱符寶祗候，後改稱符寶郎，主管皇帝印璽及金銀牌。本書卷五六《百官志二》作正員四人，卷五三《選舉志三》作“符寶郎十二人”，官品不詳。　八寶：指天子八寶。《宋史·輿服志六》稱：“秦制，天子有六璽，又有傳國璽，歷代因之。唐改爲寶，其制有八。”《史記·高祖本紀》正義稱秦代天子六璽爲“皇帝行璽、皇帝之璽、皇帝信璽、天子行璽、天子之璽、天子信璽”。《舊唐書·職官志二》稱唐朝“八寶”：“一曰神寶”，“二曰受命寶”，“三曰皇帝行寶”，“四曰皇帝之寶”，“五曰皇帝信寶”，“六曰天子行寶”，“七曰天子之寶”，“八曰天子信寶”。《宋史·輿服志六》稱，徽宗崇寧五年（1106）作“鎮國寶”，“大觀元年，又得玉工，用元豐中玉琢天子、皇帝六璽”，又“自作受命寶”。“鎮國、受命二寶，合天子、皇帝六璽，是爲八寶。”宋徽宗“八寶”在北宋滅亡時爲金人所得。金朝舉行郊祀等大禮時，可能使用獲取宋人之“八寶”。

[3]吏部侍郎：尚書省吏部屬官。協助吏部尚書掌文武選授、勳封、考課、出給制誥等政事。正四品。

[4]禮部侍郎：尚書省禮部屬官。協助禮部尚書掌禮樂、祭祀、學校、貢舉、册命、天文、釋道、使官之事。正四品。　寶匣：也稱寶盝，裝玉寶的小匣。此指裝有皇后受册寶之寶匣。

[5]牀：爲放置玉册和寶匣之牀。放置册寶之牀與几案相似。

[6]樂工：大樂屬下樂工。本書卷五五《百官志一》太常寺下屬機構有“大樂署”，養樂工百人。

[7]朝堂：漢代稱正朝左右百官治事之所爲朝堂，國有大事，皆於朝堂會議。後以百官議事之所爲朝堂。

[8]朝服：又稱“具服”。爲祭祀、典禮和朝會所用禮服。

[9]侍中：門下省長官。據本書卷五五《百官志一》載，“天會四年，建尚書省，遂有三省之制”，可知此官應始設於天會四年（1126）。海陵王正隆元年（1156）“罷中書、門下省”以後，門下

省已被取消，門下侍中一職當不再設置。本書《禮志》所載海陵王合門下省、中書省於尚書省以後之門下侍中，或爲宰相加銜，或爲舉行祭祀、上尊號尊謚以及册封等典禮時臨時設置的官職。

[10]通事舍人：當指閤門通事舍人。本書卷五六《百官志二》載，宣徽院下屬機構閤門設有“閤門通事舍人二員，從七品，掌通班贊唱、承奏勞問之事”。

[11]門下侍郎：門下省長官侍中之副貳。本書《禮志》所載門下侍郎，或爲他官兼職，或爲舉行祭祀等典禮時臨時設置的官職。　主節：當爲祭祀、册封等重大典禮時掌節的官員。節，即符節，奉使的標志。本卷下文“門下侍郎引主節詣册使所，主節以節授門下侍郎”。《大金集禮》卷五《皇太后皇后・天德二年册徒單氏》列舉册禮行事、執事官亦僅有“主節二”，别無“奉節”。可知主節即是奉節者，奉節爲其動作，不是官稱。　奉節：這裹是指舉著節的意思。　横街：中華點校本按，《大金集禮》卷五《皇太后皇后・天德二年册徒單氏》爲本志册皇后儀之所本，其文“横街”作“横階”。當以《大金集禮》爲是。

[12]中書令：中書省長官。據本書卷五五《百官志一》載，“天會四年，建尚書省，遂有三省之制”，可知此官應始設於天會四年（1126）。海陵王正隆元年“罷中書、門下省”以後，中書省已被取消，中書令一職當不再設置。本書《禮志》所載海陵王合中書省、門下省於尚書省以後之中書令，或爲宰相加銜，或爲舉行祭祀、上尊號尊謚以及册封等典禮時臨時設置的官職。　中書侍郎：中書省長官中書令之副貳。本志所稱中書侍郎，或爲他官兼銜，或爲舉行祭祀、册封等典禮時臨時設置的官職。

侍中版奏“外辦”。殿上索扇。[1]協律郎舉麾，宫縣作。[2]皇帝服通天冠、絳紗袍，[3]出自東房，曲直華蓋、警蹕侍衛如常儀。[4]即座，南向坐，簾捲，樂止。通事舍人引册使副入，宫縣作。使副就受命位，侍中、中書令、門下侍郎、中書侍郎、舉捧官依舊西面立，群臣合班，横行北面，如常朝之儀，立定。典儀曰“再拜”，贊者承傳，班首已下群官在位者皆再拜。班首問起居，[5]又再拜。閤門官引攝侍中出班承制，降詣使副東北，西向稱“有制”。使副稍前，鞠躬再拜，攝侍中宣制曰：“命公等持節授后册寶。”宣制訖，又俱再拜，侍中還班。門下侍郎引主節詣册使所，主節以節授門下侍郎，門下侍郎執節西向授太尉，[6]太尉受付主節，主節立於使副之左右。門下侍郎退還班位。中書侍郎引册牀，門下侍郎引寶牀，立於册使東北，西向，以次授與太尉，太尉皆捧受，册牀置於北，寶牀置於南。侍中、中書令、禮儀使、舉捧册寶官及舁牀者，[7]退於東西塼道之左右，相向立。門下侍郎、中書侍郎退還班位。典儀曰“再拜”，贊者承傳，群官在位者皆再拜，訖，分班東西相向位。[8]舉捧舁册寶牀者進，册牀先行，讀册官次之，寶牀次行，讀寶官次之。舉舁官各分左右，[9]通事舍人引册使隨之以行，持節者前導。太尉初行，宫縣樂作，出殿門，樂止。攝侍中出班升殿，奏“侍中臣言禮畢”。[10]殿上索扇，簾降，宫縣作。降座，入自東房，樂止。通事舍人引群官在位者以次出。俟太尉、司徒復命，[11]禮畢，還内。

[1]扇：障塵蔽日的用具。

[2]宫縣作：《大金集禮》卷五《皇太后皇后·天德二年册徒單氏》作“宫縣奏曲”。本書卷四〇《樂志》稱“天德二年十月，

册立中宫，皇帝將升御座，宫縣奏《乾寧之曲》"，歌辭曰："人道大倫，王化所基。明聖稽古，陰教欲施。臨軒發册，備舉彝儀。《麟趾》《關雎》，宜播聲詩。"

[3]通天冠：皇帝專用的禮冠，始於秦代。　絳紗袍：皇帝的朝服和禮服，有的朝代亦爲皇太子及親王之服。

[4]華蓋：古代帝王和貴官所用之傘蓋。　警蹕：古時帝王出行時，左右侍衛爲警，止人清道爲蹕，以戒止行人。常稱帝王出入爲警蹕。

[5]起居：問安之語。

[6]太尉：三公之一。掌論道經邦，燮理陰陽。多授予宗室、外戚和勳臣，是一種榮譽官銜。正一品。

[7]禮儀使：當爲負責祭祀等大典禮儀的官員，多爲他官兼任。

[8]分班東西相向位："位"，南監本、北監本、殿本、局本作"立"。《大金集禮》文淵閣四庫全書本卷五《天德二年册徒單氏》作"分班歸東西相向位"，廣雅書局、叢書集成初編本作"立"。中華點校本徑改爲"立"。

[9]舉舁（yú）官各分左右："舉舁官"，《大金集禮》卷五《皇太后皇后·天德二年册徒單氏》作"舉捧官"。《大金集禮》卷八《皇太子·天德四年册命儀》亦兩見，均作"舉捧官"。舁，抬，舉起。此時舁册寶牀官正舁牀而行，舉册寶官、捧册寶官方可分左右兩面夾侍。

[10]奏侍中臣言禮畢：中華點校本認爲，"臣"下疑脱"某"字。本書卷三〇《禮志三》"侍中於輅前奏稱'侍中臣某言'"。卷三六《禮志九》"侍中執笏進，跪稱'侍中臣某讀寶'"。又稱"通事舍人引攝侍中詣槅前，俛伏，興，跪奏'侍中臣某言，禮畢'"。"臣"下均有"某"字。似此處"臣"下應有"某"字。

[11]司徒：三公之一。多爲虚銜，無實職。正一品。

先是，有司預設太尉、司徒本品革車鹵簿於門外至殿門左右排列。[1]俟使副出，鼓吹振作。禮儀使、舉捧官、執節者并擡舁人，以册寶少駐於泰和門，[2]太尉、司徒及讀册寶官暫歸幕次。[3]内侍、閤門引入泰和殿，[4]俟至殿下位，鼓吹止。

[1]革車：大臣所乘之車。金朝皇帝有時也乘革車。此指太尉及司徒所乘革車。　鹵簿：古代帝王和公卿大臣出行時排列其前後的儀仗隊。

[2]泰和門：似爲上京泰和殿之殿門。

[3]幕次：也稱幄次，即祭祀、册封等典禮所設臨時居息之所。此指所設大臣之次。

[4]内侍：泛指宫中侍從及各種服務官員，主要指宦官。

有司預供張，泰和殿設皇后座於扆前，[1]殿上垂簾。又設東西房於座之左右稍北。又設受册位於殿庭西階之南，東向。又設内命婦次於殿之左右。[2]大樂令設宫縣於庭，協律郎設舉麾位於殿上。又設册寶次於門外。又設行事官次於門左右。[3]又設外命婦次於門之内。[4]

[1]扆（yǐ）：繡有斧形花紋的屏風。

[2]内命婦：即内宫受有封號的皇帝的妃、嬪、世婦、女御等。本書卷五七《百官志三》："元妃、貴妃、淑妃、德妃、賢妃，正一品；昭儀、昭容、昭媛、修儀、修容、修媛、充儀、充容、充媛曰九嬪，正二品；婕妤，正三品，美人，正四品，才人，正五品，各九員，曰二十七世婦；寶林，正六品，御女，正七品，采女，正八品，各二十七員，曰八十一御妻。"即謂妃、嬪、世婦、御妻爲内

命婦。

[3]行事官：當指負責册封皇后典禮儀式的各級行事官員。

[4]外命婦：古代稱卿、大夫之妻爲外命婦。後泛指因夫或子而獲得封號的婦女爲外命婦。

其日，諸衛於殿門外略設黄麾細仗。有司設二步障於殿之西階。[1]簾前設扇，左右各十。紅繖一，在西階欄干外。[2]又設舉册寶案位於使副之前，北向。又設宣徽使位於北廂，[3]南向。司贊設内外命婦以下陪列位於殿庭塼道之左右，每等重行異位北向，内命婦在後。又設司贊位於東階東南，贊者二人在南少退，俱西向。

[1]步障：也作“步鄣”，用以遮避風塵或障蔽内外的屏幕。

[2]在西階欄干外：“干”，南監本、北監本、殿本、局本作“子”。中華點校本稱《大金集禮》作“子”。查《大金集禮》文淵閣四庫全書本卷五《皇太后皇后·天德二年册徒單氏》作“干”，廣雅書局、叢書集成初編本改作“子”。本書除卷三六《禮志九》一處作“干”外，其餘均作“子”，似作“子”是。

[3]宣徽使：宣徽院長官。宣徽院設有左、右宣徽使，掌朝會、燕享，凡殿庭禮儀及監知御膳。正三品。

質明，執事官大樂令等各就位。皇后常服，[1]乘龍飾肩輿，[2]至泰和殿後閣，近仗導衛如常儀。宣徽使奏“中嚴”。册使副入門，宫縣作，[3]俟册使庭中立，樂止。册在北，寶在南，使副立於牀後。禮儀使帥持節者立於前，舉捧册寶官立於册寶牀左右，讀册寶官各立於其後。

[1]常服：又稱“燕服”，即一般的禮服。古稱褻服，以爲家居之服。

[2]肩輿：用人抬的轎子。

[3]宫縣作：《大金集禮》卷五《皇太后皇后·天德二年册徒單氏》作“宫縣奏曲”。本書卷四〇《樂志下》謂“天德二年册立中宫”，“册寶入門，奏《昌寧之曲》”，歌辭曰：“羽衛充庭，淑旗徽章。禮儀具舉，涓辰以良。相我内訓，來儀椒房。億萬斯年，邦家之光。”施國祁《金史詳校》卷三下稱“此下當加《昌寧之曲》”。

宣徽使奏“外辦”。内侍、閤門官引后出後閤，宫縣作。簾捲，皇后降自西階，左右步障繖扇從，至階下，望勤政殿御閤所在立，樂止。册使進，立於右，宣曰“有制”，閤門使、内侍贊“再拜”。册使宣曰：“制遣太尉臣某、司徒臣某，恭授后册寶。”閤門使、内侍贊“再拜”。册使少退。中書令、侍中及舉捧官率擡舁人奉册寶以次進於前，宫縣作。[1]册寶牀自東階升，並置於殿之前楹間，[2]册牀在北，寶牀在南，中留讀册寶官立位，並去帕及蓋，[3]擡舁人執之，退立於西朵殿。[4]舉擡官分左右相向立，讀册寶官各立於牀之東，西向，立既定，樂止。閤門使、内侍贊“再拜”，捧謝表官以表授左立内侍，[5]内侍以授后，受訖，以付右立内侍，内侍持表立於右。閤門使贊“再拜”，訖，册使退，宫縣作。[6]持表内侍以表付閤門官，隨册使行。册使副至門，鼓吹振作如來儀，[7]入西偏門，鼓吹止。册使副至御閤所在，俛伏，[8]跪奏：“太尉臣某、司徒臣某，奉制授册寶，禮畢。”俛伏，興，退。持表閤門官進表，近侍接入，進讀，訖，退。

[1]宫縣作：本書卷四〇《樂志下》謂“天德二年十月，册立中宫”，“將受册寶，以册寶入門，宫縣奏《肅寧之曲》”，歌辭曰：“塗山興夏，《關雎》美周。坤儀之尊，母臨九州。瑶册褘衣，光配凝旒。地久天長，福禄是遒。”

[2]楹：指支撑屋梁的柱子。一般指堂前兩柱。

[3]帕及蓋：指遮蓋册與寶的巾帕與蓋子。

[4]西朵殿：朵殿爲殿的東西側堂，西朵殿即西側堂。

[5]謝表：下言於上的感謝之辭。表，一種上奏文書的形式。

[6]宫縣作：本書卷四〇《樂志下》謂“天德二年十月，册立中宫”，“受册，奏《坤寧之曲》”，歌辭曰：“風化之始，由於壼闈。禮文斯備，爰正坤儀。維順以慈，儷聖同德。則百斯男，垂統無極。”

[7]鼓吹：古代的一種器樂合奏。奏演鼓吹樂的樂隊也稱鼓吹。此指演奏宫縣等樂。

[8]俛伏：指跪拜。俛，通“俯”，屈身，低頭。

初，册使退，及門樂止。閤門、内侍引后自西階升殿，宫縣作。繖扇止於簾外，退於左右朵殿前。步障止於階下，卷之。后於座前南向立，樂止。中書令詣册牀南立，北向，稱“中書令臣某，謹讀册”。讀畢，降自東階，立於欄外第一墀上，[1]西向。次侍中詣寶牀南立，北向，揖稱“侍中臣某，讀寶”。[2]讀畢降階，立於中書令之北，西向。内侍、閤門引升座，[3]宫縣作，坐定，樂止。舉捧官以次招擡舁人持帕蓋覆匣牀，奉置殿之左右，册牀在東，寶牀在西。置訖，舉捧官以次降階，立於中書令、侍中之後，立定，合班北向，閤門贊“再拜”，拜訖，降東階，退出殿門。其擡舁人置册寶牀於東西訖，各由朵殿下階，於侍中等班後直出殿門，以俟復入，擡舁入宮。

［1］墀：殿上空地，也指殿前的臺階。此指宮殿前的臺階。

［2］揖稱“侍中臣某，讀寶”：“揖”，局本無此字。《殿本考證》：“考讀册、讀寶禮無等差，况臣下無單揖之儀。以上文證之，此處‘揖’字係衍。”又，“讀寶”，局本在其上有一“謹”字，證之上文“謹讀册”，似有“謹”字爲是。

［3］内侍閤門引升座：中華點校本云“引”下疑脱“后”字。按無“后”字亦知所引爲何人，此表述係從上而省。

受册表謝訖，内侍跪奏“禮畢”。閤門引内外命婦陪列者以次進，就北向位。班首初行，宮縣作，至位樂止。閤門曰“再拜”，命婦皆再拜。閤門引班首自西階升，樂作，至階樂止，進當座前，北向躬致稱賀，訖，降自西階，樂作，至位樂止。閤門曰“再拜”，舍人承傳，[1]命婦等皆再拜。閤門使前承令，降自西階，詣命婦前西北，東向，稱“有教旨”。命婦等皆拜，[2]閤門使宣曰：“祇奉聖恩，授以册寶，榮幸之至，兢厲增深。所賀知。”舍人曰“再拜”，命婦皆再拜，訖，内侍引内命婦還宮。班首初行，樂作，出門，樂止。内侍引外命婦出次。宣徽使奏稱“禮畢”。降座，[3]宮縣作，入東房，樂止。歸閤，宮縣作，至閤，樂止。更常服。内侍承教旨，宣外命婦入會，並如常儀。會畢，閤門引外命婦降階，横班北向，舍人曰："再拜"，訖，以次出。還宫，如來儀。中書、門下侍郎復以引進司帥擡舁人進册寶入内，[4]付與都點檢司，[5]退。

[1]舍人：當指閤門通事舍人。

[2]命婦等皆拜：中華點校本據《大金集禮》云"拜"上有"再"字。查《大金集禮》文淵閣四庫全書本卷五《皇太后皇后·天德二年册徒單氏》無"再"字，廣雅書局、叢書集成初編本補"再"字。

[3]降座："座"，原作"坐"。中華點校本作"座"，今從。

[4]引進司：官署名。宣徽院下屬機構。掌進外方人使貢獻禮物等事。屬官有引進使，正五品；引進副使，從六品。此處當指引進司屬官。

[5]都點檢司：官署名，即殿前都點檢司。掌親軍，總領左右衛將軍、符寶郎、宿直將軍、左右振肅等。下屬機構有宫籍監、近侍局、器物局、尚厩局、尚輦局、鷹坊、武庫署、武器署。長官爲殿前都點檢，例兼侍衛親軍馬步軍都指揮使，掌行從宿衛，關防門禁，督攝隊仗等事。正三品。

别日，會群官，會妃主宗室等，[1]賜酒，設食，簪花，[2]教坊作樂，如内宴之儀。

[1]宗室：皇族。

[2]簪花：古代遇典禮宴會佳節，男女皆戴花稱簪花。

十一日，朝永壽、永寧兩宫。[1]皇后既受册，越二日，内侍設座於所御殿，南向。其日夙興，[2]宣徽使版奏“中嚴”。質明，諸侍衛宫人俱詣寢殿奉迎，宣徽使版奏“外辦”。后首飾褘衣御車，[3]内侍前導，降自西階以出，侍衛如常儀。至太后之裹門外，降車，障扇侍衛如常儀，入立於西厢，東向。將至，宣徽使版奏“請中嚴”，既降車，宣徽使版奏“外辦”。太后常服，宣徽使引升座，南向。宣徽使引后進，升自西階，北面再拜，進跪致謝詞。存撫賜酒食，並如家人之儀。禮畢，宣徽使贊“再拜”，訖。宣徽使引降自西階以出。出門，宣徽使奏“禮畢”，降座入宫。

[1]永壽：海陵嫡母徒單氏宫名及其人代稱。徒單氏，宗幹之正室。天德二年（1150）被尊爲皇太后，居東宫，號爲永壽宫，此後永壽宫也成爲其人的代稱。因諫海陵伐宋遇弑。大定間，謚曰哀皇后，後海陵被貶爲庶人，宗幹去帝號，復封遼王，徒單氏亦降封爲遼王妃。本書卷六三有傳。　永寧：海陵生母大氏宫名及其人代稱。大氏爲宗幹次室，生海陵。天德二年與徒單氏一起尊爲皇太后，居西宫，號永寧宫，此後永寧宫也成爲其人的代稱。卒後尊謚曰慈憲皇后，與德宗宗幹合葬於大房山，升祔太廟。大定七年（1167），降封海陵太妃，削去皇后謚號。及宗幹降帝號，封遼王，又降爲遼王夫人。本書卷六三有傳。

[2]夙興：早起。

[3]褘（huī）衣：古代王后六服之首，是王后受封爲皇后之後朝見太后以及隨天子參加祭先王等大典時穿的禮服，爲后所專服。

奉册皇太后儀[1]

天德二年正月，詔有司：“擇日奉册唐殷國妃、岐國太妃，[2]仍別建宫名。合行典禮，禮官檢詳條具以聞。"[3]

[1]皇太后：皇帝之母。

[2]奉册唐殷國妃：本書卷五《海陵紀》稱，天德二年（1150）正月"尊嫡母徒單氏及母大氏皆爲皇太后。名徒單氏宫曰永壽，大氏宫曰永寧"，是知此處所稱"唐殷國妃"爲宗幹夫人徒單氏。本書卷七六《宗幹傳》稱"天眷二年，進太師，封梁宋國王"。又卷四《熙宗紀》亦謂宗幹於天眷二年（1139）辛丑"進封梁宋國王"。海陵父宗幹受封"梁宋國王"，嫡母徒單氏似應稱"梁宋國妃"。據《大金集禮》卷九《親王》記載，"皇統五年十二月二十九日，奏定大國從上添唐、殷、商、周爲二十四，餘仍舊"，大國之號確有"唐殷"，但不見追封宗幹爲"唐殷國王"之記載。岐國太妃：海陵曾被封爲岐國王。此指海陵生母大氏被尊爲皇太后前的封號。

[3]禮官：即禮部官員，有時也指宣徽院、御史臺負責禮儀的官員。

其日質明，有司各具繖扇，侍衛如儀，及兵部約量差軍兵，[1]并文武百官詣兩宫迎請，引導皇太后入内，並赴受册殿，入御幄，侍衛如式。次奉册太尉等俱以册置於案，奉寶司徒等俱以寶置於案，皆盛以匣，覆以帕，詣别殿門外幄次。教坊提點率教坊入。[2]侍衛官各就列。皇帝常服乘輿，[3]至别殿後幄次。通事舍人引宣徽使版奏"中嚴"，復位，少頃，又奏"外辦"。幄簾卷，教坊樂作，扇合，兩宫皇太后出自後幄，並即御座，南向，扇開，樂止。分左右少退。通事舍人引文武百僚班左入，依品，重行西向，[4]立定。通事舍人喝“起居”，班依常朝例起居，七拜，訖，引文武百僚班分東西相向立。

[1]兵部：官署名。尚書省下屬機構。掌兵籍、軍器、城隍、鎮戍、厩牧、鋪驛、車輅、儀仗、郡邑圖志、險阻、障塞、遠方歸化等事。長官爲兵部尚書，正三品。

[2]教坊提點：宣徽院下屬機構教坊長官。掌殿庭音樂，總判院事。正五品。金代，教坊設有提點、使、副使、判官等官員，有時用教坊代稱教坊屬官，此處即指教坊屬官。

[3]皇帝常服：即皇帝平常所穿之服。常服，也稱“燕服”，爲天子臣民家居之服。　輿：此指皇帝所乘之車。輿，原指車厢，因車厢載人載物，是車的主要部分，故輿亦爲車之總稱。

[4]重行西向：“西”，《大金集禮》卷五《皇太后皇后·天德二年尊奉永壽永寧宫》記載相同。施國祁《金史詳校》卷三下謂“‘西’當作‘北’”。上文稱“兩宫皇太后……南向”，則文武百僚自應“北向”。

通事舍人、太常博士贊引，[1]太常卿前導，[2]押册官押册而行，奉册太尉、讀册中書令、舉册官等以次從之。次押寶官押寶而行，奉寶司徒、讀寶侍中、舉寶官等以次從之。俱自正門入，教坊樂作，至殿庭西階下少東，北向，於褥位少置，[3]樂止。册北，寶南。通事舍人、太常博士贊引，太常卿前導，押册官押册升，樂作，奉册太尉等從之，進至兩宫皇太后座前褥位，樂止。兩宫册寶齊上，[4]齊讀。舉册官夾侍。奉册太尉各搢笏，[5]北向跪，俛伏，興，退立。讀册中書令俱進，向册前跪奏稱“攝中書令具官臣某，謹讀册”。舉册官單跪對舉，中書令各搢笏，讀訖，執笏，俛伏，興，搢笏，捧册興，於位東迴册函北向，並進，跪置於御座前褥位。中書令舉册官俱降，還位。奉册太尉並降階，東向以俟。

[1]太常博士：太常寺屬官。掌檢討典禮。正七品。

[2]太常卿：太常寺長官。掌禮樂、郊廟、社稷、祠祀之事。從三品。

[3]褥位：即跪拜之位。褥，坐卧的墊具，此指跪拜的墊具。

[4]兩宫册寶："寶"，原作"實"。中華點校本云，"《集禮》卷五《皇太后皇后·天德二年尊奉永壽永寧宫》爲本志《奉册皇太后儀》之所本，其文作"册寶"。據改。今從。

[5]搢笏（hù）：插笏版於腰帶上。笏，亦稱手版。古朝會時所執手板，書事其上，以備遺忘。

押寶官押寶升，樂作，奉寶司徒等從之，進至兩宫皇太后座前褥位，樂止。舉寶官夾侍。奉寶司徒各搢笏，北向跪，俛伏，興，退立。讀寶侍中俱進，當寶前跪奏稱“攝侍中具官臣某，謹讀寶”。舉寶官單跪對舉，侍中各搢笏，讀訖，執笏，俛伏，興，搢笏，捧寶興，於位東迴寶函北向，[1]並進，跪置於御座前褥位册之南。通事舍人、太常博士贊引太尉、司徒以次應行事官俱降自西階，復本班序立。

[1]於位東回寶函北向："函"，原作"西"，中華點校本據《大金集禮》改，今從。

宣徽使一員詣皇帝御幄前，俛伏，跪奏“臣某謹請皇帝詣兩宮皇太后前，行稱賀之禮”，[1]俛伏，興。贊引皇帝再拜，又奏“請北向跪”，皇帝賀曰“嗣皇帝臣某言云云”，[2]俛伏，興，又再拜，訖，又奏“請皇帝少立”，内侍承旨退，西向稱“兩宮皇太后旨云云”，[3]皇帝再拜。宣徽使前引，皇帝歸幄，常服乘輿還内，侍衛如來儀。

[1]臣某謹請皇帝詣兩宮皇太后前，行稱賀之禮：施國祁《金史詳校》卷三下稱“《集禮》：‘本部擬俟皇太后並升座，即奏請皇帝於殿上稍南西向侍立，至讀册寶訖，奏請行稱賀之禮’。案海陵不從，故改去”。

[2]嗣皇帝臣某言云云：“云云”，中華點校本作大字正文。底本、元刻本、南監本、北監本、殿本、局本均爲小字注文。《大金集禮》卷五《皇太后皇后·天德二年尊奉永壽永寧宫》亦是小字注文。今從底本作小字注文。

[3]兩宮皇太后旨云云：“云云”，中華點校本作大字正文。底本、元刻本、南監本、北監本、殿本、局本均爲小字注文。《大金集禮》卷五《皇太后皇后·天德二年尊奉永壽永寧宫》亦是小字注文。今從底本作小字注文。

應階下文武百僚重行立定，通事舍人喝“拜”，在位皆再拜。通事舍人引太師詣西階升，[1]俛伏，跪奏稱：“文武百僚具官臣某等稽首言，皇太后殿下顯對册儀，永安帝養。仰祈福壽，與天同休。”俛伏，興，降自西階，復位立定。通事舍人贊，在位官皆再拜，[2]舞蹈，三稱“萬歲”，又再拜。宣徽使升自東階，取旨退，臨階西向稱“兩宮皇太后旨”，通事舍人贊，在位官皆再拜，畢，宣曰：“公等忠敬盡心，推崇協力。膺兹令典，感愧良深。”宣訖，還位。通事舍人贊“謝宣諭，拜”。在位官皆再拜，舞蹈，三稱“萬歲”，又再拜。通事舍人分引應北向官各分班東西立。宣徽使升自東階，奏稱“具官臣等言，禮畢”，降還位。扇合，皇太后並興，教坊樂作，降座，還殿後幄次，扇開，樂止。通事舍人引宣徽使奏“解嚴”。中書侍郎等各帥捧册牀官升殿，跪捧册並置於牀，次門下侍郎等各帥捧寶牀官升殿，跪捧寶並置於牀，訖，通事舍人引詣東上閤門，[3]投進所司。文武百僚以次出。皇太后常服乘輿，各還本宫，引導如來儀。文武百僚詣東上閤門拜表賀皇帝，退。

[1]太師：三師之首，金代以太師、太傅、太保爲三師，師範一人，儀刑四海。皆正一品。

[2]通事舍人贊，在位官皆再拜：中華點校本作“通事舍人贊‘在位官皆再拜’”，“在位官皆再拜”六字有引號。按，“贊”字後可接通事舍人所言之語，亦可接贊請别人所做之事，前者當加引號，後者則不當加引號。中華點校本“贊”字後“在位官皆再拜”加引號，是按所言之語處理，而其下則無百官之動作，不甚恰當。《大金集禮》卷五《皇太后皇后·天德二年尊奉永壽永寧宫》作“通事舍人喝‘拜’，在位官皆再拜”。本卷上文亦稱“通事舍人喝‘拜’，在位皆再拜”。知通事舍人所言之語爲“拜”字，而“在位官皆再拜”爲百官之動作。此處既無“拜”字，則“在位官皆再拜”不當加引號，“贊”字下應加逗號。

[3]東上閤門：宣徽院下屬機構閤門分東上閤門和西上閤門。

禮畢，各赴本宮，受内外命婦稱賀，所司預於殿内設皇太后御座，司賓引内外命婦於殿庭北向依序立。[1]尚儀奏請，[2]皇太后常服即座。司贊曰“再拜”，[3]命婦皆再拜。司賓引班首詣西階升，跪賀稱：“妾某氏等言，伏惟皇太后殿下，天資聖善，昭受鴻名，凡在照臨，不勝欣抃。”興，降階復位。司贊曰“再拜”，内外命婦皆再拜。尚宫承旨，[4]降自西階，於命婦之北東向立，司贊曰“再拜”，在位者皆再拜，尚宫乃宣答曰“膺兹典禮，感愧良深”。司贊曰“再拜”，在位者皆再拜，退。

赴别殿賀皇帝，亦如賀皇太后之儀，惟不致詞，不宣答。

[1]司賓：宫人女官。本書卷五七《百官志三·宫人女官》，“司賓二人……掌賓客參見、朝會引導之事”。

[2]尚儀：宫人女官。本書卷五七《百官志三·宫人女官》，“尚儀二人，掌禮儀起居，管司籍、司樂、司賓、司贊事”。

[3]司贊：宫人女官。本書卷五七《百官志三·宫人女官》，“司贊二人……掌禮儀班序、設板贊拜之事”。

[4]尚宫：宫人女官。本書卷五七《百官志三·宫人女官》，“尚宫二人，掌導引皇后，管司記、司言、司簿、司闈，仍總知五尚須物出納等事”。

册皇太子儀

大定八年正月，[1]册皇太子，禮官擬奏，皇太子乘輿至翔龍門，[2]東宫官導從，[3]不乘馬。[4]册皇太子前三日，遣使同日奏告天地宗廟。[5]

[1]大定：金世宗年號（1161—1189）。

[2]翔龍門：中都皇宫應天門内之門。

[3]東宫官：太子所居之宫稱東宫，東宫所設官員稱東宫官。本書卷五七《百官志三·東宫官》稱，東宫宫師府設有太子太師、太子太傅、太子太保，正二品；太子少師、太子少傅、太子少保，正三品。掌保護東宫，導以德義。

[4]不乘馬：施國祁《金史詳校》卷三下“案下文明言乘馬，此乃擬奏而不從者”。

[5]宗廟：古代帝王、諸侯或大夫、士祭祀祖宗的處所。此指帝王、太子等皇族祭祀祖宗的處所。

册前一日，宣徽院帥儀鸞司，設御座於大安殿當中，[1]南向。設皇太子次於門外之東，西向。又設文武百僚、應行事官、東宫官等次於門外之東、西廊。又設册寶幄次於殿後東厢，俱南向。又設受册位於殿庭横階之南。工部官與監造册寶官公服，[2]自製造所導引册寶牀，[3]由宣華門入，[4]約宣徽院同進呈畢，赴幄次安置。大樂令帥其屬，展樂縣於庭。

[1]大安殿：宫殿名。在中都大興府皇城應天門内，爲宫中第一重宫殿。

[2]工部：官署名。掌修造營建法式、諸作工匠、屯田、山林川澤之禁、江河堤岸、道路橋梁之事。屬官有工部尚書、侍郎、郎中、員外郎、主事等。　公服：又稱“省服”或“從省服”，即公幹時所穿的禮服。

［3］册寳牀：即放置册寳之牀。古代的牀是一種類似几案的供人坐卧以及放置器物的器具。

［4］宣華門：金中都皇城内城東門。徐夢莘《三朝北盟會編》卷二四四引張棣《金虜圖經》謂金中都宫城城門曰："内城之正東曰宣華，正西曰玉華，北曰拱辰門。"

其日，兵部帥其屬，設黄麾仗於大安殿門之内外。其日質明，文武百僚、應行事官並朝服入次。東宫官各朝服，自東宫乘馬導從，至左翔龍門外下馬，入就次。通事舍人分引百官入立班，東西相向。次引侍中、中書令、門下侍郎、中書侍郎及捧舁册寳官，詣殿後幄次前立。少頃，奉册寳出幄次，由大安殿東降，至庭中褥位，權置訖，奉引册寳官立於其後。皇太子服遠游冠、朱明衣出次，[1]執圭，[2]三師三少已下導從，[3]立於門外。侍中奏"中嚴"。符寳郎奉八寳由東西偏門分入，升置御座之左右。侍中奏"外辦"。内侍承旨索扇，扇合，皇帝服通天冠、絳紗袍以出，曲直華蓋侍衛如常儀，鳴鞭，宫縣樂作。[4]皇帝出自東序，[5]即御座，爐煙升，扇開簾捲，樂止。典贊儀引皇太子入門，[6]宫縣樂作，[7]至位樂止。師、少已下從入，立於皇太子位東南，西向。典儀贊"皇太子再拜"，搢圭，舞蹈，又再拜，奏"聖躬萬福"，又再拜，引近東，西向立。師、少已下并奉引册寳官等，各赴百官東班，樂作，[8]至位樂止。通事舍人引百官俱横班北向。典儀贊"拜"，在位官皆再拜，搢笏，舞蹈，又再拜，起居，又再拜，畢，百官各還東西班。師、少已下并行事官各還立位。典贊儀引皇太子復受册位，樂作，[9]至位樂止。侍中承旨，稱“有制”，皇太子已下應在位官皆再拜，躬身，侍中宣制曰“册某王爲皇太子”。又再拜。通事舍人、太常博士引中書令詣讀册位，中書侍郎引册匣置於前，捧册官西向跪捧，皇太子跪，讀畢，俛伏，興。皇太子再拜。中書令詣捧册位，奉册授皇太子，搢圭，跪受册，以授右庶子，[10]右庶子跪受，皇太子俛伏，興，右庶子以册，興，置於牀，中書令已下退復本班。

[1]遠游冠：皇太子的禮冠。

[2]圭：也作“珪”。古代帝王諸侯舉行隆重儀式時所用的玉製禮器。

[3]三師：金代以太師、太傅、太保爲三師，以東宫宫師府屬官太子太師、太子太傅、太子太保爲東宫三師。此三師當指東宫三師。　三少：金代以東宫宫師府屬官太子少師、太子少傅、太子少保爲三少。

[4]宫縣樂作：本書卷四〇《樂志下》謂“大定八年正月，册皇太子，皇帝將升御座，宫縣《洪寧之曲》”，歌辭曰：“會朝清明，臨軒備禮。天威皇皇，臣工濟濟。於昭元良，膺兹典册。對揚闕休，卜年萬億。”

[5]東序：即東堂。古人稱堂上隔東西堂之墻爲序，序之外謂之東堂、西堂。

[6]典贊儀：此處當指東宫宫師府屬官。本書卷五七《百官志三》所載東宫宫師府屬官有：“典儀，從六品。贊儀，從七品。司贊禮儀。”

[7]宫縣樂作：本書卷四〇《樂志下》謂“大定八年正月，册皇太子”，“皇太子入門，奏《肅寧之曲》”，歌辭曰：“光昭前星，惟天垂象。稽古而行，主器以長。曲禮告成，邇遐屬望。國本既

隆，繁釐永享。”

［8］樂作：本書卷四〇《樂志下》謂“大定八年正月，册皇太子”，“群臣合班，奏《嘉寧之曲》”，歌辭曰：“於皇臨軒，禮崇上嗣。維眷之祺，儀方正位。言觀其儀，翔翔濟濟。美歸吾君，太平萬歲。”

［9］樂作：本書卷四〇《樂志下》謂“大定八年正月，册皇太子”，“皇太子復受册位，奏《和寧之曲》”，歌辭曰：“祖功艱難，經營締構。基牢根深，枝繁葉茂。於昭貽謀，駢休集佑。元良斯貞，吾皇萬壽。”

［10］右庶子：《宋史》卷一六二《職官志二》所載東宫官有太子“右庶子”。《遼史》卷四七《百官志三》記載的東宫右春坊中也設有“太子右庶子”等官。是知，右庶子爲東宫宫師府官員。本書《百官志》不載。

次通事舍人、太常博士引侍中詣奉寶位，門下侍郎引寶盝立於其右，[1]侍中奉寶授皇太子，搢圭，跪受，以授左庶子，[2]左庶子跪受，皇太子俛伏，興，左庶子以寶興，置於牀，侍中已下退復本班。典儀贊“再拜”，畢，引皇太子退，初行，樂作，左右庶子帥其屬，舁册寶牀匣以出，出門，樂止。侍中奏“禮畢”，内侍承旨索扇，扇合，簾降，鳴鞭，樂作，皇帝降座，入自西序還後閤，侍衛如來儀，扇開，樂止。侍中奏“解嚴”。所司承旨，放仗衛以次出。皇太子入次，改服公服，還東宫，導從如來儀。

［1］寶盝：即寶匣。此指裝皇太子受册寶的小匣。

［2］左庶子：《宋史》卷一六二《職官志二》所載東宫官有

"太子左庶子"。《遼史》卷四七《百官志三》記載的東宫左春坊中也設有"太子左庶子"等官。是知，左庶子爲東宫宫師府官員。本書《百官志》不載。

册後二日，兵部設黄麾仗於仁政殿門之内外，[1]陳設並如大安殿之儀。百官服朝服。皇太子公服至次，改服遠游冠、朱明衣。通事舍人引百官入至階下立班，東西相向。典贊儀引皇太子執圭出次，[2]立於門外。侍中奏"中嚴"，少頃，又奏"外辦"。皇帝出自東序，即座，簾捲。通事舍人引百官俱横班北向，典儀贊"拜"，在位官皆再拜，搢笏，舞蹈，又再拜，起居，又再拜，訖，分班。皇太子捧表入，至拜表位立，俟閤門使將至，單跪捧表，閤門使接表，皇太子俛伏，興，典儀贊"再拜"，搢圭，舞蹈，又再拜。俟讀表畢，侍中承旨退稱"有制"，典儀贊"再拜"，興，躬身，侍中宣訖，典儀贊"再拜"，搢圭，舞蹈，又再拜。引皇太子退。侍中奏"禮畢"。扇合，鳴鞭，入西序，還後閤，侍衛如來儀。侍中奏"解嚴"。放仗，百官以次出。後二日，百官奉表稱賀，如常儀。

[1]仁政殿：宫殿名。在中都路大興府皇宫中。本書卷二四《地理志上》：中都城"北曰仁政門，傍爲朵殿，朵殿上爲兩高樓，曰東、西上閤門，内有仁政殿，常朝之所也"。

[2]典贊儀引皇太子執圭出次：原脱"贊"字。中華點校本據《大金集禮》補，今從。

正旦、生日皇太子受賀儀[1]

大定二年，世宗命有司議親王百官及妃主命婦見皇太子禮。[2]有司按唐、宋舊儀，[3]擬親王宗室賀皇太子，依册畢受賀禮。然唐禮元正復有降階見伯叔、答群官再拜之文，又無妃主命婦見太子之禮。稽諸令文，應致恭之官相見，或貴賤殊隔，或長幼親戚，任從私禮。自今若在東宫候皇太子，便服，則當從私禮接見。若三師以下，遇皇太子誕日，[4]在御前，則候皇太子先進酒畢，百官望皇太子再拜，[5]班首跪進酒，又再拜。若賜酒，即當殿跪飲畢，又再拜。以爲定制，命班行之。

［1］正旦：也稱元日、元旦、元正、正日等，農曆正月初一。

［2］世宗：廟號。即完顔烏禄，漢名雍（1123—1189）。金朝第五任皇帝，1161年至1189年在位。死後上尊謚曰“光天興運文德武功聖明仁孝皇帝”，廟號世宗，葬興陵。本書卷六至卷八有紀。　親王：皇族中封王者稱親王。《大金集禮》卷九《親王》：“皇統元年奏定，依令文，皇兄弟、皇子封一字王爲親王，並二品俸傔。已下宗室，封一字王皆非親王。”　命婦：獲得封號的婦女，分爲内命婦和外命婦。

［3］唐：朝代名（618—907）。　宋：朝代名（960—1279），分北宋（960—1127）和南宋（1127—1279）兩個時期。

［4］誕日：即誕辰，生日。

［5］百官望皇太子再拜：中華點校本按：“《集禮》卷八《皇太子・雜録》爲此儀文所本，其大定二年十一月七日擬到元正誕日皇太子受百官慶賀禮作‘百官望皇帝再拜’。”誕日皇太子受百官慶賀禮，作“百官望皇帝再拜”，與此異。

十二月晦，[1]皇太子奏狀曰："按禮文，親王并一品宗室皆北面拜伏，臣但答揖而已。雖曰尊宗子，而在長幼悖叙之間誠所未安。當時遽蒙頒降，未獲謙讓。明日元正，有司將舉此禮，伏望聖慈許臣答拜，庶敦親親友愛之義。"上從其請，命尚書省頒下所司。

[1]晦：農曆每月的最後一日。

若皇太子生日，則公服，左上露臺欄子外，先再拜，二閤使齊揖入欄子内，拜跪，祝畢，就拜，興，復位，再拜，又再拜，接臺進酒，退跪，候飲畢，接盞，復位，轉臺與執事者，再拜。宣徽使以酒進，皇帝親賜酒，接盞稍退跪飲，畢，宣徽使接盞，復位再拜，復揖入欄子内，跪，搢笏，受賜物畢，出笏，興，復位，再拜，退更衣，入殿稍東，西向立。皇妃等進勸生日酒，皇太子跪，皇妃等亦跪，飲畢，各再拜。

群官致賀，則其日質明，皆公服集於門外，少詹事奏"請内嚴"，[1]又奏"外備"。典儀引升座。文武宫臣入就庭下重行北向立，典儀曰"再拜"，在位官皆再拜，班首少前跪奏"元正首祚"，生日則云"慶誕令辰"，"伏惟皇太子殿下福壽千秋"。賀畢復位，典儀曰"再拜"，宫臣皆再拜，坐受，分東西序立。次引東宫三師於殿上，三少於殿柱外，北向東上立。皇太子詣南向褥位，典儀曰"再拜"，師、少皆再拜，[2]班首同前稱賀，復位。執事者酌酒一卮，班首奉進，樂作，飲訖，樂止。回勸師、少畢，各復位。典儀贊師、少再拜，皇太子答拜。師、少出，皇太子就坐。次引親王入欄子内，一品宗室於欄子外，餘宗室序班庭下，拜致賀、進酒如上儀。皇太子答拜畢，就坐。復引隨朝三師、三公宰執於殿上,[3]三品以上職事官於露階上，四品以下於庭下，北向，每等重行以東爲上，立。皇太子詣褥位。典儀曰“再拜”，上下皆再拜，畢，班首少前致賀，復位，執事者酌酒一卮，班首奉進，樂作，飲畢，樂止。如有進獻如常儀。回勸三師、三公，餘殿上群官則令執事者以盤行酒，飲畢，典儀曰“再拜”，上下皆再拜，乃答拜，引群官以次出。少詹事跪奏“禮畢”。自是歲賀爲定制。

[1]少詹事：即太子少詹事，東宫屬官。從四品。

[2]師少皆再拜：施國祁《金史詳校》卷三下謂：《金史》卷一〇六“《張行簡傳》，‘國朝皇太子元正、生日，三師、三公、宰執以下須群官同班拜賀，皇太子立受再答拜’。是也”。

[3]宰執：宰相和執政官。本書卷五五《百官志一》尚書省設“尚書令一員，正一品，總領紀綱，儀刑端揆。左丞相、右丞相各一員，從一品，平章政事二員，從一品，爲宰相，掌丞天子，平章萬機。左丞、右丞各一員，正二品，參知政事二員，從二品，爲執政官，爲宰相之貳，佐治省事”。

皇太子與百官相見儀

三師、三公欄子内北向躬揖，班首稍前問候，皇太子離位稍前，正南立，答揖。宰執及一品職事官扣欄子北向躬揖，答揖同前。二品職事官欄子外稍南躬揖，皇太子起揖。三品職事官露階稍南躬揖，皇太子坐揖。四品以下職事官庭下躬揖，跪問候，皇太子坐受。太子太師、太傅、太保與隨朝三師同。東宮三少與隨朝二品同。詹事已下，[1]並在庭下面北，每品重行以東爲上，再拜，班首稍前問候，[2]又再拜，皇太子坐受。大定二年所定也。

[1]詹事：即詹事院太子詹事，東宮屬官。掌總統東宮内外庶務。從三品。

[2]班首稍前問候：原脱“班首”二字。中華點校本按：“上文有‘班首稍前問候’。又《集禮》此句亦有‘班首’二字，據補。”今從。

七年，定制，皇太子赴朝，許與親王、宰執相見，餘官宗室並迴避。後亦許與樞密使副、御史大夫、判宗正、東宫三師相見。[1]

[1]樞密使副：樞密院屬官。據本書卷五五《百官志一》記載，樞密院設有樞密使一員，從一品，樞密副使一員，從二品。掌凡武備機密之事。　御史大夫：御史臺長官。掌糾察朝儀、彈劾官邪、勘鞫官府公事，凡内外刑獄所屬理斷不當，有陳訴者付臺治之。原爲正三品，大定十二年（1172）升爲從二品。　判宗正：當爲大宗正府屬官。據本書卷五五《百官志一》記載，大宗正府“泰和六年避睿宗諱，改爲大睦親府”，屬官有“判大宗正事一員，從一品，以皇族中屬親者充，掌敦睦糾率宗屬欽奉王命，泰和六年改爲判大睦親事；同判大宗正事一員，從二品，泰和六年改爲同判大睦親事”。此處所稱判宗正，當指判大宗正事和同判大宗正事。

九年，定制，凡皇太子出，於都門三里外設褥位，三公、宰執以下公服重行立，皇太子便服，三公、宰執以下鞠躬，班首致辭云“青宫萬福”，再拜，皇太子答拜，退。迎、送皆同。

金史　卷三八

志第十九

禮十一

外國使入見儀　曲宴儀　朝辭儀　新定夏使儀

外國使入見儀

皇帝即御座，鳴鞭、報時畢，殿前班小起居畢，[1]至侍立位。引臣僚左右入，至丹墀，[2]小起居畢，[3]宰執上殿，其餘臣僚分班出。閤門使奏使者入見牓子。[4]先引宋使、副，[5]出笏，[6]捧書左入，[7]至丹墀北向立。閤使左下接書，捧書者單跪授書，拜，起立。閤使左上露階，右入欄内，奏“封全”，轉讀畢，引使、副左上露階，齊揖入欄内，揖使副鞠躬，使少前拜跪，[8]附奏畢，拜起，復位立。待宣問宋皇帝時並鞠躬，受勑旨，再揖鞠躬，[9]使少前拜跪，奏畢，起復位，[10]齊退，却引使、副左下，至丹墀北嚮立。禮物右入左出，盡，揖使、副傍折通班，再引至丹墀，舞蹈，[11]五拜，不出班奏“聖躬萬福”，再拜。揖使副鞠躬，使出班謝面天顔，復位，舞蹈，五拜。再揖副使鞠躬，[12]使出班謝遠差接伴、兼賜湯藥諸物等，[13]復位，舞蹈，五拜。各祗候，[14]引右出，賜衣。次引宋人從入，[15]通名已下再拜不出班，又再拜，各祗候，亦引右出。

[1]殿前班：指殿前都點檢司所屬負責大典警衛、督攝隊仗的官員及行從宿衛等。殿前當指殿前都點檢司，爲掌管親軍之官署，總領左右衛將軍、符寶郎、宿直將軍、左右振肅等。下屬機構有宫籍監、近侍局、器物局、尚厩局、尚輦局、鷹坊、武庫署、武器署。長官爲殿前都點檢，例兼侍衛親軍馬步軍都指揮使，掌行從宿衛，關防門禁，督攝隊仗等事。正三品。　起居：此指問安之語。

[2]引臣僚左右入，至丹墀：原脱“至”字。中華點校本按：“下文《曲宴儀》《朝拜儀》皆有‘至丹墀’之文。又《大金集禮》卷三九《朝會上·人使辭見儀》爲本志《外國使入見儀》之所本，其文亦作‘至丹墀’。今據補。”今從。　丹墀：古代宫殿前的石階，因漆成紅色，故稱丹墀。

[3]小起居畢：“畢”，南監本、北監本、殿本、局本作“引”。《大金集禮》卷三九《朝會上·人使辭見儀》亦作“引”。本志下文《朝辭儀》有“引宰執上殿”之語。此處“畢”或可作“引”。

[4]閤門使：本書卷五六《百官志二》記載，宣徽院之下設有閤門，閤門屬官有“東上閤門使二員，正五品。副使二員，正六品。……掌簽判閤門事”，“西上閤門使二員，正五品。副使二員，正六品。……掌贊導殿庭禮儀。”

[5]宋使副：宋朝派來的大使和副使。此指南宋。

[6]笏（hù）：亦稱手版。《辭源》釋曰：“古朝會時所執手板，有事則書於其上，以備遺忘。”

[7]書：即宋朝致金朝之國書。

[8]揖使副鞠躬，使少前拜跪："使副"，元刻本、南監本、北監本、殿本、局本同。《大金集禮》卷三九《朝會上·人使辭見儀》記載亦相同。中華點校本按："宋之使臣、副使同時入見，齊入欄内，而出班奏事限正使一人，副使不能若無其事，故每次必請'副使鞠躬，使少前拜跪'。抄者不察，致'副使'與上下文之'使、副'相混，惟最後'再揖副使鞠躬，使出班謝遠差接伴'不誤，而殿本亦誤改爲'使副'。觀下文高麗使入見，'副使'改稱'横使'，兩言'揖横使鞠躬，正使少前拜跪'，其事非常清楚，遂無與'使副'混淆之問題。則此處'使副'當作'副使'。下同，不復出校。"今按，使副同時入見，先請使副鞠躬，再由"使少前拜跪"，未必不可。本卷下文有"揖使副鞠躬，使出班謝面天顔"；《曲宴儀》有"揖使副鞠躬，使出班，戀闕致詞"；《新定夏使儀注》有"使副鞠躬受旨，畢，引使少前跪奏"。均爲此意。

[9]再揖鞠躬：中華點校本稱"'鞠躬'上脱'副使'"二字。據上文"揖使副鞠躬"，疑此處"鞠躬"上脱"使副"二字。

[10]奏畢起復位：中華點校本校注稱，《大金集禮》"起"上有"拜"字。

[11]舞蹈：日本學者渡邊信一郎認爲，"舞蹈"是隋以來臣下對君主的臣服之禮，其詳細動作當類似於日本《拾芥抄》"舞踏事"條所云："再拜，置笏，立，左右左。居，左右左。取笏小拜，禮再拜。"（渡邊信一郎《元會的構建——中國古代帝國的朝政與禮儀》，載溝口雄三、小島毅編，孫歌等譯《中國的思維世界》，江蘇人民出版社 2006 年版）

[12]再揖副使鞠躬："副使"，南監本、北監本、殿本、局本作"使副"。文淵閣四庫全書本《大金集禮》卷三九《朝會上·人使辭見儀》亦作"使副"。本卷上下文均作"揖使副鞠躬"，僅此一處作"揖副使鞠躬"。疑此處"副使"爲"使副"之誤。

[13]接伴：即接伴使。使節出境進入對方國境，對方所遣迎接使，稱接伴使。接伴使要一直陪同使節到達出使目的地（一般爲皇

帝所在之京師）。

［14］祇候：恭迎，問候。

［15］人從：遼宋夏金時期，各政權互派使者，皆有大使和副使之分，大使和副使之下尚有上、中、下三節人從，人從與大使、副使合稱“使節”。此人從即指上、中、下三節人從。

次引高麗使左入，[1]至丹墀北嚮略立，引使左上露階，立定。揖橫使鞠躬，[2]正使少前拜跪，附奏畢，拜起，復位立。閤使宣問高麗王時並鞠躬，受勑旨畢，再揖橫使鞠躬，正使少前拜跪，奏畢，拜起，復位，齊退，却引左下，至丹墀，面殿立定。禮物右入左出，盡，揖使傍折通班，畢，引至丹墀，通一十七拜，各祇候，平立，引左階立。

［1］高麗：指王氏高麗政權。公元918年王建建立，國號高麗。都開京（今朝鮮開城）。先後吞併了新羅和後百濟，統一了朝鮮半島。1392年爲李氏朝鮮所取代。

［2］橫使：本指兩個政權在正常使者往來之外，臨時有事需要商量所派遣的使者，也稱泛使。此橫使似指副使，待考。

次引夏使見如上儀，[1]引右階立。

［1］夏：指李元昊建立的西夏政權（1038—1227）。

次再引宋使副左入，至丹墀，謝恩，舞蹈，五拜，各祇候，平立。次引高麗、夏使並至丹墀。三使並鞠躬，有勑賜酒食，舞蹈，五拜，各祇候，引右出。次引宰執下殿，禮畢。

曲宴儀[1]

皇帝即御座，鳴鞭、報時畢，殿前班小起居，到侍立位。引臣僚并使客左入，[2]傍折通班，至丹墀舞蹈，五拜，不出班奏“聖躬萬福”，又再拜。出班謝宴，舞蹈，五拜，各上殿祗候。分引預宴官上殿，其餘臣僚右出。次引宋使從人入，至丹墀再拜，不出班奏“聖躬萬福”，又再拜。有勅賜酒食，又再拜，引左廊立。次引高麗、夏從人入，分引左右廊立。果牀入，[3]進酒。皇帝舉酒時，上下侍立官並再拜，接盞，畢，候進酒官到位，當坐者再拜，坐，即行臣使酒。傳宣，立飲畢，再拜，坐。次從人再拜，坐。至四盞，餅茶入，致語。聞鼓笛時，揖臣使并人從立，口號絶，坐宴并侍立官並再拜，坐，次從人再拜，坐。食入，五盞，歇宴。教坊謝恩畢，[4]揖臣使起，果牀出。皇帝起入閤，臣使下殿歸幕次。[5]賜花，人從隨出戴花畢，[6]先引人從入，左右廊立，次引臣使入，左右上殿位立。皇帝出閤坐，果牀入，坐立並再拜，坐，次從人再拜，坐。九盞，將曲終，揖從人至位再拜，引出。聞曲時，揖臣使起，再拜，下殿。果牀出。至丹墀謝宴，舞蹈，五拜。分引出。

[1]曲宴：曲宴爲宫廷賜宴之一種，多爲皇帝特設的内苑私宴，能够參加宫廷曲宴是十分榮幸之事。此指金廷以皇帝名義招待宋、高麗、夏等國使節的宴會。

［2］使客：即使節，因使節爲他國遠來之客人，故稱使客。

［3］果牀：擺放果品的器具。

［4］教坊：官署名，此指教坊司屬官。教坊司爲宣徽院下屬機構，設有提點、使、副使、判官等官員。掌殿庭音樂，總判院事等。

［5］幕次：也作“幄次”，爲古代舉行典禮時的臨時居息之所。古代凡大祭祀、朝覲、田獵、射禮、冠禮、喪禮都要設次。

［6］戴花：即簪花。古代遇典禮宴會佳節，男女皆戴花。

朝辭儀

皇帝即御座，鳴鞭、報時畢，殿前班小起居，至侍立位。引臣僚合班入，至丹墀小起居，引宰執上殿，其餘臣僚分班出。閤使奏辭牓子。先引夏使左入，傍折通班畢，至丹墀再拜，不出班奏“聖躬萬福”，又再拜。揖使副鞠躬，使出班，戀闕致詞，復位，又再拜，喝“各好去”，引右出。次引高麗使，如上儀，亦引右出。次引宋使副左入，傍折通班畢，至丹墀，依上通六拜，各祗候，平立。閤使賜衣馬，鞠躬，聞勅，再拜。賜衣馬畢，平身，搢笏，[1]單跪，受别録、物過盡，[2]出笏，拜起，謝恩，舞蹈，五拜。有勅賜酒食，舞蹈，五拜。引使副左上露階，齊揖入欄内，揖鞠躬，大使少前拜跪受書，[3]起復位。揖使副齊鞠躬，受傳達畢，齊退，引左下至丹墀，鞠躬，喝“各好去”，引右出。次引宰執下殿，禮畢。

［1］搢笏：將笏版插於腰帶上。

［2］别録：此當指所賜物品詳單。

［3］書：指金朝給宋、高麗、夏的國書。

熙宗時，夏使入見，改爲大起居。定制以宋使列於三品班，高麗、夏列於五品班。皇統二年六月，[1]定臣使辭見，臣僚服色拜數止從常朝起居，[2]三國使班品如舊。俟殿前班及臣僚小起居畢，[3]宰執升殿，餘臣分班畢，乃令行入見及朝辭之禮。凡入見則宋使先，禮畢夏使入，禮畢而高麗使入。其朝辭則夏使先，禮畢而高麗使入，禮畢而宋使入。夏、高麗朝辭之賜，則遣使就賜於會同館。[4]惟宋使之賜則庭授。

［1］皇統：金熙宗年號（1141—1149）。

［2］常朝：官吏按規定時間上朝參見皇帝。本書卷三六《禮志九·朝參常朝儀》稱："天眷二年五月，詳定常朝及朔、望儀，准前代制，以朔日、六日、十一日、十五日、二十一日、二十六日爲六參日。後又定制，以朔、望日爲朝參，餘日爲常朝。"

［3］臣僚小起居畢："畢"，北監本、殿本、局本作"引"。《大金集禮》卷三九《朝會上·人使辭見儀》作"訖"。

［4］會同館：爲金廷接待少數民族官員和外國使臣的機關和處所。徐夢莘《三朝北盟會編》卷二四四引張棣《金虜圖經·宫室》稱，完顔亮所修中都城"自天津橋之北曰宣陽門。……過門有兩樓，曰文曰武。文之轉東曰來寧館，武之轉西曰會同館，二館皆爲本朝人使設也"。范成大《攬轡録》亦稱，入宣陽門"北望其闕，由西御廊首轉西，至會同館"。

舊高麗使至闕皆有私進禮，[1]大定五年，上以宋、夏使皆無此禮，而小國獨有之，不可，遂命罷之。

[1]闕：古代建築物名。古代天子諸侯在宫門外築臺，臺上建屋，稱爲闕，又稱觀、魏、象魏等。可以登臨遠觀，也可以懸掛國家政令、刑法等布告，讓萬民觀之。此指宫廷或宫殿。

六年，詔外國使初見、朝辭則於左掖門出入，[1]朝賀、賜宴則由應天門東偏門出入。[2]

[1]左掖門：當指中都皇宫前殿大安殿左掖門。

[2]應天門：中都皇宫正門。原名通天門，世宗大定五年（1165）更名爲應天門。

大定二十九年三月，章宗以在諒闇，[1]免宋使朝辭，太常寺言：[2]"若不面授書及傳達語言，恐後别有違失。"遂令宋使先辭靈幄，[3]然後詣仁政殿朝辭，[4]授書。時右丞相襄言：[5]"伏見熙宗聖誕七月七日，以景宣忌辰避之，[6]更爲翌日，復用正月十七日受外國賀。今聖誕節若依期，[7]令外方人使過界，恐爲雨潦所滯，設能到闕，或值陰雨亦難行禮，乞以正月十一日或三月十五日爲聖節，定宋人過界之期。"平章政事張汝霖、參知政事劉瑋等言：[8]"帝王當示信，以雨潦路阻輒改之，或恐失信。且宋帝生日亦五月也，[9]是時都在會寧，[10]上國遣使賜生日，萬里渡越江、河，尚不避霖潦，如期而至。至今久與宋好，不可以小阻示以不實。彼若過界，多作程頓亦不至留滯，縱使雨水愆期而入見，猶勝更用他日也。"御史大夫唐括貢、中丞李晏、刑部尚書兼右諫議大夫完顔守貞等亦皆言不可，[11]上初從之，既而竟用襄議，令有司移報，使明知聖誕之實，特改其日以示優待行人之意。

[1]諒闇（àn）：也作“亮陰”“梁闇”“凉陰”。初以諒闇爲天子、諸侯居喪之稱，有時也稱居喪之所爲諒闇。隋唐以後僅指爲皇帝居喪。此指章宗爲世宗居喪。

[2]太常寺：官署名。皇統三年（1143）始設，掌禮樂、郊廟、社稷、祠祀之事。下屬機構有太廟署、廩犧署、郊社署、武成王廟署、諸陵署、園陵署、大樂署。長官爲太常卿，從三品。下設少卿、丞、博士、檢閱官、檢討、太祝、奉禮郎、協律郎等官。此指太常寺官員。

[3]靈幄：當指停放靈柩的幄殿。

[4]仁政殿：宮殿名。在中都路大興府皇宮中。本書卷二四《地理志上》載，中都城“北曰仁政門，傍爲朵殿，朵殿上爲兩高樓，曰東、西上閤門，内有仁政殿，常朝之所也”。

[5]右丞相襄：即尚書右丞相。從一品。襄即完顏襄，本名唵，昭祖五世孫。大定二十九年（1189）由平章政事遷爲尚書右丞相，承安元年（1196）拜左丞相，卒謚武昭。本書卷九四有傳。

[6]以景宣忌辰避之：“宣”，原作“宗”。中華點校本按：“本書卷四《熙宗紀》，熙宗，‘景宣皇帝子’，‘上本七月七日生，以同皇考忌日，改用正月十七日’。與此處叙述正合，今據改。”今從。

[7]聖誕節：也稱聖節。此聖誕指皇帝誕辰，古人將皇帝誕辰定爲節日，稱聖誕節。金代皇帝生日皆定節名，如金熙宗的生日稱“萬壽節”，海陵生日稱“龍興節”，金世宗的生日稱“萬春節”，金章宗生日稱“天壽節”等。

[8]平章政事：尚書省屬官。位左右丞相之下。從一品。 張汝霖：字仲澤，大定二十八年進拜平章政事，兼修國史，封芮國

公。本書卷八三有傳。　參知政事：尚書省執政官。從二品。　劉瑋：字德玉。本書卷九五有傳。

[9]且宋帝生日亦五月也：宋帝，當指宋高宗。據《宋史》卷二四《高宗紀一》：宋高宗趙構，“大觀元年五月乙巳，生東京之大内”。

[10]會寧：即上京會寧府，治所在今黑龍江省阿城市。金初京師所在地。

[11]御史大夫：御史臺長官。掌糾察朝儀，彈劾官邪，勘鞫官府公事。凡内外刑獄所屬理斷不當，有陳訴者付臺治之。原爲正三品，大定十二年（1172）升爲從二品。　唐括貢：本名達哥，大定二十八年拜樞密副使，章宗立，爲御史大夫。本書卷一二〇有傳。　中丞：即御史中丞，御史臺屬官。爲御史大夫副貳。從三品。　李晏：“晏”，原作“宴”。中華點校本按：“本書卷八三《張汝霖傳》記此事作‘中丞李晏’，又卷九六《李晏傳》，‘李晏字致美’，今據改。”今從。李晏在世宗後期曾爲中都路推排使，遷翰林侍講學士，兼御史中丞。　刑部尚書：尚書刑部長官，掌律令格式、審定刑名、關津譏察、赦詔勘鞫、追徵給没及監户、官户、配隸、訴良賤、城門啟閉、官吏改正、功賞捕亡等事。正三品。　右諫議大夫：諫院屬官。據本書卷五六《百官志二》記載，諫院設有“左諫議大夫、右諫議大夫，皆正四品”。　完顏守貞：“守”，原作“居”。中華點校本按：“‘完顏居貞’之名它處不見。本書卷八三《張汝霖傳》記此事作‘刑部尚書兼右諫議大夫完顏守道’，而卷八八《完顏守道傳》載守道大定二十六年已致仕，惟卷七三《完顏守貞傳》云，‘章宗即位，召爲刑部尚書兼右諫議大夫’，與此官名相合。今據改。”今從。

承安三年正月，[1]上諭旨有司曰：“比聞宋國花宴，[2]殿上不設餚饌，[3]至其歇時乃備於廊下。今花宴上賜食甚爲拘束，若依彼例可乎？且向者人使見辭，殿上亦嘗有酒禮，今已移在館宴矣。”有司奏曰：“曲宴之禮舊矣。彼方，酒一行、食一上必相須成禮。而國朝之例，酒既罷而食始進。至於花宴日，宋使至客省幕次有酒禮，[4]而我使至其幕則有食而無酒，各因其舊，不必相同。古者宴禮設食以示慈惠，今遽更之，恐遠人有疑，失朝廷寵待臣子之意。”乃命止如舊。

[1]承安：金章宗年號（1196—1200）。

[2]花宴：似爲宋金招待使節的宫廷賜宴之一。據徐夢莘《三朝北盟會編》記載，宣和五年（1123）二月銀术可使宋，“只圖得個花宴甚好”，宋徽宗“特頒春宴”。該書卷二〇引《宣和乙巳奉使行程録》稱許亢宗等“詣虜庭赴花宴，並如儀”。

[3]餚饌：酒肉等佐飯的食品。

[4]客省：官署名。宣徽院下屬機構。掌接伴人使見辭之事。屬官有客省使，正五品，客省副使，從六品。

正大元年十月，[1]夏國遣使修好。二年九月，夏國和議定，以兄事金，[2]各用本國年號，定擬使者見辭儀注云。蓋夏人自天會議和，[3]臣屬於金八十餘年，無兵革事。及貞祐之初，小有侵掠，以至搆難十年，兩國俱敝，至是，始以兄弟之國成和。十月，遣禮部尚書奥敦良弼、大理卿裴滿欽甫、侍御史烏古孫弘毅爲報成使。[4]三年十月，夏人告哀，[5]遣中大夫完顔履信爲弔祭使。[6]夏人以兵事方殷，各停使聘。四年，遣王立之來聘，[7]未復命而夏亡。

［1］正大：金哀宗完顏守緒年號（1224—1231）。

［2］夏國和議定，以兄事金：本書卷一三四《西夏傳》稱，"正大元年，和議成，自稱兄弟之國"。卷一七《哀宗紀上》稱，正大二年（1225）"九月，夏國和議定，以兄事金，各用本國年號，遣使來聘，奉國書稱弟"。

［3］夏人自天會議和：本書卷一三四《西夏傳》稱，天會二年（1124），西夏"始奉誓表，以事遼之禮稱藩，請受割賜之地。宗翰承制，割下寨以北、陰山以南、乙室耶刮部吐禄濼之西，以賜之"。西夏始向金稱臣。

［4］禮部尚書：禮部長官。掌禮樂、祭祀、燕享、學校、貢舉、儀式、制度、符印、表疏、圖書、册命、祥瑞、天文、漏刻、國忌、廟諱、醫卜、釋道、四方使客、諸國進貢、犒勞張設等事。正三品。　奧敦良弼：本書僅於卷一七《哀宗紀上》、卷六二《交聘表下》及本卷三見，均指此一事。餘不詳。　大理卿：大理寺長官。掌審斷天下奏案，詳核疑獄。正四品。　裴滿欽甫：本書僅於卷一七《哀宗紀上》、卷六二《交聘表下》及本卷三見，均指此一事。餘不詳。　侍御史：御史臺屬官。從五品。　烏古孫弘毅：本書僅於卷一七《哀宗紀上》、卷六二《交聘表下》及本卷三見，均指此一事。餘不詳。　報成使：金朝派往夏朝使名之一。以報兩國和議最後達成。

［5］告哀：即告哀使。金夏交聘使節之一。雙方皇帝、太上皇、太后死亡均遣使告訴對方，稱告哀使。此告哀使當爲西夏向金朝報告夏獻宗李德旺死亡消息之使節。

［6］中大夫：本書卷六二《交聘表下》記載，哀宗正大三年（1226）十一月，"遣中奉大夫完顏履信、昭毅大將軍太府監徒單居正爲弔祭夏國使"。卷一七《哀宗紀上》謂，"遣中大夫完顏履信等爲弔祭夏國使"。中華點校本謂原脱"奉"字，據《交聘表》補。按，時完顏履信爲中大夫還是中奉大夫似應再考。中大夫和中奉大夫均爲文散官，中大夫爲從四品中階，中奉大夫爲從三品下

階。　完顏履信：本書僅於卷一七《哀宗紀上》、卷六二《交聘表下》及本卷《禮志十一》三見，均指此一事。餘不詳。　弔祭使：即弔喪使者。金夏制度規定，一方向對方報告皇帝等人死訊之後，對方應該派遣使者前往弔喪，稱弔祭使。此指金朝派往西夏弔祭夏獻宗之使者。

[7]王立之：西夏官員。據本書卷一三四《西夏傳》記載："夏使精方匭匣使王立之來聘，未復命國已亡，詔於京兆安置，充宣差彈壓，主管夏國降户。八年五月，立之妻子三十餘口至環州，詔以歸立之，賜以幣帛。立之上言，先世本申州人，乞不仕，居申州。詔如所請，以本官居申州，主管唐、鄧、申、裕等處夏國降户，聽唐、鄧總帥府節制，給上田千畝、牛具農作云。"

新定夏使儀注

夏國使、副及參議各一，[1]謂之使。都管三。[2]上節、中節各五，下節二十四，謂之三節人從。報至行省，[3]差接伴使與書表人迓於境。[4]入界，則先具驛程腰宿之次。始至京兆行省，[5]翌日賜宴，至河南行省亦然，謂之來宴。將至京，遣内侍一人以油絹複韜三銀盒，[6]貯湯藥二十六品，[7]逆於近境尉氏縣賜之。[8]至恩華館舊名燕賓館，承安三年更名。[9]更衣，由宜照門入，[10]預差館伴使、副使二員，[11]書表四人，[12]牽攏官三十人以俟。[13]來使三節人從至會同館，[14]謂之聚廳，先以館伴使名銜付之，[15]而使者亦以其銜呈，然後使、副、都管、上中節人從以次見館伴使。接伴使初相見之儀亦然。次以館伴所書表見人使，館伴所牽攏官與下節人互相參見，[16]畢，乃請館伴、接伴人，使、副，各公服齊出幕次，[17]對行上廳欄子外，館伴在北，對立。先接伴揖，次來使副與館伴互展狀，[18]揖，各傳示，再揖。各就位，請收笏坐，先湯，次酒三盞，置果殽。茶罷，執笏，近前齊起，欄子外館伴在南，對立。先館伴揖，次展接伴辭狀，[19]相别揖，各傳示，再揖，通揖分位。

[1]參議：夏國使者之中僅次於大使和副使的使官。

[2]都管：此指西夏使官，爲僅次於大使、副使和參議的使官。

[3]行省：行尚書省的簡稱，爲尚書省在地方的派出機構。金初設行臺尚書省，簡稱"行省"，爲代行尚書省職權的地方機構。金末所設行尚書省，亦簡稱"行省"，爲戰時及執行某專項任務所設的臨時機構，總理地方軍民之政，兵罷或事罷則撤。長官爲行尚書省事，亦簡稱"行省"。

[4]差接伴使與書表人迓於境：金朝行省接到夏使前來的消息以後，要派遣接伴使等前往邊境迎接。迓，迎接。

[5]京兆行省：治所在今陝西省西安市。

[6]以油絹複韜三銀盒：用雙層油絹做成的盒套裝裹三個銀盒。

[7]湯藥：本指藥加水煎成的湯劑，此指藥劑。

[8]尉氏縣：治所在今河南省尉氏縣。

[9]恩華館：本書僅本卷兩見，注稱舊名燕賓館，承安三年（1198）更名。范成大《攬轡録》稱"過蘆溝河三十五里至燕山城外燕賓館"，是知，燕賓館爲金中都城外之館驛，金南遷汴京以後，是否仍在汴京城外設置恩華館，亦未可知。

[10]宜照門：金南京都城城門。本書卷二五《地理志中》稱，"南京路，國初曰汴京，貞元元年更號南京。……都城門十四，曰開陽，曰宣仁，曰安利，曰平化，曰通遠，曰宜照，曰利川，曰崇德，曰迎秋，曰廣澤，曰順義，曰迎朔，曰順常，曰廣智"。

[11]館伴使：金夏規定，一方使節至對方京師，對方要派遣館伴使，陪伴使節在京師的一切活動。

［12］書表：當爲宣徽院下屬機構典客署屬吏。本書卷五六《百官志二》稱，典客署“書表十八人”。又卷五三《選舉志三》稱，“典客署書表，十八人，大定十二年，以班内祗、并終場舉人慎行止者，試三國奉使接送禮儀、并往復書表，格同國史院書寫”。是知，典客署書表負責接待宋、夏、高麗等國使節及往復書表等文字之事。

［13］牽攏官：本書僅見本卷，當爲負責管理接待引見來使及管理馬匹並負責牽馬之吏員。

［14］會同館：據張棣《金虜圖經》、范成大《攬轡録》等書記載，會同館在金中都宣陽門西北，金室南遷汴京以後是否仍建有會同館，不得而知。

［15］名銜：即姓名及官職稱呼等。

［16］次以館伴所書表見人使，館伴所牽攏官與下節人互相參見："人使"，北監本、殿本、局本作“又使”。按本書卷五六《百官志二》，客省使等官員雖有“掌接伴人使見辭之事”等職責，然據文義作“又使”並斷至下句，亦通。

［17］公服：又稱“省服”或“從省服”，公幹時所穿的禮服。

［18］狀：此狀當指來使及館伴使互相展示的有關來使、館伴等相見、使事及禮儀的文書。

［19］接伴辭狀：即接伴使辭行之文書。接伴使從邊境接伴來使至此完成使命，此後要由館伴使陪伴來使在京師完成交聘使命。

是日，皇帝遣使撫問。天使至館，[1]轉銜如館伴初見之儀。館伴與天使、來使副各公服，齊行至位，對立。請來使副升拜褥望闕立，[2]次請天使升拜褥稍前立。來使副鞠躬，天使言“有勑”，乃再拜鞠躬。天使口宣辭畢，復位。來使再拜，舞蹈，三拜，復位立。來使與天使各展狀，相見揖，次館伴揖。來使令人傳示，請館伴、天使與來使對行上廳，各赴椅子立，通揖。謹收笏坐，湯酒殽茶並如前，畢，執笏，近前，齊請起，至拜褥，依前對立。請來使副升褥位，進表謝撫問，再拜，副使平立，使跪奉表，天使近前搢笏受之，出笏復位，來使就拜，退，復對立。來使令人傳示館伴，依例書送天使土物，畢，展天使辭狀，相別揖，次館伴揖，各請分位。是後，每旦暮傳示，并牽攏官聲喏如儀。

[1]天使：當指金朝皇帝遣使至館撫問來使的使者。

[2]拜褥：即跪拜行禮的墊具，此指拜褥之位。

到館之明日，遣使賜酒果，天使初至轉銜後，望拜傳宣皆如撫問之儀。使副單跪，以酒果過其側，拜、舞蹈如儀。上廳湯酒茶畢，詣拜褥位，跪進謝賜酒果表，贈天使土物皆如撫問使禮，押酒果軍亦有土物之贈。乃命閤門副使至館習儀，[1]初轉銜前後皆如館伴相見之儀。湯茶罷，館伴、閤副傳示使副，來日入見，例當習儀。來使副回傳示，習儀畢。第二盞後，當面勸習儀承受人酒一盞，先揖，飲酒，再拜退。三盞果茶罷，執笏近前齊起，欄子外南爲上，對立。以來日入見，故但揖而不展辭狀，分位。乃以入見牓子付閤門持去，以付禮進司。[2]來使副以書送土物於引進使，[3]及交進物軍員人等，閤門副及習儀承受人各贈土物。

[1]閤門副使：宣徽院下屬機構閤門屬官。此處所載閤門副使，當爲“掌贊導殿庭禮儀”的西上閤門副使。

[2]禮進司：本書僅此一見。能否爲引進司之誤，待考。

[3]引進使：宣徽院下屬機構引進司長官。掌進外方人使貢獻禮物等事。正五品。

第三日，入見。其日質明，都管、三節人從皆裹帶，館伴與來使副各公服，齊請赴馬臺，館伴牽攏官喝“排馬”，來使牽攏官喝“牽馬”，各上馬張蓋。[1]都管馬上奉書在使前，至中門外，以外爲上，對立。先來使牽攏官兩聲喏，次館伴牽攏官亦然，齊揖，各傳示，再揖，請行。至左掖門外五百步，[2]館伴與使副乃左右易位而行。揖畢，去門百步去傘下馬，出笏，對行。凡後入稱賀、曲宴皆同是儀。來使人從持物者不得入門，牽攏官權收之。客省令二人傳示，館伴與來使各令人回傳示。至客省幕前，[3]館伴所書表在上立，齊揖，乃入幕。先館伴所書表傳示，次來使書表傳示，依前欄子外立，先揖，當面勸酒一盞，再揖，退。引館伴來使入客省幕，内爲上，對立揖畢，請分位立。先館伴揖，次展客省起居狀，[4]揖，各傳示，再揖，通揖。請赴位立，再揖，請收笏坐。先湯，次酒三盞，各有果殽。第二盞酒畢，客省乃傳示來使，請都管、上中節勸酒。回傳示畢，引都管、上中節於幕次前堦下排立，先揖，飲酒，再揖，引退。第三盞酒畢，茶罷，執笏，近前齊起，幕次前立，通揖畢，各歸本幕次。

[1]蓋：即傘蓋，爲擋雨或遮太陽的工具。下文“去門百步去傘下馬”之“傘”即此“蓋”，不再出注。

[2]左掖門：中都皇宫前殿大安殿有左掖門和右掖門。金朝與夏朝按兄弟之禮新定接見夏使禮儀之時，金中都已經落入蒙古之手，金廷已經南遷汴京，汴京皇宫大抵依宋之舊，内城皇宫大殿也有左掖門。

[3]幕：也稱次，即幕次。此爲使者臨時居息之處所。

[4]客省起居狀：當爲記録客省幕次起居等禮儀之文書。

俟殿上小起居畢，宰執升殿，餘臣分班退，閤使奏來使見牓子。乃先請館伴入班。俟閤門招引，乃請客省與來使副對立於幕前，外爲上。使者奉書，揖畢對行，至三門外，與引揖閤副揖。使奉書，副出笏後隨，左上露臺殿簷柱外，[1]奉書單跪，舊儀於丹墀内奉書。閤使接書，使副就拜，立。閤使右入欄子内，奏“對全”，轉讀畢，故事皆不讀。引使副入殿欄子内，揖使副鞠躬再拜，引少前跪奏：“弟大夏皇帝致問兄大金皇帝，聖躬萬福。”再拜，興，復位。皇帝乃宣問夏皇帝，使副鞠躬受旨，畢，引使少前跪奏：“弟大夏皇帝聖躬萬福。”拜，復位，立。齊退，左下階，至丹墀北向立。以禮物右入左出，盡，揖使副傍折通班。再引至丹墀，舞蹈，五拜，不出班代奏“聖躬萬福”，畢，再拜。引使副前，雙跪，皇帝遣人勞問，[2]復位，謝恩，舞蹈，五拜。再揖使副出班，謝面天顔，復位，舞蹈，五拜。再揖閤副鞠躬，[3]引使出班，謝遠差接伴兼賜湯藥諸物，復位，舞蹈，五拜。喝“各祗候”，引右出，至三門階下，與閤副揖别，與客省同行至幕次前對揖，各歸幕次。

[1]露臺：即高臺，此處當指殿前之高臺。

[2]皇帝遣入勞問：中華點校本正文"入"作"人"，注稱"人"疑是"入"，據道光四年（1824）殿本改。查原文，作"入"。據上下文意改作"人"更勝。

[3]再揖閤副鞠躬：中華點校本按："本卷《外國使入見儀》作'再揖副使鞠躬，使出班謝遠差接伴'。疑此'閤副'或當是'副使'之誤。"然本卷上下文均作"使副"，非"副使"，疑此處"閤副"或爲"使副"之誤。

引都管、上中節左入，丹墀立，下節於門外階下立，齊鞠躬通名，先再拜，不出班奏"聖躬萬福"，再拜。下節鞠躬聲喏，初一拜呼"萬歲"，次一拜呼"萬歲"，臨起呼"萬萬歲"，喝"各祇候"，平立，引右出。乃賜使者衣，拜舞皆如賜酒果之儀，畢，使者與天使對立。次請都管、三節人從望闕立，天使稍前立，都管人從鞠躬，天使傳勅，拜謝如使儀，就拜畢，謝恩再拜。下節鞠躬聲喏，如入見儀。乃再引入，賜以酒食，閤門招、客省皆如入見儀。[1]至丹墀，謝賜衣物，再拜，舞蹈，三拜，鞠躬。贊"有勅賜酒食"，舞蹈，五拜。喝"各祇候"，引右出，如前儀，歸幕。乃請出，館伴與使副幕前對立揖，各傳示，再揖，請行。至元下馬所，復左右易位而行，揖畢，各收笏，上馬至館。又左右易位入門，內爲上，對立。先來使牽攏官。次館伴牽攏官，各聲喏，再拜揖，畢，請分位。乃以押伴使賜宴於館。[2]

［1］閤門招：即由閤門使招引。

［2］押伴使：陪伴來使宴會的使者，稱押伴使，也稱押宴官。《宣和乙巳奉使金國行程録》稱："虜人每賜行人宴，必以貴臣押伴。"　賜宴於館："館"，原作"管"，據局本和中華點校本改。

押伴至館，轉名銜回畢，與館伴、來使公服，齊詣褥位對立，押伴稍前立。先請押伴、館伴上褥位，望闕拜，謝坐，再拜，舞蹈，三拜，起。先請押伴上副階上立，乃引使副上褥位，望闕亦謝坐，儀同上。乃與館伴對行上廳。押伴在副階上，與使副展參狀。來使副先令人報上聞，押伴回傳示，再揖。請押伴先入，於卓前椅位立。[1]館伴與使副對揖，各就位立，通揖，請端笏坐，湯入，乃於拜席上排立都管人從。湯盞出，揖起，押伴等離位立。都管人從鞠躬拜，下節人聲喏，如入見儀。呼"萬歲"，畢，喝"押伴及使副皆就坐"。引三都管、上中節分左右上廳，南入，北爲上，下節在西廊下立。候押伴等初盞畢，樂聲盡，坐。至三盞下，食畢，四盞下，酒畢。押伴傳示來使，面勸都管、上中節酒一盞，來使答上聞，以都管、上中節於副階下排立，先揖，飲，傳台旨勸，再揖，退。至五盞下，酒畢，茶入。都管人從於拜席上排立，待茶罷，揖押伴等起，離位立，都管人從鞠躬，喝"謝恩"，拜，下節聲喏如上儀，就位立。請押伴等齊下廳，赴拜褥對立。先請使副就褥位，謝恩，再拜，舞蹈，三拜，復位。乃請押伴、館伴就褥位，謝如上義，復位。

[1]卓：同桌、棹，几案。今稱桌子。

第四日，命押宴官、賜宴官就館宴。先賜宴天使轉銜如前儀，[1]各公服，請館伴、天使與來使就褥位對立。先請使副就褥位，望闕立。次請賜宴天使就褥位稍前，使副鞠躬，天使傳宣，使副拜謝，皆如前儀。使副與天使互展狀，起居，揖。次館伴揖。使副令人傳示館伴，依例請賜宴天使茶酒，館伴暫歸幕。來使副與天使主賓對行上廳，於西間内各詣椅位揖，收笏坐。先湯，次酒三盞，果殽。茶罷，執笏，近前請起，賜宴天使暗退。請押宴使至褥位立，次請館伴齊就褥位，望闕再拜，平身，搢笏，鞠躬三舞蹈，跪左膝三叩頭，出笏就拜，興，再拜復位，對立。請押宴上廳。次請來使副詣褥位，謝坐，再拜，舞蹈，三拜，請分階升廳，欄子外，内爲上，對立。先館伴揖，次互展押宴起居狀，相見，揖。各傳示，再揖。通揖，請就位，詣椅位立。通揖，請端笏坐，以御宴不敢用踏牀。[2]湯入，都管、三節人從於拜席上排立。湯盞出，押宴離位立揖，都管人從鞠躬，下節人從聲喏，呼“萬歲”，如入見儀，喝“各就坐”。請押宴等坐。

[1]賜宴天使：即賜宴官。因以皇帝名義賜來使宴，故稱天使。
[2]踏牀：坐時承足之器具。今稱脚踏。

引都管、上中節分左右上廳，北入，南爲上，立。下節於西廊下南入，北爲上，立。候押宴等初盞畢，樂聲盡，坐。至五盞後食，六盞、七盞雜劇。[1]八盞下，酒畢。押宴傳示使副，依例請都管、上中節當面勸酒。使者答上聞，復引都管、上中節於欄子外階下排立，先揖飲酒，再揖，退。至九盞下，酒畢，教坊退。乃請賜宴天使於幕次前。候茶入，乃於拜席排立都管、三節人從。茶盞出，揖起，押宴官等離位立，揖，都管人從鞠躬，喝“謝恩”，拜，下節聲喏，呼“萬歲”，如入見儀，且鞠躬，[2]喝“各祗候”。請押宴等官齊出，分階下廳，與天使對行至拜褥前立。請使副就位望闕謝恩，再拜，舞蹈，三拜，畢，依位立。請押宴、館伴齊詣褥位謝恩。來使乃進謝御宴表，先再拜，平身立。使跪捧表，[3]天使近前搢笏受表，出笏復位。使就拜，退復位，立。

使副上聞，依例書送天使土物，領畢，天使即以物報之，然後展天使辭狀，再揖，次館伴揖，通揖，請分位。是日，來使於宴下監酒等官及教坊人等皆有所贈。

[1]雜劇：古代戲劇。此指六盞、七盞時進行雜劇表演。

[2]且鞠躬：中華點校本按：“‘且’殿本作‘齊’。”

[3]使跪捧表：“捧”，南監本、北監本、殿本、局本作“奉”。按，“奉表”與下文“天使近前搢笏受表”相應，有“奉”纔有“受”，“捧”與“受”意不合。疑以“奉”字爲是。表，當爲正大元年（1224）以前金夏爲君臣之國時夏國國書的稱謂，正大元年金夏君臣之國改爲兄弟之國以後，“表”亦當改爲“書”。下同。

第五日，稱賀。比至客省幕次對立，皆如入見儀。

至收笏坐，先湯，次酒三盞，畢，客省傳示來使，辭曰：“請都管、上中節當面勸酒。”回傳示畢，引都管、上中節於幕次前階下排立，先揖，飲酒，再揖，引退。至三盞酒畢，茶罷，出笏近前，齊請出幕次前，外爲上，對立，通揖，分位，各歸幕次。候閤門招引時，請客省與使副幕次前，外爲上，對立揖。對行至門外階下，與引揖閤副揖。引使副左入，與臣僚合班，至丹墀北嚮立定。同臣僚先再拜，平身，搢笏，鞠躬，三舞蹈，跪左膝三叩頭，出笏就拜，興，再拜，平立。俟進酒致辭畢，再拜，宣徽使稱“有制”，[1]又再拜，宣答畢，先再拜，舞蹈，平立，分班。俟皇帝舉酒時，再拜，合班又再拜，上殿，夏使副在御座右第二行北端立。

[1]宣徽使：宣徽院長官。宣徽院設有左、右宣徽使，掌朝會、燕享，殿庭禮儀及監知御膳等。正三品。

次引都管、上中節左入，至丹墀立，下節門外階下排立，齊鞠躬，通名畢，先再拜，鞠躬，不出班奏“聖躬萬福”。喝“拜”，又再拜，下節聲喏呼“萬歲”，如前儀。喝“各祗候”，畢，平立，再鞠躬，喝“賜酒食”，聲喏再拜呼“萬歲”，如前儀。引左廊立。待牀入，[1]進酒。皇帝飲酒時，上下侍立皆再拜，俟進酒官至位，合坐官再拜，皆坐。即行臣使酒，普傳宣，立飲，再拜，復坐。次人從鞠躬聲喏再拜呼“萬歲”之儀如前。皆坐。至第三盞，傳宣立飲，畢，再拜，復坐。

次人從如前，畢，坐。俟致語，聞鼓笛時，揖臣使皆立，俟口號絶，臣使再拜，坐，次人從如前儀，復坐。次至五盞，將曲終，人從立，再如前儀，[2]畢，先引出。臣使起再拜，退至丹墀，合班，謝宴，再拜，舞蹈，三拜，喝“各祇候”。引出，至三門階下，與閤門副使相揖别，與客省同行，至幕次前對立，先揖，各傳示，再揖，請分位，就幕次。少頃，請館伴與使副出幕次，外爲上，對立，先揖，各傳示，再揖，引行，至元下馬處，請左右易位，對立揖，收笏上馬，至館，聲喏相揖分位，與初入見還禮同。

[1]牀：爲古代的坐卧之具，與今天的牀不同，比較矮小，有似几案，主要供人坐卧，有時也用來擺放器具和物品。

[2]再如前儀：局本“再”字下有一“拜”字。《殿本考證》：“按上下文義，凡賜酒賜坐，皆稱再拜。原刻云再如前儀，與上下不合，係脱‘拜’字。”按：此處無“拜”字亦可通。蓋前已數次言及“如前儀”“如前”，此處自可稱“再如前儀”。且前文有謂“次人從鞠躬聲喏再拜呼‘萬歲’之儀如前”，知人從之事不僅再拜而已，此處亦不應僅稱“再拜如前儀”。

第六日，賜分食，[1]并賜酒果禮。天使至館，與第二日賜酒果禮同。是日，支押分食酒果軍土物，[2]并在館隨局分官員承應人例物。[3]凡裏外門將軍、監厨直長、館都監、監酒食官、承應班祇候、衆厨子、館子、巡護軍、館伴所牽攏官，[4]皆溥及之。

[1]分食：即分賜衆人食物。

[2]支押分食酒果軍土物："支押"，本書僅此一見，不詳。"土"，北監本、殿本、局本作"士"。按，此處"土物"當指西夏使節向軍人贈送所帶土物，似不誤。

[3]隨局分官員承應人：諸局司承應人指各局司辦事員。按本書卷五八《百官志四》，百司承應包括尚書省、樞密院、六部與御史臺的令史、譯史、通事、誥院令史、國史院書寫、隨府書表、親王府祗候郎君、典客署引接書表、走馬郎君、護衛長、護衛長行、奉御、東宮護衛長、東宮護衛長行、筆硯承奉、閤門祗候、侍衛親軍百户、五十户、妃護衛、奉職、符寶典書、東宮入殿小底、尚衣、奉御、捧案、擎執、奉輦、知把書畫、隨庫本把、左右藏庫本把、儀鸞局本把、尚輦局本把、妃奉事、弩傘什將、太醫、隨位承應都監、司天四科人、東宮筆硯、尚厩獸醫、秘書監楷書、祕書琴等待詔、駝馬牛羊群子、擠酪人等。此指參與接待夏朝使節的各局司辦事人員。

[4]裹外門將軍：當爲守護驛館裹門、外門及負責來使在京活動安全的將士。　監厨：本書僅本卷兩見，當爲監察厨房食物之事並負責飲食安全的官員。　館都監：當爲負責館驛事務的官員。　監酒食官：當爲負責酒食等安全的官員。　承應班祗候：本書卷五六《百官志二》記載，宣徽院下屬機構閤門屬官有"閤門祗候二十五人"。　厨子：炊事員。　館子：當爲驛館中服務人員。

第七日，曲宴禮，如前儀。

第八日，奉辭之儀。至小起居畢，閤使先奏來使辭牓子。引使者左入，傍折通班，至丹墀再拜，不出班奏"聖躬萬福"，又再拜。揖副鞠躬，使出班戀闕致詞，[1]復位，再拜，喝"各好去"，引右出，次引宰執下殿，禮畢。

[1]揖副鞠躬使出班戀闕致詞：局本“副”字上有“使”字，“出班”前無“使”字。《殿本考證》：“按此句原刻作‘揖副鞠躬，使出班戀闕致詞’，殊未明晰。攷上下文義，前此既未出班，此處乃是揖使副出班鞠躬，致戀闕之詞耳。且自初見以及謝使諸儀，其進而奉書致詞則閤使揖使副，其降而旁折通班則閤使又揖使副，朝辭不應獨有異儀。”本卷《朝辭儀》有“揖使副鞠躬，使出班，戀闕致詞”。疑此處“副”字前脱一“使”字。

第九日，聚廳，送至恩華館，更衣而行。

凡使將至界，報至則差接伴使，至則差館伴使，去則差送伴使，[1]皆有副，皆差書表以從。凡行省來宴、回宴之押宴官，皆從行省定差，就借以文武高爵長官之職，以爲轉銜之光。來回之賜宴天使，皆以閤門祗候往，詔書、口宣皆稟命於都省，[2]以翰林院定撰焉。[3]

[1]送伴使：凡來使赴對方京師完成使命返程，對方要派使者相送，稱送伴使。一般情況下，送伴使由本次來使之接伴使充任。

[2]詔書：古時上級給下級的命令文告，秦漢以後專指帝王的命令文告。　口宣：帝王派專使口頭宣布的文告。　都省：尚書省之别稱。

[3]翰林院：官署名。全稱翰林學士院，掌制撰詞命等。屬官有翰林學士承旨、翰林學士、翰林侍讀學士、翰林侍講學士、翰林直學士、翰林待制、翰林修撰、應奉翰林文字等。

夏使至，或許貿易於市二日。使至，所差者館伴使、副各一，監察、奉職、省令史各一，[1]書表四，總領提控官、酒食官、監厨、稱肉官各一，牽攏官三十，尚食局直長，[2]知書、都管、接手、湯藥直長、長行各一，[3]厨子五，奉飲直長一、長行二，[4]奉珍二，[5]儀鸞直長一、長行十，[6]把内外門官二，館外巡防軍三十，把館甲軍六十二，雜役軍六十，過位不通漢語軍十，凡雜役皆衣皂，[7]過食司吏八十，[8]街市厨子四十，方脉雜科醫各一，[9]醫獸一，[10]鞍馬二十四疋，後止備八疋，押馬官一員。又差説儀承受禮直官一員。凡在館鋪陳繳絡器皿什物，户部差官與東上直閤同點檢。[11]所經橋道皆先期命工部修治之。[12]凡賜衣，使副各三對，人從衣各二對，使副幣帛百四十段，舊又賜貂裘二，無則使者代以銀三錠，副代以帛六十疋，後削之。惟生餼則代以綾羅三十九疋、[13]帛六十二疋、布四疋。金帶三，金鍍銀束帶三，金塗銀閙裝鞍轡三，金塗銀渾裹書匣、間金塗銀裝釘黑油詔匣及包書、詔匣複各一。[14]朝辭，賜人從銀二百三十五兩，絹二百三十五疋。

[1]監察：指監察官員。御史臺屬官御史大夫、御史中丞、侍御史、治書侍御史、殿中侍御史、監察御史、典事等均掌監察之職。　奉職：近侍局屬官。本書卷五六《百官志二》近侍局條小字注："奉職三十人，舊名不入寢殿小底，又名外帳小底，皆大定十二年更。"　省令史：即尚書省令史，爲尚書省左、右司所屬辦事員。

[2]尚食局直長：宣徽院下屬機構尚食局屬官。掌御膳、進食先嘗、兼管從官食等。正八品。

[3]知書：據本書卷五六《百官志二》記載，宣徽院下屬機構内藏庫、頭面庫、段匹庫、金銀庫、雜物庫等，各設知書二人。爲各庫所屬辦事員。　接手：本書卷五六《百官志二》上林署花木局

都監、同監條下稱，“舊設接手官四人，泰和元年罷，復以諸司人内置都監、同監二員。貞祐三年罷都、同監，以同樂園管勾兼”。　湯藥直長：疑爲尚藥直長。本書卷二五《地理志中》南京條下稱：“左掖門北，尚食局南曰宫苑司。其西北尚醖局、湯藥局。”然本書《百官志》不載湯藥局，卷五六《百官志二》宣徽院下屬機構有尚藥局，尚藥局屬官有直長，掌進湯藥茶果等。正八品。　長行：本書卷五六《百官志二》記載，宣徽院下屬機構拱衛直使司設有長行，爲侍衛親軍之一種。卷四一《儀衛志上》稱：“金制，天子之儀衛，一曰立仗，二曰行仗。其衛士，曰護衛，曰親軍，曰弩手，曰控鶴，曰傘子，曰長行。”卷五八《百官志四》記有“東宫護衛長行”。此外，司天臺設有“長行人五十人”。宣徽院下屬機構太醫院設有“長行太醫”，還有“教坊長行”“諸局分長行”等。是知，長行爲各局司所設小吏及内侍御直之一種。

[4]奉飲直長：當爲隸屬於尚食局的服務吏員。本書《百官志》不載。

[5]奉珍：本書僅此一見。

[6]儀鸞直長：宣徽院下屬機構儀鸞局屬官。掌殿庭鋪設、帳幕、香燭等事。正八品。

[7]皂：黑色。此指黑色衣服。

[8]過食司吏：本書僅此一見。

[9]方脉雜科：當爲醫學分科。

[10]醫獸：當爲獸醫。

[11]户部：官署名。尚書省下屬機構。掌管户籍、物力、錢糧、田土、榷場、市易以及貢賦、租税、貨幣流通、府庫收藏等事。屬官有户部尚書、侍郎、郎中、員外郎、主事等。　東上直閤：似爲東上閤門使。正五品。

[12]工部：官署名。隸屬尚書省，掌修造營建法式、諸作工匠、屯田、山林川澤之禁、江河堤岸、道路橋梁之事。屬官有工部尚書、侍郎、郎中、員外郎、主事等。

［13］生餼：指饋贈的糧食或牲口等。一説爲穀物糧秣等。《國語·周語中》："廪人獻餼。"韋昭注曰："生曰餼，禾米也。"又《魯語上》："馬餼不過稂莠。"韋昭注："餼，秣也。"另説以爲是活着的馬牛羊。《左傳·桓公十四年》："曹人致餼，禮也。"杜預注："熟曰饔，生曰餼。"孔穎達疏："饔者煮肉之名，知熟曰饔。哀二十四年傳稱晋人餼臧石牛，以生牛賜之，知生曰餼。又《聘禮》致饔餼五牢，飪一牢，腥二牢，餼二牢。飪是熟肉。腥是生肉，知餼是未殺。"《論語·八佾》："子貢欲去告朔之餼羊。"何晏集解："鄭曰：'牲生曰餼。'"邢昺疏："餼亦是生。哀二十四年《左傳》云：'晋師乃還。餼臧石牛。'是以生牛賜之也。"

［14］書匣：當爲裝雙方往來國書之書匣。　詔匣：當爲裝詔書之書匣。正大二年（1225）金夏確定雙方爲兄弟之國以前，金夏爲君臣之國，金朝給夏朝的國書稱詔書。　包書：似爲書匣套。　詔匣複：似爲詔匣套。

賜宋、高麗使之物，其數則無所考。

金史　卷三九

志第二十

樂上

雅樂　散樂　鼓吹樂　本朝樂曲　郊祀樂歌

《傳》曰：[1]“王者功成作樂，治定制禮。”豈二帝三王之彌文哉，[2]蓋有天下者，將一軌度、正民俗、合人神、和上下，舍禮樂何以焉。

金初得宋，始有金石之樂，[3]然而未盡其美也。及乎大定、明昌之際，[4]日修月葺，粲然大備。其隸太常者，[5]即郊廟、祀享、大宴、大朝會宫縣二舞是也。[6]隸教坊者，[7]則有鐃歌鼓吹，[8]天子行幸鹵簿導引之樂也。[9]有散樂，[10]有渤海樂。[11]有本國舊音，世宗嘗寫其意度爲雅曲，史録其一，其俚者弗載云。

[1]傳：指《禮記·樂記》。

[2]彌文：彌加文飾，謂誇飾之辭。

[3]金石：指以鐘、磬爲主的樂器。

[4]大定：金世宗年號（1161—1189）。　明昌：金章宗年號（1190—1196）。

[5]太常：官署名，即太常寺。下屬有太廟、廩犧、郊社、諸陵、大樂等署。長官爲太常卿，從三品。

[6]宫縣：指懸挂着的鐘磬。因宫室四面有墻，故像宫室那樣四面擺設鐘磬謂之宫縣，爲天子所專用。縣，即樂縣，與“懸”通。

[7]教坊：官署名。掌殿庭音樂。其官有提點（正五品）、使（從五品）、副使（從六品）、判官（從八品）、諧音郎（從九品）。

[8]鐃歌鼓吹：始於漢代的一種新的器樂合奏形式。以管樂和打擊樂器爲主，有時也加入歌曲。樂器有鼓、排簫、横笛、笳、角等。因演奏場合不同分爲黄門鼓吹（帝王宴會所用樂隊）、騎吹（跟隨帝王車駕的儀仗）、横吹（軍中馬上演奏的樂隊稱横吹）、短簫鐃歌（軍中所用武樂）幾種形式。

[9]鹵簿：帝王出行時扈從的儀仗隊。

[10]散樂：泛指宫廷祭祀、儀禮音樂以外的音樂。

[11]渤海樂：渤海國之樂。渤海國是唐代中國東北以靺鞨粟末部爲主體的部族結合其他靺鞨諸部和部分高句麗人建立的政權，後爲遼所滅。渤海國爲金之祖先，金人重視先人傳統，故將渤海樂尊爲宫廷禮樂。

雅樂。[1]凡大祀、中祀、天子受册寶、御樓肆赦、受外國使賀則用之。[2]

初，太宗取汴，[3]得宋之儀章鐘磬樂簴，[4]挈之以歸。皇統元年，[5]熙宗加尊號，始就用宋樂，有司以鐘磬刻“晟”字者犯太宗諱，皆以黄紙封之。大定十四年，太常始議“歷代之樂各自爲名，今郊廟社稷所用宋樂器犯廟諱，宜皆刮去，更爲製名”。於是，命禮部、學士院、太常寺撰名，[6]迺取大樂與天地同和之義，名之曰“太和”。

文、武二舞。[7]皇統年間，定文舞曰“仁豐道洽之舞”，武舞曰“功成治定之舞”。《貞元儀》又改文舞曰“保大定功之舞”，武舞曰“萬國來同之舞”。大定十一年又有“四海會同之舞”，於是一代之制始備。

[1]雅樂：宫廷中典禮及祭祀所用之音樂。

[2]肆赦：猶緩刑、赦免。本書卷一七《哀宗紀上》：“庚子，御端門肆赦，改元開興。”

[3]太宗：本名吴乞買，漢名晟。1123年至1135年在位。

[4]樂簴（jù）：即編鐘編磬。鐘磬的架稱簨虡，横爲簨，豎爲簴。編鐘一架也作一簴。

[5]皇統：金熙宗年號（1141—1149）。

[6]禮部：官署名。掌禮樂、祭祀、燕享、學校、貢舉、儀式、制度、符印、表疏、圖書、册命、祥瑞、天文、漏刻、國忌、廟諱、醫卜、釋道、四方使客、諸國進貢、犒勞張設之事。長官爲禮部尚書，正三品。　學士院：官署名。掌制撰詞命。長官爲翰林學士承旨，正三品，貞祐三年（1215）升從二品。

[7]文、武二舞：文舞，古代宫廷雅樂舞蹈，用於郊廟祭祀。武舞，與“文舞”相對，用於郊廟祭祀及朝賀、宴享等大典。

明昌五年，詔用唐、宋故事，置所，講議禮樂。有司謂：“雅樂自周、漢以來止存大法，魏、晋而後更造律度，訖無定論。至後周保定中，[1]得古玉斗于地中，以造尺律，其後牛弘以爲不可，[2]止用蘇綽鐵尺，[3]至隋亦用之。唐興，因隋樂不改，及黄巢之亂，樂縣散失，太常博士殷盈孫以周法鑄鎛鐘、編鐘，[4]處士蕭承訓等校石磬，[5]合而奏之。至周顯德以黍定律，[6]議者謂比唐樂高五律。宋初亦用王朴所制樂，[7]時和峴以周顯德律音近哀思，[8]迺依西京銅望臬、石尺重造十二管，取聲下王朴一律。景祐初，[9]李照取黍累尺成律，[10]以其聲猶高，更用太府布帛尺，[11]遂下太常樂三律。皇祐中，[12]阮逸、胡瑗改造止下一律，[13]或謂其聲弇鬱不和，[14]依舊用王朴樂。元豐間，[15]楊傑参用李照鐘磬加四清聲，[16]下王朴樂二律，以爲新樂。元祐間，[17]范鎮又造新律，[18]下李照樂一律，而未用。至崇寧間，[19]魏漢津以范鎮知舊樂之高，[20]無法以下之，迺以時君指節爲尺，其所造鐘磬即今所用樂是也。然以王朴所制聲高，屢命改作，李照以太府尺制律，人習舊聽疑於太重。其後范鎮等論樂，復用李照所用太府尺，即周、隋所用鐵尺，牛弘等以謂近古合宜者也。今取見有樂，以唐初開元錢校其分寸亦同，則漢津所用指尺殆與周、隋、唐所用之尺同矣。漢津用李照、范鎮之説，而耻同之，故用時君指節爲尺，使衆人不敢輕議。其尺雖爲詭説，其制迺與古同，而清濁高下皆適中，非出於法數之外私意妄爲者也。蓋今之鐘磬雖崇寧之所製，亦周、隋、唐之樂也。閲今所用樂律，聲調和平，無太高太下之失，可以久用。唯辰鐘、辰磬自昔數缺，[21]宜補鑄辰鐘十五，辰磬二十一，通舊各爲二十四簴。”上曰：“嘗觀宋人論樂，以爲律主於人聲，不當泥於其器，要之在聲和而已。”於是，命禮部符下南京，取宋舊工，更鑄辰鐘十有二。又以舊鐘姑洗、夷則皆高五律，[22]無射高二律，別鑄以補之，迺協。又琢辰磬各十有二，以其半少劣，擇其諧者而用之。

［1］保定：北朝時期周武帝年號（561—565）。

［2］牛弘：隋安定鶉觚（今甘肅省靈臺縣）人。字里仁。《隋書》卷四九、《北史》卷七二有傳。

［3］蘇綽：字令綽。北朝武功（今陝西省武功縣）人。《周書》卷二三、《北史》卷六三有傳。

［4］殷盈孫：唐僖宗時太常博士。《舊唐書》卷一六五、《新唐書》卷一六四有傳。

［5］蕭承訓：人名。校石磬事見《舊唐書·音樂志二》《新唐書·禮樂志十一》，其他事迹不詳。

［6］顯德：五代時期後周太祖郭威年號，後周世宗柴榮沿用，後周恭帝柴宗訓即位後繼續沿用（954—960）。

［7］王朴：五代時期後周東平（今山東省東平縣）人。字文伯。《舊五代史》卷一二八、《新五代史》卷三一有傳。

［8］和峴：宋浚儀（今河南省開封市境内）人。字晦仁。《宋史》卷四三九有傳。

［9］景祐：宋仁宗年號（1034—1038）。

［10］李照：人名。事迹見《宋史·樂志》。

［11］太府：官署名。掌左右藏、支應所、太倉、酒坊、典給署、市買司。長官爲太府監，正四品。

［12］皇祐：宋仁宗年號（1049—1054）。

［13］阮逸：宋建陽（今福建省建陽市）人。字天隱。事迹見《宋史·樂志》等。　胡瑗：宋泰州海陵（今江蘇省泰州市）人。字翼之。《宋史》卷四三二有傳。　止下一律：“止”，原作“上”，

中華點校本參考《宋史·樂志》改。以下中華點校本校改有據，不再説明，徑改。

[14]弇（yǎn）鬱：謂聲音沉鬱。

[15]元豐：宋神宗年號（1078—1085）。

[16]楊傑：宋無爲（今安徽省無爲縣）人。字次公。《宋史》卷四四三有傳。

[17]元祐：宋哲宗年號（1086—1094）。

[18]范鎮：宋華陽（今四川省雙流縣）人。字景仁。《宋史》卷三三七有傳。

[19]崇寧：宋徽宗年號（1102—1106）。

[20]魏漢津：人名。《宋史》卷四六二有傳。

[21]辰鐘、辰磬：一説爲鐘磬應與十二辰相配，故《宋史·樂志四》有"宫架環列，以應十二辰"，"編鐘、編磬，其陽聲六，以應律；其陰聲六，以應吕。既應十二辰矣，復爲鎛鐘十二以配之"。另説爲十二律配十二月，見於宋人陳暘《樂書》"十二辰鐘"條："則樂器待律然後制，而律度又待鐘然後生，故有十二辰之鐘，以應十二月之律。十二辰之鐘，大鐘也。"

[22]姑洗（xiǎn）、夷則：樂律名。中國傳統的音名稱作十二律吕，依次爲黄鐘、大吕、太族、夾鐘、姑洗、仲吕、蕤賓、林鐘、夷則、南吕、無射、應鐘。

初，正隆間，海陵營太廟于汴，貞祐南遷，宣宗修之，以祔諸帝神主。[1]其地，故宋景靈宫之址也，[2]掘其下，得編鐘十三，編磬八，皆刻"大晟"字，時朝廷多故，禮器散亡，竟亦不能備也。

[1]正隆：海陵王年號（1156—1161）。　汴：即汴京，今河南省開封市。

[2]景靈宫：宋宫殿名。詳見《宋史》卷一〇九。

大定十一年，太常議："按《唐會要》舊制，[1]南北郊宫縣用二十架，周、漢、魏、晋、宋、齊六朝及唐《開元》、宋《開寶禮》，[2]其數皆同。《宋會要》用三十六架，[3]《五禮新儀》用四十八架，[4]其數多，似乎太侈。今擬《太常因革禮》，[5]天子宫縣之樂三十六簴，宗廟與殿庭同，郊丘則二十簴。宜用宫縣二十架，登歌編鐘、編磬各一簴。[6]又按《周禮·大司樂》：'凡樂，圜鐘爲宫，[7]黄鐘爲角，太蔟爲徵，姑洗爲羽。雷鼓、雷鼗、孤竹之管、雲和之琴瑟、雲門之舞，[8]冬日至於地上之圜丘奏之，[9]若樂六變，[10]則天神皆降，可得而禮矣。'六變，謂六成也。[11]唐、宋因之。蓋圜鐘，夾鐘也，用爲宫者以上應房、心，[12]有天帝明堂之象也。[13]宫聲三奏，角徵羽各一奏，合陽之奇數，欲神聽之也。凡樂起於陽，至少陰而止，圜鐘自卯至申其數有六，故六變而樂止，則天神皆降，可得而禮也。樂曲之名，唐以'和'，宋以'安'，本朝定樂曲以'寧'爲名，今止有太廟祫享樂曲，而郊祀樂曲未備。皇統九年拜天用《乾寧之曲》，今圜丘降神固可就用。今太廟祫享，[14]皇帝升降行止奏《昌寧之曲》，[15]迎俎奏《豐寧之曲》，酌獻、舞出入奏《肅寧之曲》，飲福奏《福寧之曲》，[16]宋《開寶禮》亦可就用。餘有郊祀曲名，皇帝入中壝、奠玉幣、迎俎、酌獻、舞出入樂曲，[17]宜皆以'寧'字製名。"遂命學士院撰焉。皇帝入中壝奏《昌寧之曲》，降神、送神奏《乾寧之曲》，昊天上帝奏《洪寧之曲》，皇地祇奏《坤寧之曲》，配位奏《永寧之曲》，[18]飲福奏《福寧之曲》，升降、望燎、出入大小次，[19]並與入中壝同，餘載儀注及樂章。又命太常議文武二舞所當先後，太常議："按唐、宋郊廟之禮，並先文後武，本朝自行禘祫之禮亦然。[20]惟唐韋萬石建議謂先儒相傳，[21]以揖讓得天下則先奏文，以征伐得天下則先奏武。當時雖從，尋復改之。其以《開元禮》先文後武爲定。方丘如圜丘之儀，[22]社稷則用登歌。"

［1］《唐會要》：會要體史書。北宋王溥撰。

［2］《開元》：即《大唐開元禮》，官修禮書。唐蕭嵩等奉勅撰。　開寶禮：即《開寶通禮》，官修禮書。北宋盧多遜等撰。

［3］《宋會要》：兩宋官修史書。已佚，今部分内容由清徐松自《永樂大典》中輯出。

［4］《五禮新儀》：即《政和五禮新儀》，官修禮書，北宋鄭居中等撰。

［5］《太常因革禮》：官修禮書。北宋歐陽修等撰。

［6］登歌：古代祭典、大朝會以及宴饗時登堂而歌。

［7］圜鐘：即林鐘。　宫：傳統樂理中"五音"之一。五音爲宫、商、角、徵、羽。

［8］鼗（táo）：有柄的小鼓。　孤竹之管：用獨生的竹子製作的管類樂器。　雲和之琴瑟：原脱"琴"字，今據《周禮·春官·宗伯下》補。雲和，地名，在今浙江省雲和縣，以産琴材而著名。　雲門：黄帝時代的樂舞，又稱"雲門大卷"。

［9］冬日至於地上之圜丘奏之："至"原倒至"冬"後，"地"前原脱"於"，今據《周禮·春官·宗伯下》改。

［10］變：變奏。

［11］成：一曲爲一成。

［12］房：二十八宿之一，東方蒼龍七宿的第四宿。　心：二十八宿之一，東方蒼龍七宿的第五宿。　天帝：星名。又稱帝星，北極五星之最明者。

［13］明堂：星明。位於太微垣西南角外。

［14］袷享：猶袷祭。古代天子、諸侯所舉行的集合遠近祖先神主於太祖廟的大合祭。

［15］酌獻：設樂供神。

［16］飲福：祭畢飲供神酒，謂受神之福。

［17］中壝：環繞三層祭壇的第二層矮墻。壝，祭壇四周的矮墻。

［18］配位：即配享神座之位。

［19］望燎：望祭與燎祭。

［20］禘袷：古代帝王祭祀始祖的一種隆重儀禮。歷代説解不一，或禘袷分稱義别，或禘袷合稱義同。

［21］韋萬石：人名。《舊唐書》卷七七有附傳。

［22］方丘：祭地祇之壇。　圜丘：祭天的祭臺。

宗廟。皇帝入門，宫縣以無射宫，升殿，登歌以夾鐘，皆奏《昌寧之曲》。迎神、送神奏《來寧之曲》，九成。天德二年，晨裸畢，[1]還小次，[2]方奏迎神曲。大定十一年，朝享，奏依《開元》《開寶禮》，至版位，[3]即奏黄鐘宫三、大吕角二、太蔟徵二、應鐘羽二，曲詞皆同。進俎，奏《豐寧之曲》。酌獻，宫縣奏無射《大元之曲》。

諸室之曲，德帝曰《大熙》，[4]安帝曰《大安》，[5]

獻帝曰《大昭》,[6]昭祖曰《大成》,[7]景祖曰《大昌》,[8]世祖曰《大武》,[9]肅宗曰《大明》,[10]穆宗曰《大章》,[11]康宗曰《大康》,[12]太祖曰《大定》,[13]太宗曰《大惠》,熙宗曰《大同》,睿宗曰《大和》,[14]昭德皇后廟曰《儀坤》,[15]世宗曰《大鈞》,顯宗曰《大寧》,章宗曰《大隆》,宣宗曰《大慶》。

皇帝還板位及亞終獻,皆奏無射宮肅寧之曲。飲福,登歌奏夾鐘宮福寧之曲。徹豆,奏豐寧之曲,皆用無射宮。大定十二年制,祫禘時享有司攝事,初獻盥洗,奏無射宮肅寧之曲。升階,登歌奏夾鐘宮嘉寧之曲。餘並與親享同。其別廟昭德皇后、宣孝太子所用,並載儀注、樂章。

[1]晨祼:古代宗廟祭祀儀節名。祼,古代帝王、王后祭祀時,以香酒灌地、以腥熟之食獻神的禮儀。

[2]小次:爲帝王郊祀設的小篷帳。

[3]版位:牌位、神位。

[4]德帝:女真人。本名烏魯,始祖長子,繼始祖之後爲完顔部首領。金天會十四年(1136)追謚爲德皇帝。本書卷一有紀。

[5]安帝:女真人。本名跋海,德帝長子,繼德帝之後爲女真完顔部首領。金天會十四年,追謚爲安皇帝。本書卷一有紀。

[6]獻祖:女真人。本名綏可,安帝長子,繼安帝之後爲女真完顔部首領。金天會十四年,追謚爲定昭皇帝,廟號獻祖。本書卷一有紀。

[7]昭祖:女真人。本名石魯,獻祖長子,繼獻祖之後爲女真完顔部首領。金天會十四年,追謚爲成襄皇帝,廟號昭祖。本書卷一有紀。

[8]景祖：女真人。本名烏古迺，昭祖長子，繼昭祖之後爲女真完顔部首領，任遼朝生女真部族節度使，形成以完顔部爲中心的女真軍事大聯盟，爲後來女真建國奠定了基礎。金天會十四年，追謚爲惠桓皇帝，廟號景祖。本書卷一有紀。

[9]世祖：本名劾里鉢，景祖第二子，繼景祖任遼朝生女真部族節度使。1074 年至 1092 年在位。金天會十四年，追謚爲聖肅皇帝，廟號世祖。本書卷一有紀。

[10]肅宗：女真人。本名頗剌淑，又作蒲辣叔、蒲辣淑、蒲剌束。景祖第四子，繼世祖爲生女真部族節度使。1092 年至 1094 年在位。天會十四年，追謚爲穆憲皇帝，廟號肅宗。本書卷一有紀。

[11]穆宗：女真人。本名盈哥，又作楊割、楊哥。景祖烏古迺第五子，繼肅宗任生女真部族節度使。1094 年至 1103 年在位。天會十四年，追謚爲孝平皇帝，廟號穆宗。本書卷一有紀。

[12]康宗：女真人，本名烏雅束。世祖長子，繼穆宗任生女真部族節度使。1103 年至 1113 年在位。天會十四年，追謚爲恭簡皇帝，廟號康宗。本書卷一有紀。

[13]太祖：本名阿骨打，漢名旻。金朝開國皇帝，1115 年至 1123 年在位。本書卷二有紀。

[14]睿宗：本名訛里朵，又名宗輔、宗堯，太祖子，世宗父。死後陪葬睿陵，追封潞王，謚襄穆。世宗即位，追上尊謚立德顯仁啟聖廣運文武簡肅皇帝，廟號睿宗。本書卷一九《世紀補》有紀。

[15]昭德皇后：烏林荅氏，世宗元配。大定二年（1162）追册爲昭德皇后，章宗大定二十九年改謚爲明德皇后。本書卷六四有傳。

舊制，太廟、皇考廟樂工各三十九人。大定二十九年，升祔顯宗，[1]有司以爲“宋之太廟、別廟，堂上樂各四十八人，今之樂工少十八人，擬令皇考廟舊樂工皆充兩廟堂上樂，以應前代九十六人之數”。尚書省議“古樂工無定數”，[2]遂奏太廟、别廟通以百人爲定。明昌六年，剏設宫縣，樂工一百五十六人。

承安三年，[3]勑“祭廟用教坊奏古樂，非禮也。其自今召百姓材美者，給以食直，教閲以待用”。泰和元年，[4]命宫縣樂工月給錢粟二貫石，遇正樂工闕，驗色收補。四年，尚書省奏：“宫縣樂工總用二百五十六人，而舊所設止百人，時或用之即以貼部教坊閲習。自明昌間，以渤海教坊兼習，而又創設九十二人。且宫縣之樂須行大禮迺始用之，若其數復闕，但前期遣漢人教坊及大興府樂人習之，[5]亦可備用。”遂詔罷創設者。

宣宗南遷，祔諸帝主於汴京太廟。禮官言：“祔享禮畢，車駕還宫，至承天門外，[6]百官奉迎，宫縣奏采茨。”[7]以樂簴未備，遂止用教坊樂。哀宗遷蔡，[8]天興二年七月丁巳，[9]太祖、太宗及后妃御容至自汴京，[10]奉安於乾元寺。[11]左宣徽使温敦七十五奏當用樂。[12]上曰：“樂須太常，奈何？”七十五曰：“市有優樂，可假用之。”權左右司員外郎王鶚奏曰：[13]“世俗之樂，豈可施于帝王之前。”遂止。

[1]升祔：升入祖廟附祭於先祖。

[2]尚書省：官署名。海陵王罷中罷、門下兩省後成爲全國最高政務機關，下屬機構有吏、户、禮、兵、刑、工六部及左、右司。長官爲尚書令，正一品。

[3]承安：金章宗年號（1196—1200）。

[4]泰和：金章宗年號（1201—1208）。

[5]大興府：原名析津府。貞元元年（1153）更名永安，貞元二年更此名。治所在今北京市。

[6]承天門：宫門名。爲南京路開封府皇宫正北門。

[7]采茨：表現皇族郊遊樂趣的樂曲。詳見本書卷四〇《樂志下》。

[8]蔡：州名。治所在今河南省汝南縣。

[9]天興：金哀宗年號（1232—1234）。

[10]御容：指帝后的畫像。

[11]乾元寺：佛寺名。在蔡州城内。

[12]左宣徽使：宣徽院長官。掌朝會、燕享，凡殿庭禮儀及監知御膳。正三品。　温敦七十五：又作“温都七十五”。其他事迹不詳。

[13]權左右司員外郎：權，代理。左右司員外郎，金尚書省左司和右司各置員外郎一員，正六品。　王鶚：曹州東明（今山東省東明縣）人。字百一。《元史》卷一六〇有傳。

樂舞名數。太廟登歌，鐘一簴，磬一簴，歌工四，籥二，[1]塤二，[2]篪二，[3]笛二，巢笙二，和笙二，[4]簫二，七星匏一，[5]九耀匏一，閏餘匏一，搏拊二，[6]柷一，[7]敔一，[8]麾一，[9]一弦琴、三弦琴、五弦琴、七弦琴、九弦琴各二，[10]瑟四。[11]别廟登歌並同。親祠則用金鐘、玉磬，攝祭則用編鐘、編磬。

宫縣樂三十六簴：編鐘十二簴，編磬十二簴，大鐘、鎛鐘、特磬各四簴。[12]建鼓、應鼓、鞞鼓各四，[13]路鼓二，路鼗二，[14]晋鼓一，[15]巢笙、竽笙各十，[16]簫十，籥十，篪十，笛十，塤八，一絃琴三，三絃、五絃、七絃、九絃琴各六，瑟十二，柷一，敔一，麾一。

文舞所執籥、翟各六十四，[17]武舞所執朱干、玉戚各六十四，[18]引舞所執旌二，纛二，[19]牙杖二，[20]單鼗二，單鐸二，[21]雙鐸二，金鐃二，[22]金錞二，[23]金鉦二，[24]相鼓二，雅鼓二。[25]

有司攝祭，宫縣二十簴：編鐘四，編磬四，辰鐘十二。建鼓四，路鼓四，路鼗二，晋鼓一，巢笙、竽笙、簫、塤、篪、笛各八，一絃琴三，三絃、五絃、七絃、九絃琴各六，瑟八，柷、敔各一，麾一。登歌及二舞引舞所執與親祠同。

[1]籥（yuè）：排簫，編管樂器。

[2]塤：陶製樂器。卵形，中空，頂端有吹孔，體有音孔。

[3]篪（chí）：管樂器。竹製，似今之笛而粗。

[4]巢笙二，和笙二：巢笙、和笙均爲管樂器。《爾雅·釋樂》："大笙謂之巢，小者謂之和。"

[5]匏（páo）：指以匏爲笙斗的笙。因笙原是以匏爲斗，用竹管插匏上，故笙爲匏屬。

[6]搏拊：打擊樂器。用皮革爲袋填入糠，以手擊節。

[7]柷（zhù）：木製打擊樂器。方桶狀，以木槌擊之發聲。

[8]敔（yǔ）：木製打擊樂器。狀如伏虎，脊部刻有齒形物，以木板刮奏。

[9]麾：麾幡，旌旗。作指揮用。

[10]琴：弦樂器。弦數不定，此處所以用一、三、五、七、九弦之琴本《宋史·樂志四》之説："漢津誦其師之説：古者聖人作五等之琴，琴主陽，一、三、五、七、九，生成之數也，師延拊一弦之琴，昔人作三弦琴，蓋陽之數成於三。伏羲作琴有五弦，神農氏爲琴七弦，琴書以九弦象九星。"按，"弦"同"絃"。

[11]瑟：弦樂器。似箏而大，常與琴合奏。

[12]特磬：一簴中懸一枚磬。

[13]建鼓：以大鼓穿徑爲方孔，貫柱其中，柱下有四足或重盤爲座。　應鼓：大鼓旁的小鼓，用與大鼓相應和。　鞞（pí）鼓：用於祀神之鼓，屬雷鼓一類。一説爲軍中所用之鼓。

[14]路鼓二，路鼗二：路鼓、路鼗皆爲四面的鼓、鼗，祭祀之用。

[15]晋鼓：與編鐘相和之鼓。

[16]竽笙：比巢笙還大的笙。《宋史·樂志四》："前古以三十六簧爲竽，十九簧爲巢，十三簧爲和。"

[17]翟：雉尾，舞具。《宋史·樂志二》："今文舞所秉翟羽，則集雉尾置於髹漆之柄。"

[18]朱干玉戚：干，盾牌。戚，大斧。皆爲舞具。

[19]纛（dào）：飾以犛牛尾或雉尾的大旗，古葬儀用以指揮靈柩之車。又作爲舞具，也用於軍中和天子的車飾。

[20]牙杖：飾以象牙的劍戟。

[21]鐸：大鈴，古代宣教政令用以警衆。文事用木鐸木舌銅匡，武事用金鐸銅舌銅匡。

[22]鐃：古樂器名。如鈴而大，有短柄，用時執柄，口朝上，以槌敲擊作響。用於軍中。

[23]錞（chún）：或稱"錞於"。銅製打擊樂器。

[24]鉦：或稱"丁寧"，形似鐘而狹長，有長柄，用時口向上，以槌敲擊。

[25]相鼓二，雅鼓二：相，本是舂米時以敲擊杵爲節奏而歌，後演化爲樂器。雅，木製打擊樂器。《宋史·樂志四》："以舞者迅疾，以雅節之，故曰雅鼓。相所以輔相於樂，今用節舞者之步，故曰相鼓。"

皇帝受册寶。[1]前期，大樂令與協律郎設樂縣於殿廷。[2]又設舉麾位二，一於殿西階，一於樂縣西北。又設登歌樂架於殿上。至日，侍中奏“外辦”，[3]宫縣樂作，皇帝迺出，即坐，樂止。奉寶入門，樂作，置褥位上，樂止。初引時宫縣樂作，至位立定，樂止。寶初行，樂作，至御前置訖，樂止。皇帝受寶訖，樂作，侍中奏“稱賀”，樂止。皇太子升殿，登歌樂作，復位，樂止。侍中奏“禮畢”，宫縣樂作，皇帝還幕次，[4]樂止。

御樓宣赦。前期，大樂署設宫縣於樓下，又設鼓一於宫縣之左。至日，金鷄初立，[5]大樂署擊鼓，立訖，鼓止。侍中奏“外辦”，大樂令撞黄鐘之鐘，右五鐘皆應，《昌寧之樂》作，皇帝迺出。宣讀訖，百官舞蹈，禮畢，大樂令撞蕤賓之鐘，左五鐘皆應，《昌寧之樂》作，皇帝降座，樂止。凡皇帝出入升降及分班合班，皆樂作，坐、立定迺止。

其册命中宫、皇太子、太孫，受外國使賀，宴外國使，皆用宫縣。

散樂。元日、聖誕稱賀，曲宴外國使，則教坊奏之。

其樂器名曲不傳。皇統二年宰臣奏：“自古並無伶人赴朝參之例，[6]所有教坊人員只宜聽候宣唤，不合同百寮赴起居。”從之。章宗明昌二年十一月甲寅，禁伶人不得以歷代帝王爲戲及稱萬歲者，以不應爲事重法科。泰和初，有司又奏太常工人數少，即以渤海、漢人教坊及大興府樂人兼習以備用。

[1]册寶：册書與寶璽。

[2]大樂令：太常寺下屬大樂署長官。掌調和律吕，教習音聲並施用之法。從六品。　協律郎：太常寺屬官。掌以麾節樂，調和律吕，監視音調。從八品。

[3]侍中：官名。門下省長官。金初例由丞相兼任。據本書《百官志一》，“天會四年，建尚書省，遂有三省之制”，此官應始設於天會四年。正隆元年（1156）“罷中書、門下省”，此官遂成爲宰相的加銜，故本書《百官志》不載。

[4]幕次：臨時搭起的帳篷。

[5]金鷄：指鷄竿。本書卷三六《禮志》：“少府監設鷄竿於樓下之左，竿上置大盤，盤中置金鷄，鷄口銜絳幡，幡上金書‘大赦天下’四字，卷而銜之。”

[6]伶人：古代樂人之稱，這裏指教坊樂工。

鼓吹樂，馬上樂也。

天子鼓吹、横吹各有前、後部，部又各分二節。金初用遼故物，其後雜用宋儀。海陵遷燕及大定十一年鹵簿，皆分鼓吹爲四節，其他行幸惟用兩部而已。

前部第一：鼓吹令二人、掆鼓十二、金鉦十二、大鼓百二十、長鳴百二十、鐃鼓一十二、歌二十四、拱辰管二十四、簫二十四、笳二十四、大横吹一百二十。[1]

前部第二：節鼓二、笛二十四、簫二十四、篳篥二十四、笳二十四、桃皮篳篥二十四、掆鼓十二、金鉦十二、小鼓百二十、中鳴百二十、羽葆鼓十二、歌二十四、拱辰管二十四、簫二十四。[2]

後部第一：鼓吹丞二人、掆鼓三、金鉦三、羽葆鼓十二、歌二十四、拱辰管二十四、簫二十四、笳二十四、節鼓二、鐃鼓十二、歌十六、簫二十四、笳二十四、小橫吹百二十。

後部第二：笛二十四、簫二十四、篳篥二十四、笳二十四、桃皮篳篥二十四。

［1］掆鼓：一種小鼓，奏樂時常先擊此鼓作爲前奏，引出大鼓。長鳴：號筒。　鐃鼓：一種軍鼓。　拱辰管：管樂器。原爲叉手笛，宋太祖時更名拱辰管。　笳：管樂器。與篳篥相似，又名胡笳。　大橫吹：管樂器。漢代由西域傳來的一種橫吹的笛。

［2］節鼓：一種放入木盤中的小鼓。宋人陳暘《樂書》卷一三八："江左清樂有節鼓，狀如奕局，朱髹畫其上，中間圓竅，適容鼓焉，擊之以節樂也。"　簫：排簫。　篳篥：管樂器。漢唐間從龜兹傳來，今民樂器管子的前身。又有桃皮篳篥，陳暘《樂書》卷一三二："桃皮捲而吹之，古謂之管木，亦謂之桃皮觱篥。"　羽葆鼓：以羽毛裝飾的鼓。

本朝樂曲。

世宗大定九年十一月庚申，皇太子生日，上宴于東宮，命奏新聲，謂大臣曰："朕製此曲，名《君臣樂》，今天下無事，與卿等共之，不亦樂乎。"辭律不傳。

十三年四月乙亥，上御睿思殿，[1]命歌者歌女直詞，[2]顧謂皇太子曰："朕思先朝所行之事，未嘗暫忘，故時聽此詞，亦欲令汝輩知女直醇質之風。至於文字、語言或不通曉，是忘本也。"

二十五年四月，幸上京，宴宗室于皇武殿，[3]飲酒樂，上諭之曰："今日甚欲成醉，此樂不易得也。昔漢高祖過故鄉，與父老歡飲，擊筑而歌，令諸兒和之。彼起布衣，尚且如是，况我祖宗世有此土，今天下一統，朕巡幸至此，何不樂飲。"于時宗室婦女起舞，進酒畢，群臣故老起舞，上曰："吾來故鄉數月矣，今迴期已近，未嘗有一人歌本曲者，汝曹來前，吾爲汝歌。"迺命宗室子叙坐殿下者皆上殿，面聽上歌。曲道祖宗創業艱難，及所以繼述之意。上既自歌，至慨想祖宗音容如覩之語，悲感不復能成聲，歌畢，泣下數行。右丞相元忠暨群臣宗戚捧觴上壽，[4]皆稱萬歲。於是諸老人更歌本曲，如私家相會，暢然歡洽。上復續調歌曲，留坐一更，極歡而罷。其辭曰：

猗歟我祖，[5]聖矣武元。[6]誕膺明命，功光于天。拯溺救焚，深根固蒂。克開我後，傳福萬世。無何海陵，淫昏多罪。反易天道，荼毒海内。自昔肇基，至于繼體。積累之業，淪胥且墜。[7]望戴所歸，不謀同意。宗廟至重，人心難拒。勉副樂推，肆予嗣緒。二十四年，兢業萬幾。億兆庶姓，懷保安綏。國家閑暇，廓然無事。迺眷上都，興帝之第。屬兹來游，惻然予思。風物減耗，殆非昔時。于鄉于里，皆非初始。雖非初始，朕自樂此。雖非昔時，朕無異視。瞻戀慨想，祖宗舊宇。屬屬音容，[8]宛然如睹。童嬉孺慕，歷歷其處。壯歲經行，恍然如故。舊年從游，依俙如昨，歡誠契闊，旦暮之若。于嗟闊别兮，云胡不樂。

[1]睿思殿：在中都大興府皇宫中。

[2]女直：即女真。

[3]皇武殿：在上京會寧府皇宫中，爲擊球校射之所。建於大定二十一年（1181）。

[4]右丞相：即尚書右丞相，爲宰相。從一品。　元忠：即烏古論元忠，本名訛里也。本書卷一二〇有傳。

[5]猗歟：嘆詞。表示贊美。

[6]武元：謚號。指金太祖完顔阿骨打。

[7]淪胥：淪陷、淪喪。

[8]屬屬：專心謹慎貌。

郊祀樂歌。

皇帝入中壝，宫縣黄鐘宫《昌寧之曲》：凡步武同。[1]“衮服穆穆，臨于中壝。瞻言圜壇，[2]皇皇后帝。禋祀肇稱，[3]馨香維德。爰暨百神，於昭受職。”降神，宫縣《乾寧之曲》《仁豐道洽之舞》。圜鐘爲宫，黄鐘爲角，太簇爲徵，姑洗爲羽。圜鐘三奏，黄鐘、太簇、姑洗皆一奏，詞並同：“我金之興，皇天錫羡。[4]惟神之休，爰兹郊見。有玉其禮，有牲其薦。將受厥明，來寧來燕。”皇帝盥洗，宫縣黄鐘宫《昌寧之曲》：“因天事天，惇宗將禮。[5]爰飭攸司，奉時罍洗。挹彼注兹，[6]迺陞壇陛。先事而虔，神勞豈弟。”[7]皇帝升壇，登歌大吕宫《昌寧之曲》：“相在國南，[8]崇崇其趾。[9]烝哉皇王，維時涖止。至誠通神，克禋克祀。於萬斯年，昊天其子。”昊天上帝，奠玉幣，登歌大吕宫《洪寧之曲》：“穆穆君王，有嚴有翼。[10]珮環鏘然，圜壇是陟。嘉德升聞，馨非黍稷。高明降監，百神受職。”皇地祇，《坤寧之曲》：“肅敬明祇，躬行奠贄。其贄維何？黄琮制幣。從祀群靈，咸秩厥位。惟皇能饗，允集熙事。”配位太祖皇帝，《永寧之曲》：“肇舉明禋，皇天后土。皇祖武元，爰作神主。功昭耆定，[11]歌以大吕。綏我思成，有秩斯祜。”司徒迎俎，[12]宫縣黄鐘宫《豐寧之曲》：“穆穆皇皇，天子躬祀。群臣相之，罔不敬止。俎豆畢陳，物其嘉矣。馨香始升，明神燕喜。”昊天上帝，酌獻，登歌大吕宫《嘉寧之曲》：“郊禋展敬，昭事上靈。太尊在席，有醑斯馨。酌言獻之，靈其醉止。福禄來宜，以答明祀。”皇地祇，《泰寧之曲》：“衮服穆穆，臨彼泰折。[13]於昭神宫，埋幣瘞血。爰稱匏爵，[14]斟言薦潔。方興常安，[15]扶我帝業。”配位太祖皇帝，《燕寧之曲》：“烝哉高后，[16]肇迪丕基。[17]功與天合，配天以推。薦時清旨，孔肅其儀。來寧來燕，福禄綏之。”文舞退，武舞進，宫縣黄鐘宫《咸寧之曲》：“奉祀郊丘，雲門變舞。進秉朱干，停揮翟羽。於昭睿文，復肖聖武。無疆維烈，天子受祜。”亞終獻，宫縣黄鐘宫《咸寧之曲》《功成治定之舞》：“掃地南郊，天神以娭。於皇君王，克禋克祀。交於神明，玄酒陶器。[18]誠心靖純，非貴食味。”皇帝飲福，登歌大吕宫《福寧之曲》：“所以承天，無過乎質。天其祐之，惟精惟一。泰尊爰挹，馨香薦德。惠我無疆，子孫千億。”徹豆，登歌大吕宫《豐寧之曲》：“大禮爰陳，爲豆孔碩。肅肅其容，於顯百辟。[19]皇靈降監，馨聞在德。明禋斯成，孚休罔極。”[20]送神，宫縣圜鐘宫《乾寧之曲》：“赫赫上帝，臨監禋祀。居然來歆，[21]昭答祖配。圜壇四成，神安其位。升歌贊送，天人悦喜。”

[1]凡步武同：原爲大字正文，今據中華點校本改。

[2]瞻言：瞻，明見；言，助詞，無義。　圜壇：即圜丘。

[3]禋祀：古代祭天的一種禮儀。先燔柴升煙，再加牲體或玉帛於柴上焚燒。這裏泛指祭祀。

[4]錫：通“賜”。　羡：福。

[5]惇宗將禮：惇，厚；宗，崇；將，大。《尚書·洛誥》：“惇宗將禮。”孔穎達疏云：“厚尊大禮。”

[6]挹：舀，把液體盛出來。

[7]豈弟：和樂平易。

[8]相：司儀贊禮。　國南：指國都南郊。

[9]跐：禮儀。

[10]翼：恭敬。

[11]耆定：達成。

[12]司徒：三公之一。正一品。

[13]泰折：古代祭地神之處，在都城北郊。

[14]匏爵：匏製的爵，古人於祭天時用之。後世相承，用爲郊祀的禮器。

[15]方輿：指大地。

[16]烝：美。

[17]迪：開。　丕：大。

[18]玄酒：古代祭禮中當酒用的清水。

[19]百辟：百官。

[20]孚：信。　休：美善。

[21]歆：饗，祭祀時神靈享受祭品、香火。

方丘樂歌。

迎神，《鎮寧之曲》。林鐘宫再奏，太蔟角再奏，姑洗徵再奏，南吕羽再奏，詞同："至哉坤儀，萬彙資生。稱物平施，流謙變盈。[1]禮修泰折，祭極精誠。皇皇靈睠，永奠寰瀛。"初獻盥洗，太蔟宫《肅寧之曲》："禮有五經，[2]無先祭禮。[3]即時伸虔，惟時盥洗。品物吉蠲，[4]威儀濟濟。錫之純嘏，[5]來歆愷悌。"[6]初獻升壇，應鐘宫《肅寧之曲》："無疆之德，至哉坤元。沉潛剛克，資生實蕃。方丘之儀，惟敬無文。神其來思，時歆薦殷。"[7]初獻奠玉幣，太蔟宫《億寧之曲》："禮行方澤，文物備舉。惟皇地祇，昭假來下。[8]奠瘞玉帛，純誠内著。神保是享，陟降斯祜。"司徒捧俎，太蔟宫《豐寧之曲》："四階秩儀，壇於方澤。昭事皇祇，即陰以墌。[9]潔肆於祊，[10]孔嘉且碩。神其福之，如幾如式。"正位酌獻，太蔟宫《溥寧之曲》："蕩蕩坤德，物無不載。柔順利貞，含洪光大。籩豆既陳，金石斯在。四海永寧，福禄攸介。"[11]配位酌獻，配太宗也。太蔟宫《保寧之曲》：詞闕。亞終獻升壇，太蔟宫《咸寧之曲》："卓彼嘉壇，奠玉方澤。百辟祗肅，八音純繹。祀事孔明，柔祇感格。"徹豆，應鐘宫《豐寧之曲》："修理方丘，吉蠲是宜。籩豆静嘉，登於有司。芬芬馨香，來享來儀。郊儀將終，聲歌徹之。"送神，林鐘宫《鎮寧之曲》："因地方丘，濟濟多儀。樂成八變，靈祇格思。薦餘徹豆，神貺昭垂。[12]億萬斯年，永祐丕基。"

詣望燎位，太蔟宫肅寧之曲。詞同升壇。

［1］流謙：謙抑。劉向《説苑·敬慎》："夫天道毁滿而益謙，地道變滿而流謙。"

［2］五經：五禮，即吉禮、凶禮、賓禮、軍禮、嘉禮。

［3］無先：無，句首助詞，無義。無先即先。

［4］吉蠲：謂祭祀前選擇吉日，齋戒沐浴。

［5］純：大。　嘏：福。

［6］愷悌：同"愷弟"。

［7］薦殷：即"殷薦"，用盛樂薦祭上帝。

［8］昭假：向神禱告，昭示其誠敬之心以達於神。

［9］墉：基址。

［10］祊：古代在宗廟門内設祭之處。

［11］攸：語助詞，無義。　介：大。

［12］貺（kuàng）：賜給、賜予。

金史　卷四〇

志第二十一

樂下

宗廟樂歌　殿庭樂歌　鼓吹導引曲　采茨曲

宗廟樂歌[1]

禘祫親饗，[2] 皇帝入門，宮縣無射宫《昌寧之曲》：[1] 出、入步武同。[4] “惟時升平，禮儀肇興。鳴鑾至止，穆穆造庭。[5] 百辟卿士，[6] 恪謹迎承。恭款祖考，[7] 神宇攸寧。”皇帝升殿，登歌夾鐘宫《昌寧之曲》：[8] 升階及將還板位，[9] 皆同登歌。“笙鏞既陳，[10] 罍樽在户。[11] 升降有容，惟規惟矩。恭敬明神，上儀交舉。永言保之，承天之祜。”[12] 皇帝盥洗，宮縣無射宫《昌寧之曲》：“惟水之功，潔净精微。洗爵奠斝，[13] 于德有輝。皇皇穆穆，宗廟之威。宜其感格，福祉交歸。”皇帝降階，宮縣無射宫《昌寧之曲》：“於皇神宫，象天清明。有來肅肅，相維公卿。禮儀卒度，君子攸寧。孔時孔惠，[14]

綏我思成。”迎神，宫縣《來寧之曲》。黄鐘宫三奏，大吕角二奏，大蔟徵二奏，應鐘羽二奏，詞同：“八音克諧，[15]百禮具舉。明德維清，至誠永慕。神之格思，雲軿風馭。[16]來止來臨，千祀燕處。”司徒引俎，宫縣無射宫《豐寧之曲》：“維牲維犧，齊明致祠。我將我享，吉蠲奉之。[17]博碩肥腯，[18]神嗜爲宜。千秋歆此，永綏黔黎。”[19]

[1]宗廟樂歌：原無，中華點校本以爲據文例當有。

[2]禘祫：古代帝王祭祀始祖的一種隆重儀禮。歷代説解不一，或禘祫分稱義别，或禘祫合稱義同。　親饗：帝王祭獻於祖廟。

[3]宫縣：指懸挂着的鐘磬。因宫室四面有墻，故像宫室那樣四面擺設鐘磬謂之宫縣，爲天子所專用。縣，即樂縣，與“懸”通。　無射：樂律名。中國傳統的音名稱作十二律吕，依次爲黄鐘、大吕、太族、夾鐘、姑洗、仲吕、蕤賓、林鐘、夷則、南吕、無射、應鐘。　宫：傳統樂理中“五音”之一。五音爲宫、商、角、徵、羽。

[4]步武：脚步。

[5]穆穆：儀容和美。　造：到。

[6]百辟：百官。

[7]款：誠。

[8]登歌：古代祭典、大朝會以及宴饗時登堂而歌。

[9]板位：牌位、神位。

[10]鏞：大鐘。

[11]罍：古代一種盛酒的容器。

[12]祜：福。

[13]斝（jiǎ）：圓口三足酒器。

[14]孔：美好。

[15]八音克諧：八音，我國古代對樂器的統稱，通常爲金、石、絲、竹、匏、土、革、木八種不同質材所製。克，能。諧，和。《尚書·舜典》："詩言志，歌永言，聲依永，律和聲。八音克諧，無相奪倫，神人以和。"

[16]軿：并。

[17]吉蠲：謂祭祀前選擇吉日，齋戒沐浴。

[18]腯：肥。

[19]黔黎：黔首黎民，指百姓。

始祖酌獻，[1]宫縣無射宫《大元之曲》："惟酒既清，惟殽既馨。苾芬孝祀，[2]在廟之庭。羞於皇祖，[3]來燕來寧。象功昭德，先祖是聽。"德皇帝，[4]《大熙之曲》："萬方欣戴，鴻業創基。瑶源垂裕，[5]綿瓞重熙。[6]式崇毖祀，[7]爰考成規。籩豆有楚，[8]益臻皇儀。"安皇帝，[9]《大安之曲》："爰圖造邦，載德其昌。皇儀允穆，誕集嘉祥。明誠昭格，積厚流光。秪嚴清廟，[10]鐘石琅琅。"獻祖，[11]《大昭之曲》："惟聖興邦，經始之初。鳩民化俗，[12]還定攸居。迪德純儉，[13]志規遠圖。時哉顯祀，精誠有孚。"昭祖，[14]《大成之曲》："天啟璇源，[15]貽慶定基。率義爲勇，施德爲威。耀武拓境，功烈巍巍。永昌皇祚，均福黔黎。"

[1]酌獻：設樂供神。

[2]苾芬：猶芬芳，指祭品的馨香。　孝祀：祭祀，享祭。

[3]羞：進獻。

[4]德皇帝：女真人。本名烏魯，始祖長子，繼始祖之後爲完顔部首領。金天會十四年（1136）追謚爲德皇帝。本書卷一有紀。

[5]瑶源：指帝王的族系，泛指家世不凡的人。

[6]綿瓞（dié）：即“綿綿瓜瓞”。《詩·大雅·緜》：“緜緜瓜瓞，民之初生。”毛傳：“緜緜，不絶貌。瓜，紹也。瓞，瓝也。”後因以“綿綿瓜瓞”喻子孫綿延不絶。　熙：興盛。

[7]毖：謹慎。

[8]籩豆：古代祭祀燕享時，用來盛棗栗之類的竹器和盛菹醢之類的高脚木器。　楚：整齊。

[9]安皇帝：女真人。本名跋海，德帝長子，繼德帝之後爲女真完顏部首領。金天會十四年，追謚爲安皇帝。本書卷一有紀。

[10]秖：當做“祗”，敬。

[11]獻祖：女真人。本名綏可，安帝長子，繼安帝之後爲女真完顏部首領。金天會十四年，追謚爲定昭皇帝，廟號獻祖。本書卷一有紀。

[12]鳩：安定。

[13]迪：蹈，實踐。

[14]昭祖：女真人。本名石魯，獻祖長子，繼獻祖之後爲女真完顏部首領。金天會十四年，追謚爲成襄皇帝，廟號昭祖。本書卷一有紀。

[15]璇源：指皇族。亦作“璿源”“琁源”。

景祖，[1]《大昌之曲》：“丕顯鴻烈，[2]基緒隆昌。聖期誕集，邦宇斯張。尊嚴廟祏，[3]昭格休祥。煌煌縟典，億載彌光。”世祖，[4]《大武之曲》：“桓桓伐功，[5]天監其明。惟威震疊，惟德綏寧。神策無遺，鴻圖以興。曾孫孝祀，適昭厥成。”[6]肅宗，[7]《大明之曲》：“於皇神人，[8]武烈文謨。[9]左右世祖，懷柔掃除。威震遐邇，化漸蟲魚。垂光綿永，成帝之孚。”穆宗，[10]

《大章之曲》："烝哉文祖，[11]欽聖弘淵。慈愛忠信，典策昭然。歆此明祀，[12]繁祉綿綿。[13]時純熙矣，流慶萬年。"康宗，[14]《大康之曲》："惟明惟聽，曄曄神功。[15]儀刑世業，昭格上穹。持盈孝孫，薦芳斯豐。錫我祉福，皇化益隆。"

[1]景祖：女真人。本名烏古迺，昭祖長子，繼昭祖之後爲女真完顔部首領，任遼朝生女真部族節度使，形成以完顔部爲中心的女真軍事大聯盟，爲後來金朝建國奠定了基礎。金天會十四年，追謚爲惠桓皇帝，廟號景祖。本書卷一有紀。

[2]丕：大。

[3]祏：古代宗廟裏藏神主的石匣。

[4]世祖：本名劾里鉢，景祖第二子，繼景祖任遼朝生女真部族節度使。1074 年至 1092 年在位。金天會十四年，追謚爲聖肅皇帝，廟號世祖。本書卷一有紀。

[5]桓桓：威武勇猛的樣子。

[6]遹：句首助詞，無義。

[7]肅宗：女真人。本名頗剌淑，又作蒲辣叔、蒲辣淑、蒲剌束。景祖第四子，繼世祖爲生女真部族節度使。1092 年至 1094 年在位。天會十四年，追謚穆憲皇帝，廟號肅宗。本書卷一有紀。

[8]於：句首的語氣詞，無義。

[9]謨：計策、謀劃。

[10]穆宗：女真人。本名盈哥，又作楊割、楊哥。景祖烏古迺第五子，繼肅宗任生女真部族節度使。1094 年至 1103 年在位。天會十四年，追謚爲孝平皇帝，廟號穆宗。本書卷一有紀。

[11]烝：美。

[12]歆：饗，祭祀時神靈享受祭品、香火。

[13]祉：福。

[14]康宗：女真人。本名烏雅束。世祖長子，繼穆宗任生女真部族節度使。1103年至1113年在位。天會十四年，追謚爲恭簡皇帝，廟號康宗。本書卷一有紀。

[15]曄曄：盛大的樣子。

太祖，《大定之曲》："功超殷周，德配唐虞。天人協應，平統寰區。開祥垂裕，肇基永圖。明明天子，敬承典謨。"太宗，《大惠之曲》："巍巍德鴻，無爲端扆。[1]祚承神功，究馴俗孅。[2]清宫緝熙，[3]孝毖時祀。欽奠羞誠，犧樽嘉旨。"熙宗，《大同之曲》："昭顯令德，神基丕承。對越在天，享用躋升。於穆清廟，來燕來寧。神其醉止，惟欽克誠。"睿宗，《大和之曲》："皇祖開基，周武殷湯。猗歟聖考，[4]嗣德彌光。啟佑洪緒，長發其祥。嚴恭廟享，萬世烝嘗。"世宗，《大鈞之曲》："神之來思，甫登于堂。祼圭有瓚，[5]秬鬯芬芳。巍巍先功，啟祐無疆。萬年肆祀，孝心不忘。"顯宗，《大寧之曲》："於皇神宫，有嚴惟清。吉蠲孝祀，惟神之寧。對越在天，綏我思誠。敷祐億年，邦家之慶。"章宗，《大隆之曲》："兩紀踐阼，[6]萬方寧康。文經天地，武服遐荒。禮備制定，德隆業昌。居歆典祀，億載無疆。"宣宗，《大慶之曲》："猗歟聖皇，三代之英。功光先后，德被群生。牲粢惟馨，鼓鐘其鏗。神兮來思，歆于克誠。"

[1]端扆（yǐ）：猶言垂拱而治。扆，古代宫殿内門和窗之間的地方。

[2]媺：同“美”。

[3]緝熙：光明。

[4]猗歟：嘆詞，表示贊美。

[5]祼：古代帝王、王后祭祀時，以香酒灌地以腥熟之食獻神的禮儀。　瓚：古代祭祀用的一種像勺子的玉器。

[6]紀：十年。　阼：原作“祚”，今據中華點校本改。

文舞退，[1]武舞進，[2]宮縣無射宮《肅寧之曲》：“明明先皇，神武維揚。開基垂統，萬世無疆。干戚象功，[3]威儀有光。神保是饗，昭哉降康。”亞終獻，[4]無射宮《肅寧之曲》：“涓辰之休，[5]昭祀惟恭。威儀陟降，惟禮是從。籩豆靜嘉，於論鼓鐘。惟皇受祉，監斯德容。”皇帝飲福，登歌夾鐘宮《福寧之曲》：“犧牲充潔，粢盛馨香。來格來享，精神用彰。飲此純禧，簡簡穰穰。[6]文明天子，萬壽無疆。”徹豆，登歌夾鐘宮《豐寧之曲》：“孝祀肅睦，明德以薦。樂奏九成，禮終三獻。百辟卿士，進徹以時。小大稽首，神保聿歸。”[7]送神，宮縣黃鐘宮《來寧之曲》：“潔兹牛羊，清兹酒醴。三獻攸終，神既燕喜。神之去兮，載錫繁祉。萬壽無疆，永保禋祀。”

郊祀前，朝享太廟樂歌。皇帝入門，宮縣無射宮《昌寧之曲》：“郊將升禋，廟當告虔。錫鑾戾止，[8]孝寔奉先。祀事斯舉，有序無愆。祗見祖考，神意懽然。”皇帝升殿，登歌夾鐘宮《昌寧之曲》：“皇皇天子，升自阼階。奠見祖禰，肅然有懷。百禮已洽，八音克諧。既昌且寧，萬福沓來。”迎神，宮縣《來寧之曲》。黃鐘宫三奏，大吕角二奏，太蔟徵二奏，應鐘羽二奏，詞同："以實應天，報本反始。潔粢豐盛，禮先肆祀。風馬雲車，神之弔矣。來止來宜，而燕翼子。"皇帝盥洗，宫縣無射宫《昌寧之曲》："有水于罍，有巾于篚。帨手拭爵，[9]圭衮有煒。玄酒大羹，德馨維菲。萬年昌寧，皇皇負扆。"皇帝陞階，宫縣無射宫《昌寧之曲》：降階，同。"巍巍京師，有嚴神宫。聖主戾止，多士雲從。來享來獻，肅肅其容。將昭大報，庸示推崇。"司徒奉俎，宫縣無射宫《豐寧之曲》："陳其犧牲，惟純與精。苾芬孝祀，於昭克誠。不疾瘯蠡，[10]或剥或亨。[11]洋洋在上，以交神明。"

[1]文舞：古代宫廷雅樂舞蹈，用於郊廟祭祀。

[2]武舞：與"文舞"相對，用於郊廟祭祀及朝賀、宴享等大典。

[3]干戚：武舞所執之具。干，盾；戚，斧。

[4]亞終獻：古代祭祀時獻酒三次，第二次獻酒稱"亞獻"，第三次稱"終獻"。

[5]涓辰：選擇吉時。

[6]簡簡：廣大、盛大的樣子。

[7]聿：助詞，無義。

[8]戾止：來臨、來到。

[9]帨（shuì）：用巾擦手。

[10]瘯（cù）蠡：畜病名。

[11]剥：《周易》六十四卦之一，這裏指不利。

始祖酌獻，宫縣《大元之曲》："猗歟初基，兆我王迹。其命維新，貽謀丕赫。[1]緜緜瓜瓞，國步日闢。堂構之成，焜煌今昔。”[2]獻祖，《大昭之曲》：“以聖繼興，成王之孚。民從其化，咸奠攸居。清廟觀德，[3]猗歟偉歟。金石備樂，以奉神娱。”昭祖，《大成之曲》：“東夷不庭，皇祖震怒。神武削平，貽厥聖緒。猶室有基，垣墉迺樹。[4]億萬斯年，天保孔固。”景祖，《大昌之曲》：“於皇藝祖，[5]其智如神。修法施令，百度惟新。疆宇日廣，海隅咸賓。功高德厚，耀耀震震。”世祖，《大武之曲》：“於皇先王，昭假于天。長駕遠馭，麾斥無前。王業猶生，孫謀有傳。圓壇展禮，敢先告虔。”肅宗，《大明之曲》：“猗歟前人，簡惠昭融。相我世祖，成兹伐功。敷佑來葉，[6]帝圖其隆。將修熙事，先款神宫。”穆宗，《大章之曲》：“仁慈忠信，惟祖之休。功光岐下，[7]迹掩商丘。[8]言瞻清廟，懷想前修。神其來格，歆兹庶羞。”康宗，《大康之曲》：“猗歟前王，惠我無疆。儀刑典法，日靖四方。永言孝思，於乎不忘。昭告大祀，祗率舊章。”太祖，《大定之曲》：“天生聰明，俾乂烝人。[9]惟此二國，爲我敺民。[10]撻彼威武，萬邦咸賓。明昭大報，推而配神。”太宗，《大惠之曲》：“維清緝熙，於昭明德。我其收之，駿奔萬國。南郊肇修，大典增飾。清廟吉蠲，純禧申錫。”睿宗，《大和之曲》：“維時祖功，肇開神基。昭哉聖考，其德增輝。上動天監，明命攸歸。謀貽翼子，無疆之辭。”

[1]貽：遺留。
[2]焜：光明。

［3］清廟：即太廟。

［4］垣墉：墻。

［5］藝祖：太祖或高祖的通稱。

［6］來葉：指未來。葉，世。

［7］岐：地名。在今陝西省岐山縣東北。《詩·大雅·緜》："古公亶父，來朝走馬，率西水滸，至於岐下。"這裏指周朝。

［8］商丘：在今河南省商丘市。傳説堯時商人先祖閼伯居商丘。這裏指商代。

［9］俾乂：使治理。　蒸：通"烝"，衆多。

［10］毆：通"嫗"，養育。

文舞退，武舞進，宫縣《肅寧之曲》："先皇開基，比迹殷湯。功加天下，武德彌光。容舞象成，干戈戚揚。於昭報本，懷哉不忘。"亞終獻，宫縣《肅寧之曲》："於皇宗祊，[1]朝獻維時。芬芬酒醴，棣棣威儀。[2]誠則有餘，神之格思。神孫千億，神其相之。"皇帝飲福，登歌夾鐘宫《福寧之曲》："皇皇穆穆，丕承丕基。躬親于禋，載肅載祗。對越在天，[3]神歆其誠。于以飲酒，如川之增。"徹豆，登歌夾鐘宫《豐寧之曲》："物維其時，既豐且旨。苾苾德馨，[4]或將或肆。神之居歆，洽于百禮。於萬斯年，穰穰介祉。"送神，宫縣黄鐘宫《來寧之曲》："濟濟多儀，皇皇雅奏。獻終反爵，薦餘徹豆。神監昭回，有秩斯祐。無疆之福，申錫厥後。"

昭德皇后别廟，郊祀前薦享，登歌樂曲。

初獻盥洗，夷則宫《肅寧之曲》："神無常享，時歆精誠。惟誠惟潔，感通神明。先事盥滌，注兹清泠。巾篚既奠，尊彝薦馨。”初獻升、降殿，中吕宫《嘉寧之曲》：“有來肅肅，登降以敬。粲粲袨服，[5]鏘鏘佩聲。金石節奏，既協且平。其儀不忒，迺終有慶。”司徒奉俎，奏夷則宫《豐寧之曲》：“馨我黍稷，潔我牲牷。降升有節，薦是吉蠲。工祝致告，威儀肅然。神之弔矣，元吉其旋。”酌獻，奏夷則宫《儀坤之曲》：“俔天之妹，[6]坤德利貞。圜丘有事，先薦以誠。我酒既旨，我殽既盈。神其居饗，福禄來成。”徹豆，奏中吕宫《豐寧之曲》：“明昭祀事，舊典無違。樂既云闋，神其聿歸。禮之克成，神保斯饗。於萬斯年，迓續丕貺。”[7]

祫禘有司攝事。

初獻盥洗，宫縣無射宫《肅寧之曲》：“祀事之大，齊栗爲先。潔精以獻，沃盥于前。既灌以升，迺薦豆籩。神其感格，歆于吉蠲。”升自西階，登歌奏夾鐘宫《嘉寧之曲》：餘並同親祀。“國有太宫，[8]合食以禮。[9]躋階肅肅，降陛濟濟。鏘然純音，節迺容止。神之格思，永綏福履。”

時享，攝事登歌樂章。

初獻盥洗，無射宫《肅寧之曲》：“酌彼行潦，[10]維挹其清。潔齊以祀，祀事昭明。顯允辟公，沃盥迺升。神之至止，歆于克誠。”初獻升殿，夾鐘宫嘉寧之曲：餘同親祀，惟不用宫縣。“濟濟在庭，祇薦有序。雍容令儀，旋規折矩。爰徂于基，鳴珮接武。敬恭神明，來寧來處。”

[1]宗祊（bēng）：宗祀、宗廟。

[2]棣棣：雍容嫻雅貌、安和貌。亦作“逮逮”。

[3]對越：頌揚。

[4]苾苾：香氣濃郁。

[5]袨服：古代黄色的盛裝。

[6]俔天：譬喻如天，表示尊崇的意思。俔，譬喻。《詩·大雅·大明》：“大邦有子，俔天之妹。”

[7]迓：迎。

[8]太宫：太廟。

[9]合食：猶合祭。

[10]行潦：路上的積水。《左傳·隱公三年》：“潢污行潦之水。”孔穎達疏引服虔注：“畜小水謂之潢，水不流謂之污，行潦，道路之水是也。”

昭德皇后時享，登歌樂章。

初獻盥洗，無射宫《肅寧之曲》：“時祀有章，禮備樂舉。爰潔其盥，亦豐其俎。俯仰升降，中規中矩。神其來格，百福是與。”初獻升殿，夾鐘宫《嘉寧之曲》：三獻及司徒降，同。“假哉神宫，[1]神宫有侐。[2]惟時吉蠲，登降翼翼。歌鐘鏘煌，笙磬翕繹。[3]於昭肅恭，靈鼇來格。”[4]司徒奉俎，無射宫《豐寧之曲》：“宫庭枚枚，[5]鐘磬喤喤。[6]既儀圭鬯，既奠膋薌。[7]齊莊奉饋，籩豆大房。靈之右饗，流慶無疆。”酌獻，無射宫《儀坤之曲》：“於皇坤德，作合乾儀。塗山懿範，[8]京室芳徽。[9]容聲如在，典祀惟時。神其克享，薦祉來宜。”亞終獻，無射宫《儀坤之曲》：“嘉羞實俎，高張在庭。申獻合禮，終獻改申爲三。坤德儀刑。神其是聽，用鬯清明。清明既卽，來享來寧。”徹豆，夾鐘宫《豐寧之曲》：“禮成於終，神心禔禔。[10]瞀蕭發馨，[11]樂闋獻已。徒馭孔多，靈輿載轙。青玄悠悠，歸且億矣。”

宣孝太子别廟，登歌樂章。

初獻升殿，夾鐘宫《承安之曲》：“有腯斯牲，[12]有馨斯齊。美哉洋洋，升降以禮。禮容既莊，樂亦諧止。神之格思，式歆明祀。”酌獻，無射宫《和寧之曲》：“於惟光靈，孝德昭宣。高麗有奕，來寧來燕。於薦惟袷，既時既蠲。從我烈祖，載享億年。”亞終獻，《和寧之曲》：“金石和奏，豆籩惟豐。祠宫奉事，齊敬精衷。笙吟伊浦，鶴駐緱峰。[13]是保是饗，靈德無窮。”徹豆，夾鐘宫《和安之曲》：“寢成奕奕，今兹其時。明稱肇祀，將禮之儀。侯安以懌，羞嘉且時。樂闋獻已，神其饗思。”

大定三年十月，追上睿宗册寶，應鐘宫《顯寧之曲》：“天開休運，積仁而昌。命兹昭考，敢忘顯揚。上儀肇舉，涓日之良。[14]來格來享，惠我無疆。”

大定十九年，升祔熙宗册寶樂曲：“恢大帝業，敉寧多方。懿德茂烈，金書發揚。肇舉上儀，涓擇吉日。鴻名赫赫，與天無極。”

上册寶，宫縣《静寧之曲》：“日卜其吉，承祀孔肅。廣號追崇，孝心克篤。於乎悠哉，來思晬穆。[15]寶册既陳，委於宗祝。”皇帝降殿，宫縣鴻寧之曲：“繼世隆昌，臨朝静默。追謚鴻名，發輝潛德。玉質金章，煌煌簡册。涓辰展儀，永傳無極。”

[1]假：大。

[2]侐：清静、寂静。

[3]翕繹：音聲和諧相續。

[4]釐：吉祥。

[5]枚枚：細密貌。

[6]喤喤：形容大而和諧的聲音。

[7]膋（liáo）：脂肪。這裏指祭祀用肉。　薌（xiāng）：香。

[8]塗山：指夏禹的妻子塗山氏。

[9]京室：指太姜，周太王妃。太王曾與其一起察看土地，率領周人自邠地遷至岐山之南周原定居。《詩·大雅·思齊》："思媚周姜，京室之婦。"

[10]禗禗：不安貌。

[11]蕭：香蒿。

[12]腯：肥。

[13]緱峰：山名。在河南省偃師市。王子喬曾在此修道成仙，後因以爲修道成仙之典。

[14]涓日：涓吉，選擇吉日。

[15]晬穆：温潤端莊。

殿庭樂歌。

大定七年正月，上册寶，皇帝將升御座，宫縣奏太簇宫《泰寧之曲》：[1]降座，同。[2]"德隆帝位，承天而興。侯邦來庭，民居安寧。歸美以報，傳之無極。鴻名徽稱，壽時萬億。"册寶入門，奏《天保報上之曲》："四方既平，功歸聖明。定功巍巍，丕享鴻名。股肱良哉，揄揚元首。[3]儲精優游，南山等壽。"奉册寶官將復班位，奏《歸美揚功之曲》："聖德高明，萬邦咸休。錙銖唐虞，糠粃商周。維時群臣，對敭稽首。[4]天子明明，令聞不朽。”册寶初行，奏《和寧之曲》：册寶將升殿，皇太子自侍立位至降階，曲並同。“四方攸同，昭哉成功。時和年豐，諸福來崇。英聲昭騰，和氣充塞。於乎皇王，維壽時億。”皇太子升殿賀，奏《同心戴聖之曲》：“穆清皇風，遐方來同。於昭于天，物和歲豐。丕受鴻名，對揚偉蹟。純釐穰穰，敷錫罔極。”上壽，皇帝將升御座，宫縣《和寧之曲》。同前。舉酒，《萬壽無疆之曲》：“四海太平，吾皇之功。群臣對揚，誕受鴻名。霞觴瓊腴，[5]君王樂豈。皇天垂休，萬壽無極。”皇太子升階、降階，及與宴官升殿，並奏《和寧之曲》。同前。進第一爵，登歌奏《王道昌明之曲》：“對天鴻休，于以鋪張。巍巍煌煌，超冠百王。皇圖皇綱，時維明昌。祉福無疆，于民敷揚。”行群官酒，宫縣《和寧之曲》。文舞入，[6]設群官食，奏《功成治定之舞》，三成止：“聖德高明，如天強名。多方治平，功大有成。流于聲音，形于蹈舞。頒觴群臣，以昭禮遇。”進第二爵，登歌奏《天子萬年之曲》：“惟明后，馭寰瀛。躋升平，飛英聲。功三王，德五帝。游巖廊，[7]億萬歲。”行群官酒，宫縣《和寧之曲》。武舞入，設群官食，奏《四海會同之舞》，三成止：“地平天成，時和歲豐。迓衡弗迷，[8]率惟敉功。[9]受天之祜，四方來荷。於萬斯年，不遐有佐。”

進第三爵，登歌《嘉禾之曲》：“景命赫斯歸吾皇，仁風洋洋被遠荒。琛贄旅庭趨明光，氣和薰蒸爲嘉祥。

殊本合穗真異常，庾如坻京歲且穰。[10]猗歟鴻休超前王，播爲聲詩傳無疆。”行群官酒、設群官食、群官降階，宮縣並奏《和寧之曲》，皇帝將降御座，奏《泰寧之曲》，並用太蔟宮。

[1]宮縣奏太簇宮《泰寧之曲》：“奏”，原作“樂”，今據中華點校本改。

[2]降座同：原爲大字正文，今據中華點校本改小字注文。

[3]揄揚：稱揚、讚譽。

[4]對歇（yáng）：答謝。

[5]瓊腴：指宴會上肥美的肉食。

[6]文舞入：“舞”，原作“武”，今據中華點校本改。

[7]巖廊：高峻的廊廡。《漢書·董仲舒傳》：“蓋聞虞舜時，遊於巖郎之上，垂拱無爲，而天下太平。”

[8]迓衡：迎接太平治世。《尚書·洛誥》：“旁作穆穆迓衡，不迷文武勤教。”

[9]敉（mǐ）功：謂安撫天下之功。《尚書·立政》：“亦越武王，率惟敉功。”

[10]庾：穀倉。　坻京：坻，水中高地。京，高丘。《詩·小雅·甫田》：“曾孫之庾，如坻如京。”後因以“坻京”形容豐年堆積如山的穀物。

大定十一年十一月，行册禮，皇帝升御座，宮縣《泰寧之曲》：“皇皇穆穆，衮服玉趾。[1]如日之升，如山仰止。九賓在列，[2]媚兹天子。願言無疆，介以繁祉。”册寶入門，奏《天保報上之曲》：“穆穆元聖，天迪子保。相維臣工，以奏丕號。揚于路朝，玉牒神寶。[3]於萬斯年，吾君壽考。”奉册寶官將復班位，奏《歸美揚功之曲》：“玉册玉寶，尊聖天子。丕揚鴻名，昭受帝祉。閎休對天，[4]其隆孰比。臣下同心，翼戴歸美。”皇太子升殿賀，奏《同心戴聖之曲》：“大矣我后，徽册膺受。歡趨彤庭，[5]拜手稽首。休明御辰，無疆萬壽。靈貺沓來，天地長久。”舉酒，奏《萬壽無疆之曲》：“聖德懋昭，[6]民歸天祐。煌煌金書，典册光受。備樂在庭，八音諧奏。群公奉觴，天子萬壽。”進第一爵，登歌《王道昌明之曲》：“明明我皇，道光化溥。百度惟新，禮修樂舉。藻飾太平，爛然可覩。超躋三王，暉映千古。”設群官食，奏《和寧之曲》《功成治定之舞》：“穆穆我君，威折群醜。輝光日新，仁洽九有。容典葳蕤，[7]超前絶後。端拱深嚴，寶册膺受。”第二爵，登歌奏《天子萬年之曲》：“典禮修，惟明后。揚鴻名，燦瓊玖。羅華紳，爲萬壽。歌南山，堅且久。”行群官酒，奏《和寧之曲》《四海會同之舞》：“道隆政平，天開有德。萬國和寧，來王來極。昭受鴻名，俯徇列辟。錫飲行觴，歡心各得。”第三爵，登歌奏《嘉禾之曲》：“衆瑞畢至昭升平，爰生嘉禾迺合穗。膴膴大田無南東，[8]稼茂如雲成豐歲。既刈既穫百室盈，擊壤歌沸野老聲。陶唐之民兹其比，帝力何有若自遂。”

[1]玉趾：稱人行止的敬詞，猶言玉步。

[2]九賓：古代朝會大典設九賓，文獻説法不一。或以爲指公、侯、伯、子、男、孤、卿、大夫、士，或以爲典禮宴會中陳設的文物。

［3］玉牒：古代帝王封禪郊祀所用的文書。

［4］閎（hóng）休：指大業美德。

［5］彤庭：本指漢代以朱漆塗飾的中庭，後泛指皇宫。

［6］懋：同“茂”，盛大。

［7］容典：禮容法則。　葳蕤（ruí）：本指草木茂盛，這裏指盛大。

［8］膴膴（wǔ）：肥美。

大定十八年十二月，上“受命寶”，皇帝將升御座，宫縣奏《泰寧之曲》。並大吕宫：“上帝有赫，懷此明德。畀之神寶，[1]庸鎮萬國。[2]臨軒是膺，登降維則。群臣拜首，年卜萬億。”寶入門，奏《天保報上之曲》：“受命大寶，昭答眷佑。珍符明貺，人爲天授。文物具舉，韶濩迭奏。[3]群臣上之，天子萬壽。”群臣合班，奏《歸美揚功之曲》：“德冒生民，明明元后。端冕臨軒，神寶是受。群工來賀，咸拜稽首。無疆無期，享祚長久。”皇太子升殿、并自侍立位降階，宫縣《稱觴介壽之曲》：“上儀昭舉，膺時瑞玉。群辟在列，蹌蹌肅肅。衮衣桓圭，[4]歸美稽首。升降惟時，天子萬壽。”舉酒，登歌奏《萬壽無疆之曲》：“上帝眷命，純休兹至。誕膺洪寶，光臨大器。稱觴對揚，嵩嶽萬歲。其寧惟永，無疆卜世。”

天德二年十月，册立中宫，皇帝將升御座，宫縣奏《乾寧之曲》：降座，同。“人道大倫，王化所基。明聖稽古，陰教欲施。臨軒發册，備舉彝儀。《麟趾》《關雎》，宜播聲詩。”册寶入門，奏《昌寧之曲》：出門，同。“羽衛充庭，淑旂徽章。[5]禮儀具舉，涓辰以良。相我内訓，來儀椒房。億萬斯年，邦家之光。”將受册寶、以册寶入門，宫縣奏《肅寧之曲》：命婦升、降，同。“塗山興夏，《關雎》美周。坤儀之尊，母臨九州。瑶册褘衣，[6]光配凝旒。[7]地久天長，福禄是遒。”后出閤，奏《順寧之曲》：升、降座，同。“天立厥配，任姒比隆。[8]母儀四海，化行六宫。日月並明，乾坤合德。於萬斯年，作儷宸極。”受册，奏《坤寧之曲》：“風化之始，由于壼闈。[9]禮文斯備，爰正坤儀。維順以慈，儷聖同德。則百斯男，垂統無極。”

天德四年二月，册皇太子，皇帝將升御座，宫縣奏《乾寧之曲》：皆用夾鐘宫。[10]“大君有爲，先圖本固。涓辰之吉，禮成儲副。[11]文物備陳，聲樂皆具。人心載寧，克昌福祚。”册使入門，《昌寧之曲》：“在天成象，焕乎前星。惟聖時憲，典禮以行。一人有慶，萬邦以貞。社稷之福，寖昌寖明。”皇太子入門，奏《元寧之曲》：出門，同。“皇矣上帝，純佐明聖。篤生元良，日躋德性。册命主器，萬邦以正。龍樓問寢，億年之慶。”

大定八年正月，册皇太子，皇帝將升御座，宫縣《洪寧之曲》：並用太蔟宫。“會朝清明，臨軒備禮。天威皇皇，臣工濟濟。於昭元良，膺兹典册。對揚閎休，卜年萬億。”皇太子入門，奏《肅寧之曲》：“光昭前星，惟天垂象。稽古而行，主器以長。曲禮告成，邇遐屬望。國本既隆，繁釐永享。”群臣合班，奏《嘉寧之曲》：“於皇臨軒，禮崇上嗣。維眷之祺，傃方正位。[12]

言觀其儀，翔翔濟濟。美歸吾君，太平萬歲。”皇太子復受册位，奏《和寧之曲》：“祖功艱難，經營締構。基牢根深，枝繁葉茂。於昭貽謀，駢休集佑。元良斯貞，吾皇萬壽。”

大定二十七年三月，册皇太孫，皇帝將升御座，宫縣《泰寧之曲》：並姑洗宫。“上天叢休，申錫祚胤。孫謀有詒，臨軒體正。煌煌上儀，欣欣衆聽。隆我邦本，無疆惟慶。”皇太孫入門，奏《慶寧之曲》：出門，同。“寶源流光，流光惟遠。孫謀有貽，慶序昭衍。於樂衆望，於皇備典。動容周旋，承兹嘉羡。”群臣合班，奏《順寧之曲》：“冕旒當宁，徽章備舉。綵仗充庭，金石列簴。濟濟多士，翼翼就序。海潤山暉，傾聽樂府。”皇太孫復受册位，奏《保寧之曲》：“禮之攸聞，丕建世嫡。衆論協從，天心不易。名崇震宫，辭著瑞册。社稷宗廟，無疆夷懌。”[13]

[1]畀（bì）：賜。

[2]庸：功勛。

[3]韶濩：古樂名。《左傳·襄公二十九年》：“見舞韶濩者。”杜預注：“殷湯樂。”

[4]桓圭：古代帝王與公、侯、伯、子、男五等諸侯於朝聘時各執玉圭以爲信符，圭有六種，表不同的爵秩等級，“桓圭”爲公爵所執。《周禮·春官·大宗伯》：“公執桓圭。”鄭玄注：“桓圭，蓋亦以桓爲瑑飾，圭長九寸。”

[5]旂（qí）：旗。　徽章：用以表示尊崇的旗幡。

[6]褘衣：王后所穿，上有五彩鷂形圖案的祭服。

[7]凝旒：冕旒静止不動，形容態度肅穆專注。

[8]任姒：周文王母太任與周武王母太姒的合稱。

[9]壼（kǔn）闈：女子居住的内室。

[10]皆用夾鏡官：原作大字正文，今據中華點校本改小字注文。

[11]儲副：國之副君，指太子。

[12]傃（sù）：遵守。

[13]夷懌：愉悦喜樂。《詩經·商頌·那》："我有嘉客，亦不夷懌。"

鼓吹導引曲。[1]

天眷三年九月，駕幸燕京，導引曲：無射宫。"五年一狩，仙仗到人間，問稼穡艱難。蒼生洗眼秋光裹，今日見天顔。金戈玉斧臨香火，馳道六龍閑。歌謡到處皆相似，天子壽南山。"

天德二年三月，祫享迴鑾，導引曲："禮成廟享，御衛拱飛龍，諸道起祥風。太平天子多受福，孝德與天通。鳳簫龍管韶音奏，聲在五雲中。粲然文物昭治世，萬億禩無窮。"[2]

貞元元年三月，駕幸中都，導引曲：並姑洗宫。"鑾輿順動，嘉氣滿神京，輦路宿塵清。鈎陳萬旅隨天仗，縹緲轉霓旌。都人望幸傾堯日，鼇抃溢歡聲。[3]臨觀八極辰居正，寰宇慶昇平。"

[1]鼓吹導引曲：皇帝駕幸各地時使用的歌曲。

[2]禩：同"祀"。

[3]鼇抃：歡欣鼓舞。

采茨曲：[1]“新都春色滿，華蓋定全燕。時運千齡協，星辰五緯連。六龍承曉日，丹鳳倚中天。王氣盤山海，皇居億萬年。”

貞元三年十一月，祫享迴鑾，采茨曲：並用。“慶成迴大駕，仙仗紫雲深。龍衮輝千騎，嵩呼間八音。太平興縟禮，萬國得懽心。孝格迎遐福，穰穰永降臨。”

正隆六年六月，駕幸南京，導引曲：並林鐘宫。“神宫壯麗，宫殿壓蓬萊，向曉九門開。聖明天子初巡幸，遥駕六龍來。五雲影裏排仙仗，清蹕絶纖埃。[2]都人齊唱昇平曲，更進萬年盃。”采茨曲：“雙闕層雲表，澄景開清曉。六龍天上來，馳道平如掃。虞巡五載合，夏諺一遊同。[3]都人欣豫意，寫入頌聲中。”

大定三年十月，祫享迴鑾，采茨、導引曲：皆應鐘宫。自後親祀，二曲並用。“太宫崇烈考，大禮慶初成。綵仗迴雲步，天階嚴蹕聲。舜宫合至孝，周頌詠維清。介福應穰簡，歡交萬國情。”導引曲：“禮行清廟，華黍薦年豐，聖孝與天通。六龍迴馭千官衛，玉振珮環風。黄麾金輅嚴天仗，非霧鬱葱葱。工歌疊奏升平曲，福禄自來崇。”

大定二十七年三月，皇太孫受册，謝廟，導引曲：“璿源濬發，衍慶自靈長，聖運日隆昌。震闈顯册遵彝典，基緒焕重光。練時廟見嚴昭報，[4]禮樂粲成章。精誠潛格神明助，福禄永無疆。”

［1］采茨曲：表現皇族郊遊樂趣的樂曲。

［2］清蹕：帝王出行時清道，禁止人車通行。

［3］夏諺：夏代的諺語。《孟子·梁惠王下》："夏諺曰：'吾王不遊，吾何以休？吾王不豫，吾何以助？一遊一豫，爲諸侯度。'"

［4］練：即練祭，死後第十三個月的祭祀。

金史　卷四一

志第二十二

儀衛上

常朝儀衛　内外立仗　常行儀衛　行仗法駕　黄麾仗

金制，天子之儀衛，一曰立仗，二曰行仗。其衛士，曰護衛、曰親軍、曰弩手、曰控鶴、曰傘子、曰長行。[1]立仗則有殿庭内仗、殿庭外仗，凡大禮、大朝會則用之。其朔望常朝，[2]弩手百人分立兩階而已。行仗則有法駕、大駕、黄麾仗，凡行幸及郊廟祀享則用之。[3]其非大禮遠出，則有常行儀衛、宫中導從焉。大抵模倣宋制，錯綜增損而用之。其宿衛則見《兵志》云。

[1]曰護衛、曰親軍、曰弩手、曰控鶴、曰傘子、曰長行：金代皇帝六種衛士稱號。護衛，皇帝身邊帶兵器的近侍，定額二百人。親軍，即侍衛親軍，皇帝的衛戍部隊。弩手，皇帝衛戍部隊的

兵種之一。選校標准詳見本書卷四四《兵志》。控鶴，與護衛同爲皇帝近侍，定員二百人。傘子，舊指官府差役中負責執傘者，此指負責執儀仗的皇帝衛士。長行，宋代禁軍士兵通稱，此指皇帝衛戍部隊的士兵。

[2]朔：農曆每月初一。　望：農曆每月十五。

[3]郊：指舉行祭祀天地的典禮。　廟：指祭祀祖先的典禮。

初，國制，凡朔望常朝日，殿下列衛士，簾下置甲兵。正隆元年，[1]海陵去甲兵，惟存錦衣弩手百人，分立兩階。其儀，都副點檢，[2]公服偏帶。常朝則展紫。[3]左右衛將軍、[4]宿直將軍，[5]展紫，金束帶，各執玉、水晶及金飾骨朵。[6]左右親衛，盤裹紫襖，[7]塗金束帶，骨朵，佩兵械。供御弩手、傘子百人，並金花交脚幞頭，[8]塗金銅鈒襯花束帶，[9]骨朵。左右班執儀物内侍二十人，展紫，塗金束帶。

[1]正隆：金海陵王年號（1156—1161）。

[2]都副點檢：官名。指殿前都點檢及殿前左、右副都點檢。殿前都點檢爲殿前都點檢司長官，例兼侍衛親軍都指揮使。掌行從宿衛，關防門禁，督攝隊仗，總判司事。正三品。殿前左、右副都點檢爲殿前都點檢佐貳，兼侍衛親軍副都指揮使。協助都點檢掌宮掖及行從宿衛。皆從三品。

[3]展紫：指一種紫色官服。

[4]左右衛將軍：官名。指殿前左衛將軍、殿前右衛將軍，皆爲殿前都點檢司屬官。掌宮衛及行從宿衛警嚴，總領護衛。

[5]宿直將軍：殿前都點檢司屬官。掌總領親軍，負責宮城諸門衛禁及行從宿衛之事。定員八名，從五品。

[6]骨朵：一種古代兵器。用鐵或硬木製成，頂端瓜形。唐代以後用爲刑杖。宋代以後並用爲儀仗，俗稱金瓜。

[7]盤裹紫襖：盤裹，似爲一種上衣或頭飾的樣式。此指盤裹樣式的紫色襖。

[8]交脚幞頭：幞頭，又名折上巾、軟裹，是一種包裹頭部的紗羅軟巾。因幞頭所用紗羅通常爲青黑色，也稱“烏紗”，俗稱“烏紗帽”。隋唐以後爲男子的普遍服飾。幞頭繫在腦後的兩根帶子，稱爲幞頭脚，將兩根帶子交叉盤起作裝飾的幞頭，稱爲交脚幞頭。

[9]塗金銅鈒襯花束帶：用塗金的銅嵌飾花樣的帶子。鈒，指用金銀等在器物上嵌飾圖案和文字。

朝參日，弩手、傘子直於殿門外，分兩面排立。司辰報時畢，[1]皇帝御殿坐，鳴鞭，閤門報班齊。[2]執擎儀物内侍分降殿階，南向立。點檢司起居，[3]弩手、傘子於殿門外北面山呼聲喏訖，即於殿門外東西相向排立。都點檢以次三員陞殿，[4]都點檢在東近南，左副又少南，右副在西，東向對立。左右衛將軍在殿下東西對立。省臣隨班起居畢，[5]左右司侍郎從宰執奏事。[6]殿中侍御史隨班起居畢，[7]東西對立於左右衛將軍之北，少前。修起居注分殿陛東西對立於殿欄外副階下，[8]以俟。奏事畢，皇帝還閤，侍衛者乃退。

[1]司辰：即司辰郎。司天翰林官的官階，爲從九品下階。

[2]閤門：官署名。宣徽院下屬機構。有東上閤門使、西上閤門使、副使、簽事、閤門祗候、閤門通事舍人等官。負責殿庭禮儀。

[3]點檢司：官署名。殿前都點檢司的省稱。有殿前都點檢，殿前左、右副都點檢，殿前都點檢判官等官。負責行從宿衛，關防門禁，督攝隊仗。

[4]三員：指殿前都點檢及殿前左、右副都點檢。

[5]省臣：指尚書省的官員。

[6]左右司侍郎：此指天眷三年以前的左、右司長官。按本書卷五五《百官志一》尚書省左司郎中下注："國初置左、右司侍郎，天眷三年始更今名。"則此處所載爲金初舊制。天眷三年（1140）已改稱左、右司郎中。尚書省下屬機構有左司、右司，其長官爲郎中，正五品。　宰執：宰相與執政官。金於尚書省下設左、右丞相各一員，平章政事二員，爲宰相；設左、右丞各一員，參知政事二員，爲執政官。

[7]殿中侍御史：御史臺屬官。正七品。每遇朝對，立於龍墀之下，專劾朝者儀矩，凡百僚假告事具奏目進呈。

[8]修起居注：記注院屬官。負責記録皇帝的言行。貞祐三年（1215）以後，例由尚書左右司長官兼任。

凡遇大禮、大朝會，則有内外立仗。

熙宗皇統元年正月，上册寶，[1]立仗一千一百八十人。自是以後，至海陵時，俱用三千人。世宗大定七年，上册寶，[2]頗損其數，且以天德、貞元不設車輅，[3]遂並去之。是後，或減至二千，或一千、或八百、或六百人。

[1]上册寶：按本書卷四《熙宗紀》，皇統元年（1141）正月"庚戌，群臣上尊號曰崇天體道欽明文武聖德皇帝。初御衮冕"。此處所説"上册寶"應指此事。

[2]上册寶：按本書卷六《世宗紀上》，七年正月庚子朔"壬

子，上服衮冕，御大安殿，受尊號册寶禮”。此處所説“上册寶”應指此事。

[3]車輅：車輛。特指帝王的乘車。

天德二年，海陵立后，發册勤政殿，[1]設黄麾細仗，用前六部，攝官七十一，擎執六百七十八人。受册泰和殿，[2]用後六部，攝官三十六，擎執三百二十二人。大定八年正月，册皇太子於大安殿，[3]用黄麾半仗二千二百六十五人，奉表於仁政殿，[4]用黄麾細仗一千四百二人。二十七年，册皇太孫，[5]亦如之。

大定八年，黄麾半仗，攝官一百七十五人，擎執二千八十一人，編排職掌九人。

[1]勤政殿：宫殿名。在上京會寧府皇宫中。

[2]泰和殿：宫殿名。在上京會寧府皇宫中。按本書卷二四《地理志上》會寧府：“時令殿及其門曰奉元。有泰和殿，有武德殿，有薰風殿。”另，中都路大興府：“泰和殿，泰和二年更名慶寧殿。”與此重名。此時海陵尚未遷都中都，此應指上京的泰和殿。

[3]大安殿：宫殿名。在中都大興府皇宫中。詳見本書卷二四《地理志上》。

[4]仁政殿：宫殿名。在中都大興府皇宫中。詳見本書卷二四《地理志上》。

[5]皇太孫：即金章宗。

殿庭内仗。以中心東西相向一重，并面北旗幟爲中道。

左行，自北西向排列。黄麾幡一首，執者三人。碧襴官一，[1]大雉扇二，碧襴官一，中雉扇六，碧襴官一，小雉扇六。碧襴官一，朱團扇六。碧襴官一，睥睨四。[2]碧襴官一，紅大傘一。碧襴官一，紫方傘二。碧襴官一，華盖一。右行東向列者並同。

[1]碧襴官：指穿碧襴的衛士。碧襴，執儀仗衛士所服緑色襴衫。

[2]睥（pì）睨（nì）：皇帝的一種儀仗。《宋史》卷一四八《儀衛志六》："睥睨，如華蓋而小。"

面北，第一行，牙門旗八，共二十四人，分左右，留中道。第二行，監門校尉十二，[1]分左右。第三行，長壽幢一，押旗大將軍一，[2]居中。次東，五方龍旗十五；次西，五方鳳旗十五。第四行，自内而東，青龍旗五，紅龍旗二十。自内而西，青龍旗五，紅龍旗二十。第五行，同上，又君王萬歲旗一，五人居中。日旗一，五人在左。月旗一，五人在右。第六行，自内而東，天下太平旗、苣紋旗、[3]日月合璧旗、苣紋旗、青龍旗、赤龍旗、河瀆旗、江瀆旗各一，旗五人，排仗通直官一，排仗大將一。未、午、巳、辰、卯、寅旗各一，青天王旗、白天王旗各一。自内而西，祥雲旗、五星連珠旗、祥雲旗、黄龍旗、白龍旗、黑龍旗、淮瀆旗、濟瀆旗各一，[4]旗五人，通直官一，[5]大將一。申、酉、戌、亥、子、丑旗各一、緋天王旗、皂天王旗各一。第七行，自内而東，孔雀旗一，五人。蒼烏旗、兕旗、犛牛旗、馳䮭旗、赤熊旗、白狼旗、金鸚鵡旗、馴犀旗、角端旗、鵕鸃旗、騶牙旗、野馬旗、瑞麥旗、甘露旗各一，[6]旗五人。自内而西者同。

[1]監門校尉：官名。不見於本書《百官志》。金承唐宋設環衛官，置左右金吾衛、左右衛、左右驍衛、左右武衛、左右屯衛、左右領軍衛、左右監門衛、左右千牛衛等十六衛。此即左右監門衛的校尉，亦爲環衛官。位在上將軍、大將軍、將軍、中郎將等官之下。

[2]大將軍：官名。不見於本書《百官志》。本卷所稱將軍、大將軍，皆爲環衛官。

[3]苣紋旗：苣紋，古代一種火炬形花紋。繪有此種花紋的旗幟稱苣紋旗。

[4]淮瀆旗、濟瀆旗：此淮瀆旗、濟瀆旗，與前文的河瀆旗、江瀆旗合稱爲“四瀆旗”。古時稱江、河、淮、濟爲四瀆。宋時江瀆旗赤質青火焰脚，繪神人冠七梁冠，青襴朱袍，跨赤龍。河瀆旗黑質赤火焰脚，繪神人冠七梁冠，皂襴黄袍，跨青龍。淮瀆旗素質赤火焰脚，繪神人冠七梁冠，皂襴素袍，乘青鯉。濟瀆旗青質赤火焰脚，繪神人冠七梁冠，皂襴青袍，乘一鱉。疑金同宋制。

[5]通直官：官名。不詳。按本書卷五六《百官志二》内侍寄禄官有内殿通直，正六品。唐宋文武官有通直郎，爲從六品。

[6]蒼烏旗、兕旗、犛牛旗、驢騶旗、角端旗、鵕鸃旗、騶牙旗：諸種旗皆指畫有各種動物的軍旗。蒼烏，指鷹。兕（sì），指類似犀牛的異獸。犛（máo），犛牛。驢（lù）騶（dú），野馬。角端，也作角（lù）端。傳説中的瑞獸，形似鹿而鼻生一角。可日行一萬八千里，通曉四方語言。鵕（jùn）鸃（yí），一種善鬥的鳥，一説即褐馬鷄。騶牙，即騶虞。傳説是一種虎身獅頭、白毛黑紋、尾巴很長的動物。生性仁慈，連青草也不忍心踐踏，不是自然死亡的生物不吃。

外仗。在門外。

左邊，西向，自北排列。第一部，第一行，侍御史、大將軍、折衝都尉各一，[1]主帥三。第二行，絳引幡五首，十五人，龍頭竿四、弓矢五、揭鼓二、龍頭竿四、儀鍠斧五、[2]龍頭竿四、朱刀盾五、龍頭竿四、緑刀盾五、龍頭竿四、小戟五。第三行，與第一行同。第四行，與第二行同。第二部、第三部、第四部、第五部以次而南，各爲前後四行，其名數與第一部同，惟無絳引幡。右五部，東向排列，色數皆同。

[1]侍御史：御史臺屬官。掌奏事、判臺事。從五品。　折衝都尉：官名。唐府兵制軍府稱折衝府，長官爲折衝都尉。宋遼折衝都尉皆爲環衛官。《遼史》卷四七《百官志三》，在大將軍、上將軍、將軍下列折衝都尉和果毅都尉。在《宋史》的記載中，折衝都尉前往往貫以諸衛名稱，稱某某衛折衝都尉。金代折衝都尉不見於本書《百官志》，疑同宋遼。

[2]儀鍠斧：指用作儀仗的斧鉞。

左第五行，從北。每大旗一，均用小紅龍旗二間之。角宿旗一，[1]三人，均用二。亢宿旗一，三人，均用二。氐宿旗一，三人，均用二。房宿旗一，三人，均用二。心宿旗一，三人，均用二。尾宿旗一，三人，均用二。箕宿旗一，三人，均用二。斗宿旗一，三人，均用二。牛宿旗一，三人，均用二。女宿旗一，三人，龍旗并黄排襴旗各一。[2]虚宿旗一，三人，紅、黄排襴旗二。危宿旗一，三人，紅、紫排襴旗二。室宿旗一，三人，黄、紫排襴旗二。壁宿旗一，三人，紅、黄排襴旗二。重輪旗一，[3]三人，紅、紫排襴旗二。左攝提旗一，[4]三人，黄、紫排襴旗二。青龍旗一，三人，紅、黄排襴旗二。木星旗一，三人，紅、紫排襴旗二。火星旗一，三人，黄、紫排襴旗二。土星旗一，三人，紅、黄排襴旗二。金星旗一，三人，紅、紫排襴旗二。水星旗一，[5]三人，吏兵并紫排襴旗各一。北岳旗一，三人，吏兵并龍君旗各一。東岳旗一，三人，龍君并黄熊旗各一。中岳旗一，三人，黄熊并赤豹旗各一。西岳旗一，三人，赤豹并力士旗各一。南岳旗一，[6]三人，力士并虎君旗各一。朱雀旗一，三人，虎君并天馬旗各一。

[1]角宿旗：二十八宿旗之一。以下至室宿旗，皆爲象徵二十八宿的旗幟。二十八宿，我國古代天文學家爲了觀測天象和日月星辰的運行，在黄道帶與赤道帶的兩側繞天一周，選取了二十八個星官（一組恒星稱爲一個星官）作爲觀測時的標誌，稱爲二十八宿。它又平均分爲四組，每組七宿，與東、西、南、北四個方位和蒼龍、白虎、朱雀、玄武（龜蛇）四種動物形象相配，稱爲四象。二十八宿以北斗斗柄所指的角宿爲起點，由西向東排列，它們的名稱和四象的關係是：東方蒼龍七宿：角、亢、氐、房、心、尾、箕。北方玄武七宿：斗、牛、女、虚、危、室、壁。西方白虎七宿：奎、婁、胃、昴、畢、觜、參七宿。南方朱雀七宿：井、鬼、柳、星、張、翼、軫。

[2]排襴：不詳。

[3]重輪旗：當爲繪有日、月光環的旗幟。重輪，日、月周圍光綫經雲層冰晶的折射而形成的光圈，古代以爲祥瑞之象。

[4]左攝提旗：此與下文的右攝提旗皆爲繪有星象的旗幟。攝

提即歲星，屬二十八宿中的亢宿，共六星，左三星曰左攝提，右三星曰右攝提。

［5］木星旗、火星旗、土星旗、金星旗、水星旗：指繪有木星、火星、土星、金星、水星圖形的五種旗幟，合稱“五星旗”。多用作儀仗。宋制五旗俱青質黃襴赤火焰脚，各繪神人，服隨方色。疑金同宋制。

［6］北岳旗、東岳旗、中岳旗、西岳旗、南岳旗：合稱“五岳旗”。宋元旗繪神人冠七梁冠、著袍執圭之形。明後旗各繪山形。疑金同宋制。

右第五行，從北。奎旗一，三人。婁旗一，三人。胃旗一，三人。昴旗一，三人。畢旗一，三人。觜旗一，三人。參旗一，三人。井旗一，三人。鬼旗一，三人。皆均用二旗如前。柳宿旗一，三人，紅龍並黃排襴旗各一。星宿旗一，三人，紅、黃排襴旗二。張宿旗一，三人，紅、紫排襴旗二。翼宿旗一，三人，紫、黃排襴旗二。軫宿旗一，三人，紅、黃排襴旗二。重輪旗一，三人，紅、紫排襴旗二。右攝提旗一，三人，紫、黃排襴旗二。白虎旗一，三人，紅、黃排襴旗二。東方神旗一，三人，紅、紫排襴旗二。南方神旗一，三人，黃、紫排襴旗二，中央神旗一，三人，紅龍排襴旗二。西方神旗一，三人，紅、紫排襴旗二。北方神旗一，三人，力士并紫排襴旗各一。風伯旗一，三人，力士并虎君旗各一。雨師旗一，三人，虎君并黃熊旗二。雷公旗一，三人，黃熊并赤豹旗二。電母旗一，三人，赤豹并吏兵旗二。北斗旗一，三人，吏兵并龍君旗二。玄武旗一，三人，龍君并天馬旗二。三人執一旗者重立，二人各執小旗者亦重立。

殿門外仗，亦從北，留中道。飛麟旗、駃騠旗、鸞旗、麟旗、馴象旗各二，[1]共十人，從中分列爲第一重。鶡鷄旗、貔旗、玉馬旗、三角獸旗、黄鹿旗各二，[2]共十人，次外分列爲第二重。其次，第一部都尉三員，[3]第二部至第五部俱二員，爲第三重。又其次五部，各刀盾二十，爲第四重。又其次五部，各弓矢二十，爲第五重。左右同。

[1]駃（jué）騠（tí）：古時良馬名。　鸞：又名青鸞、鸞鳥、青鳥等，傳説中類似鳳凰的鳥。

[2]貔（pí）：傳説中的一種似熊的野獸。一説似虎。

[3]都尉：官名。指折衝都尉或果毅都尉。

黄麾細仗。

攝官八十八人，擎執一千三百五人，編排職掌九人。

内仗。

中道左一行，自北西向排列。黄麾幡一首，執者三人。大雉扇六、中雉扇六、小雉扇六、朱團扇六、睥睨四、紅大傘一、紫方傘二、華盖一，凡傘扇之上皆有碧襴官一。右行東向，排次同。

面北。第一行，長壽幢一，居中。牙門旗八，共二十四人，分左右。第二行，君王萬歲旗五人，居中。日旗五人，監門校尉五人，在左。月旗五人，監門校尉五人，在右。第三行，五方龍旗十五，在左。五方鳳旗十五，在右。第四行，紅龍旗三十四，第五行，紅龍旗三十四，皆分左右。第六行，自内而東，太平、苣紋、合璧、苣紋、赤龍、青龍旗各一，旗五人，通直一人，大將一人。未、午、巳、辰、卯、寅旗各一，青天王旗、白天王旗各一。自内而西，祥雲、連珠、祥雲、黄龍、白龍、黑龍旗各一，旗五人，通直一人，大將一人。申、酉、戌、亥、子、丑旗各一，緋天王旗、皂天王旗各一。第七行，自内而東，河瀆、江瀆、兕、赤熊、馴犀、角端、鵕鸃、綱子旗各一，旗五人。自内而西，淮瀆、濟瀆、兕、赤熊、馴犀、角端、鵕鸃、綱子旗各一，旗五人。

外仗。

左邊西向，自北排列。第一行，五部，侍御史、大將軍、折衝都尉各一，主帥各二。第二行，第一部，絳引幡五首，十五人。龍頭竿四、弓矢五、揭鼓二、[1]儀鍠斧五，龍頭竿四、弓矢五、朱刀盾五、緑刀盾五，龍頭竿四、儀鍠斧五、朱刀盾五、緑刀盾五，龍頭竿四、小戟五，龍頭竿四、小戟五。第二部至五部無絳引幡，餘色並同，以次相接而南。右五部東向，亦如之。

[1]揭鼓：即羯鼓。一種兩頭可以打擊的鼓。

左第三行，從北。角、亢、氐、房、心、尾、箕、斗、牛、女、虚、危、室、壁旗各一，旗三人。次重輪、左攝提、青龍旗各一，木、火、土、金、水星旗各一，北、東、中、南、西岳旗各一，旗三人。次紫排襴四、黄排襴四、紅排襴四、吏兵旗二、天馬旗一。

右第三行，從北。奎、婁、胃、昴、畢、觜、參、井、鬼、柳、星、張、翼、軫旗各一，旗三人。次重輪、右攝提、白虎旗各一，東、南、中、西、北方神旗各一，風伯、雨師、雷公、電母、北斗旗各一，旗三人。次紫排襴四、黄排襴四、紅排襴四、吏兵旗二、天馬旗一。

行仗。

天子非祀享巡幸遠出，則用常行儀衛。弩手二百人，軍使五人，控鶴二百人，首領四人，俱服紅地藏根牡丹錦襖、金鳳花交脚幞頭、塗金銀束帶，控鶴或皂帽碧襖，各執金鍍銀蒜瓣骨朵。長行四百人，拳脚幞頭、[1]紅錦四䙆襖、[2]塗金束帶，二人紫衫前導，無執物，餘執列糸骨朵七十八、瓜八十八，鐙三十四，在控鶴前。金吾仗八十、金花大劍六十俱垂紅絨結子，儀鍠斧五十八，在控鶴後。

[1]拳脚幞頭：幞頭，又名折上巾、軟裹，是一種包裹頭部的紗羅軟巾。因幞頭所用紗羅通常爲青黑色，也稱“烏紗”，俗稱“烏紗帽”。隋唐以後爲男子的普遍服飾。幞頭繫在腦後的兩根帶子，稱爲幞頭脚，“拳脚”也稱“卷脚”，指兩根帶子的形狀。

[2]四䙆襖：即褙子。又名背子、綽子、繡裾。以直領對襟爲主，腋下開胯，腰間用勒帛繫束，下長過膝，多罩在其他衣服外面。

其常朝、御殿、郊廟、臨幸，凡步輦出入，則有近侍導從，執金鍍銀骨朵者二人，左右扇十人，拂子四人，香盒二人，香球二人，節二人，幢二人，盂一人，唾壺一人，净巾一人，鐁鑼一人，[1]水罐一人，交椅一人，斧一人。皇帝出閤則分立閤門之外，導引至殿，皇帝升座則降階以俟，入閤然後放仗。

[1]鐁（sī）鑼（luó）：一種銅製的盥洗用具。

天眷三年，[1]熙宗幸燕，[2]始備法駕。凡用士卒萬四千五十六人，攝官在外。海陵遷都于燕，用黄麾仗萬三百四十八人。天德二年祀廟，用黄麾四千人。世宗即位，凡行幸祀享並用三千人，間亦不滿其數。大定十一年前，祀南郊、朝享太廟及至郊壇，用大駕七千人，此其大較也。

[1]天眷：金熙宗年號（1138—1140）。

[2]燕：京城名。遼開泰元年（1012）建號燕京，更名爲析津府。海陵貞元元年（1153）遷都於此，更名爲中都。治所在今北京市。

天眷法駕人數。

攝官六百九十九人：將軍、大將軍四十三人，折衝、果毅一百二十六人，[1]校尉五十六人，郎將三十四人，[2]帥兵官二百四十六人，統軍六人，[3]都頭六人，[4]

千牛一人，[5]旅帥二人，[6]部轄指揮使二人，[7]押纛二人，[8]押衙四人，[9]四色官四人，[10]押旗二人，[11]引駕官四人，[12]進馬四人，[13]押仗通直二人，押仗大將二人，碧襴一十六人，長史二人，[14]鼓吹令二人，[15]鼓吹丞二人，[16]典事五人，[17]太史令一人，[18]太史正一人，[19]司丞一人，[20]府牧一人，[21]刻漏生四人，[22]縣令一人，[23]御史大夫一人，[24]僚佐一十人，進輅職掌二人，夾輅將軍二人，陪輅將軍二人，[25]教馬官二人，四省局官八人，[26]導駕官四十八人，抱駕頭官一人，[27]執扇筤一人，[28]尚輦奉御二人，[29]殿中少監二人，[30]供奉職官二人，[31]令史四人，[32]書令史四人，[33]押仗二人，殿中侍御史二十四人。

[1]果毅：官名，即果毅都尉。唐府兵制軍府稱折衝府，長官爲折衝都尉，果毅都尉爲折衝都尉之副。宋遼果毅都尉皆爲環衛官。金代果毅都尉不見於本書《百官志》，疑同宋、遼。

[2]郎將：官名。不見於本書《百官志》。唐、宋、遼皆設環衛官，有十六衛。按《宋史》卷一六六《職官志六》，諸衛上將軍、大將軍、將軍、中郎將之下爲郎將。疑金同宋制。

[3]統軍：官名。唐爲禁軍統帥。金制不詳，疑爲禁軍統兵官。

[4]都頭：官名。唐中期以後，稱諸軍總帥爲都頭。後一部之軍叫作一都，部帥也稱都頭。宋以都爲軍隊編制，一百人爲一都，都頭即步兵都一級的統兵官。宋禁軍亦設都頭，位在指揮使之下。該官不見於本書《百官志》，疑金同宋制。

[5]千牛：官名。環衛官十六衛中有左、右千牛衛。按《宋史》卷一六六《職官志六》，左、右千牛衛有上將軍、大將軍、將軍、中郎將、郎將。金制不詳。

[6]旅帥：官名。唐代折衝府的編制是團、旅、隊、火。每旅的兵員數一百人，長官名旅帥。金制不詳。

[7]指揮使：軍官名。此指禁軍軍官。

[8]押纛：官名。纛指儀仗隊中的大旗。押纛官掌領儀仗侍衛。

[9]押衙：官名。亦作押牙。牙指牙旗，即軍中對立的兩旗。因其如虎牙之狀，故稱牙旗。押衙掌領儀仗侍衛。

[10]四色官：司階、中候、司戈、執戟四官的合稱。唐置，爲諸衛、諸率府、北衙諸軍中的掌兵官。至北宋演變爲儀仗官，司階、司戈或授與蕃官，但置左、右金吾衛官一員，於百官上朝班時，立於垂拱門外，高聲唱“前殿不坐”。時稱此金吾官爲“四色官”。亦爲公吏之名，其職掌爲鹵簿中備排列儀仗。本書《百官志》不載，疑金同宋制。

[11]押旗：官名。掌領儀仗侍衛。

[12]引駕官：官名。宋制隸左、右金吾引駕仗司，職充大駕中引駕等儀仗事務。不見於本書《百官志》，金制不詳。

[13]進馬：官名。唐置，屬尚乘局，掌大陳設。戎服執鞭，居主仗馬之左，視馬進退。本書《百官志》不載，疑金同唐制。

[14]長史：軍府屬官。不見於本書《百官志》，金制不詳。

[15]鼓吹令：官名。兩晋、南北朝至唐爲鼓吹署長官，北宋爲太常寺鼓吹局長官，遼代復爲鼓吹署長官。不見於本書《百官志》，金制不詳。

[16]鼓吹丞：官名。兩晋、南北朝至唐、遼皆爲鼓吹署屬官。不見於本書《百官志》，金制不詳。

[17]典事：官名。不見於本書《百官志》，疑爲鼓吹署屬官。

[18]太史令：官名。隋設太史曹，唐改稱太史局，屬秘書省。長官爲太史令，掌測驗天文，考定曆法，選擇祭祀、冠婚及其他重大典禮日期。五代與宋初又稱司天監，元豐改制後復稱太史局，屬秘書省。不見於本書《百官志》，疑金制同唐宋。

[19]太史正：官名。唐宋皆爲秘書省下屬機構太令局屬官。不

見於本書《百官志》，疑金制同唐宋。

[20]司丞：官名。不詳。

[21]府牧：官名。指府的長官，應即府尹。

[22]刻漏生：官名。司天臺屬官。《宋史》卷一四五、卷一四六、卷一四八《儀衛志》皆作“漏刻生”。按本書卷五六《百官志二》，秘書監下屬機構司天臺有“漏刻科，二十五人”，疑此應爲“漏刻生”。

[23]縣令：縣官名。掌養百姓、按察所部、宣導風化、勸課農桑、平理獄訟、捕除盜賊、禁止游惰，兼管常平倉及通檢推排簿籍。大縣爲正七品，小縣爲從七品。

[24]御史大夫：御史臺長官。負責糾察朝儀、彈劾官員、勘鞫官府公事，審斷所屬理斷不當的各種案件。正三品，大定十二年（1172）升從二品。

[25]進輅職掌、夾輅將軍、陪輅將軍：皆不詳。應爲儀仗隊中御輦周圍陪侍人員。

[26]四省局官：不詳。疑爲“直省局”之誤。直省局爲尚書省下屬機構，掌都堂之禮及官員參謝之儀。設有局長、副局長、管勾尚書省樂工等官。亦或爲“四方館”之誤。

[27]抱駕頭官：駕頭也稱“寶床”“正衙法坐”，是宋太祖即位時的寶座。月牙形，以香木爲之，四足雕有凸起的卷龍，坐面用藤織雲龍，四圍錯彩，繪走龍之形，上加緋羅繡褥，裹以緋羅繡帕。皇帝出行，則使一老内侍馬上抱之，爲車駕前驅。疑金同宋制。

[28]執扇筤：儀仗隊中執事的稱號。筤（làng），指帝王所坐車上的曲柄車蓋。按沈括《夢溪筆談·故事》：“輦後曲蓋謂之筤。兩扇夾心，通謂之扇筤。皆繡，亦有銷金者，即古之華蓋也。”

[29]奉御：殿前都點檢司所屬吏員。原名入寢殿小底，大定十二年更名。定員十六人。

[30]殿中少監：宋制，殿中少監爲殿中省屬官，協助長官殿中

監負責掌供奉皇帝飲食、醫藥、服御、輿輦、舍次等政令。當是金初仿宋制而設立的官職，官制改革後取消，故本書《百官志》不載。

［31］供奉：指在皇帝身邊供職的藝人。

［32］令史：爲政府辦事員，負責案牘文書之事。金尚書省、樞密院、元帥府皆設令史，此應指尚書省令史。

［33］書令史：元帥府所屬辦事員。位低於正令史，負責元帥府案牘文書之事。

諸班直隊二千九百四十五人：[1]鈞容直三百六人，[2]人員六，長行三百。[3]執旗一百三十六人，引駕六十二人，[4]人員二，長行六十。駕頭天武官一十二人，[5]執從物茶酒班一十一人，[6]御龍直仗劍六人，[7]天武把行門八人，殿前班擊鞭一十人，[8]御龍直四十人，人員二，長行三十八。骨朵直一百三十四人，[9]部押二人，殿前班行門三十五人，捧日馬隊七百人，[10]奉宸步隊七百人，[11]天武骨朵大劍三百一十人，人員一十，長行三百。東第四班三十一人，[12]人員一，長行三十。扇筤天武二十人，捧日隊從領人員一十七人，簇輦茶酒班三十一人，人員一，長行三十。鈞容直三十一人，人員一，長行三十。招箭班三十三人，[13]人員三，長行三十。天武約欄三百一十人。[14]人員一十，長行三百。

［1］班直：皇帝近衛扈從禁軍。諸班直隊，指由扈從禁軍各軍抽調人員組成的儀仗隊伍。按本書卷四四《兵志》："禁軍之制，本於合扎謀克。合扎者，言親軍也，以近親所領，故以名焉。貞元遷都，更以太祖、遼王宗幹、秦王宗翰之軍爲合扎猛安，謂之侍衛親

軍，故立侍衛親軍司以統之。”據此，可能在熙宗天眷三年（1140）幸燕之前，金已全面采用宋朝的禁軍之制。

［2］鈞容直：宋宫廷軍樂隊。太平興國三年（978），由軍隊中擅長音樂的兵士組成。隸禁軍騎軍名下。初名引龍直，淳化四年（993）改稱鈞容直。其職能主要是皇帝出行時在儀仗隊中演奏音樂。不見於本書《百官志》，疑金同宋制。

［3］長行：金代中央各部門辦事員。此指來自各扈從禁軍的人員。

［4］引駕：唐代皇帝儀仗之一。引駕仗六十人，隸左、右金吾衛。不見於本書《百官志》，金制不詳。

［5］天武官：天武，宋禁軍番號。禁軍步兵部隊之一。天武官，爲扈從儀衛武官名。疑金同宋制。下文“天武”皆“天武官”的省稱。

［6］茶酒班：宋制爲殿侍之一，稱茶酒班殿侍，爲無品武階官名。另，按《宋史》卷一八八《兵志》禁軍騎軍條下有茶酒舊班、茶酒新班，爲禁軍番號。疑此爲金禁軍騎兵部隊的番號。

［7］御龍直：宋禁軍番號。禁軍步兵部隊之一。原名簇御馬直，太平興國二年（977）改稱簇御龍直，後改御龍直。疑金同宋制。

［8］殿前班：指殿前諸班直。宋代爲殿前司所領禁軍。疑金同宋制。

［9］骨朵直：宋禁軍番號。也稱骨朵子直，爲禁軍步兵部隊之一。疑金同宋制。

［10］捧日：宋禁軍番號。禁軍騎兵部隊之一。宋制爲儀衛編制，由殿前諸班充，其職爲大駕鹵簿親兵扈從。疑金同宋制。

［11］奉宸：爲儀衛部隊之一。“奉宸”僅用作儀仗隊的部隊番號。

［12］東第四班：宋禁軍番號。按《宋史》卷一八八《兵志》禁軍騎軍條下有東西班。金制不詳。

［13］招箭班：宋禁軍番號。擇善弓箭者爲招箭班，隸東西班。

金制不詳。

［14］天武約襴：不詳。

車輅下駕士六百三十八人：玉輅下一百四十人，[1]控踏路馬四，[2]駕士一百二十八，挾輅八。金輅下六十四人[3]，控馬踏路四，駕士六十。象輅下駕士四十人。[4]革輅、木輅、耕根車駕士同上。[5]革車二，[6]共五十人，指南、記里車各三十人，[7]輅車、鸞旗、皮軒車各十八人，[8]黄鉞、豹尾車各十五人。[9]屬車八，[10]共八十人。

［1］玉輅：亦作“玉路”。天子五輅之最尊者。以玉爲飾，故稱。車上建大常旗，畫日月。駕六馬，亦有駕象者。祭祀則乘之。始於周代，歷代相因。

［2］控踏路馬：踏路馬爲行在輅前之馬，與駕馬不同。中華點校本據下文“金輅”下小注改爲“控馬踏路”。然《大金集禮》卷二七《儀仗上·行仗》作“控踏路馬”。又，本卷下文天德黄麾仗第六節玉輅下亦作“控踏路馬四人”。《金史詳校》卷三下：“當作‘控踏路馬四’。”

［3］金輅：亦作“金路”。天子五輅之一，地位僅次於玉輅。因以金飾轅、軶等五末故名。車後建龍旗。天子大會萬國之賓或弔喪則乘之，亦以賜王子母弟及上公。始於周代，後歷代相因，用作帝王駕出之儀仗。

［4］象輅：亦作“象路”。天子五輅之一。因以象牙飾五末，故名。漆以黄色或紅色，後建大赤旗。帝王視朝則乘之，亦以賜諸侯。始於周代，歷代相因。

［5］革輅：天子五輅之一。因以皮革爲飾而得名。周制革輅，張材爲車，無他飾、唯漆之，馬帶及馬鞅以絛絲爲飾，車設太白旗。爲天子戎事出征所乘，有時也封賜守衛邊疆的諸侯。此後各朝

革輅略異，多爲皇帝巡狩及戎事時所乘。　木輅：亦作“木路”。天子五輅之一。車箱不覆革，又無金玉等飾，木質外露，故名。車飾以黑色，後建繪有龜蛇圖案之大麾旗。田獵、藉田等則乘之，亦以賜蕃國。始於周代，歷代相因，後多用作儀仗車。　耕根車：一名耕車、芝車、三蓋車。天子親耕籍田時所乘之車。初創於漢代，後代多用作儀仗車。

[6]革車：亦稱重車、守車，介於攻車和輜重車之間的車種。車上覆有皮革，宿營時供士兵休息。又當作壘用於防守，亦稱守車。

[7]指南車：皇帝大駕及軍行所用車，爲大駕及行軍確定方向。記里車：又名記里鼓車、大章車。車上二層，都有木人。車行一里，下層木人擊鼓一槌；行十里，上層木人擊鐘一次。

[8]輅車：亦作“路車”。天子、諸侯及卿大夫之車。　鸞旗：此指鸞旗車。車上建鸞旗，皇帝出行時的前驅車。起於漢代。鸞旗初以羽毛編成，如鷄尾，故鸞旗車俗稱“鷄翹”。後鸞旗改用赤帛繡鸞鳥。　皮軒車：皇帝大駕儀仗車之一。因以虎皮爲軒而得名。漢制爲前驅車，唐代次於辟惡車後。宋設此車，赤質、曲壁、畫虎皮。駕用四馬，駕士十八人。金因之。

[9]黄鉞：皇帝出行時的儀仗車。車上樹黄鉞一柄。黄鉞爲黄色大斧。帝王出師征討，持黄鉞誓師。將軍出師持黄鉞則代表代皇帝行使征殺之權。　豹尾車：皇帝出行時最後一輛隨從車。車上懸豹尾。此車通過則沿途警戒解除。唐貞觀後，始加此車於鹵簿内，制同黄鉞車。

[10]屬車：一曰副車，一曰貳車，一曰左車。皇帝出行時的侍從車輛。

輦輿下六百八十五人：小輿一，[1]長行二十四人，逍遥一，[2]共三十五人。什將節級九，[3]長行二十六。平輦下四十二人。[4]什將節級九，人員七，長行二十六。腰輿共一十九人。[5]人員一，什將虞候二，[6]長行一十六。大輦下三百七十一人。[7]掌輦人員四，什將十二，長行三百五十五，分五番。芳亭輦一，[8]長行六十人。御馬三十二，共百三十四人。控馬，天武官六十四。挾馬，騎御馬直長行六十四人，[9]押馬六人：[10]騎御馬直人員三，天武節級三人。象二十三人。

[1]小輿：亦作羈車、輿車。天子短程外出所坐之轎，皇太子於宫内亦可乘坐。

[2]逍遥：不詳。

[3]什將：禁軍低級軍官，隸屬於宣徽院下屬機構拱衛直使司。另，諸總管府節鎮兵馬司下亦有什將。　節級：宋代禁兵低級軍官的總稱。包括"都"一級軍隊編制所屬的軍頭、什將、虞候、承局、押官等。不見於本書《百官志》，疑金同宋制。

[4]平輦：又名"平頭輦""太平輦"。宋朝始有其名，飾如當時的逍遥輦，但車駕上無棕櫚屋。

[5]腰輿：皇帝在宫中乘坐的一種無棚蓋的人擡轎。擡轎者用手挽轎，高僅及腰，故稱腰輿。

[6]虞候：禁軍侍從官。

[7]大輦：用於皇帝大駕鹵簿之輦輿。體大，無輪，須二百人擡行。

[8]芳亭輦：唐宋皇帝乘坐的人力挽車。黑質，輦頂如幕屋，絡帶繡雲鳳。兩面朱緑窗花板，前後垂簾，下設牙床、勾闌。

[9]騎御馬直：宋禁軍番號，隸屬於騏驥院。

[10]押馬六人：施國祁《金史詳校》卷三下，"'押馬六人'四字當升入大字，移入下'象二十三人'文上"。中華點校本據改。然"押馬六人"即"騎御馬直人員三"與"天武節級三人"，施國祁恐誤。

擎執人、舁士共八千七百七十一人。[1]

鼓吹樂工九百九十四人。

馬六千七十八疋。

[1]舁士：原脱“舁”字，從中華點校本改。

天德五年，海陵遷都于燕，用黄麾仗，一萬八百二十三人，攝官在内，騎三千九百六十九，分八節。

第一節。中道，象二十二人。節級二人，銅鑼、七寶、鍮石、銀鉤各一，鐵鉤二，小旗十五，[1]並服花脚幞頭、[2]青錦絡縫緋䄌衫，金鍍銀雙鹿束帶。

[1]象二十三人：原作“象二十二人”。按注文“節級二”至“小旗十五”共二十三人。又上文天眷法駕人數亦作“象二十三人”，中華點校本據改。然《大金集禮》卷二七作“象下二十二人”，並注“節級二人，銅鑼一，七寶鉤一，銀鉤一，鍮石鉤一，鐵鉤一，小旗兒十五。”則鐵鉤爲一，注文合計正爲二十二人。《儀衛志》注文作“鐵鉤二”，遂合計爲二十三人。

[2]花脚幞頭：幞頭脚有花樣裝飾的稱爲花脚幞頭。

第一引，七十二人：清道一，武弁、[1]緋雲鶴袍、袴、革帶，執黑漆杖。幰弩一，[2]赤平巾幘、[3]緋辟邪衫、革帶、赤袴。誕馬二，[4]控四人，赤平巾幘、緋繡寶相花衫、[5]銀革帶，纓轡凉屜二副。[6]軺車一，[7]赤馬二，駕士十八人，武弁、緋繡雉大袖衫、白袴。馬，纓轡凉屜、銅面、包尾。縣令一員，朝服，坐軺車。僚佐四員，並朝服。控馬八人，錦帽、絡縫紫衫、大珮、銀帶。紫方傘一，黄抹額、[8]寶相花衫、銀帶、大口袴。朱團扇一，曲蓋一，緋抹額、寶相花衫、革帶、袴。青衣二，青平巾、[9]青衫、袴、革帶，執青竹杖。車輻棒二，[10]赤平巾、緋白澤衫、革帶、赤袴。告止幡二，執者六人，緋抹額、寶相花衫、革帶，袴。傳教幡一，信幡一，各三人，並黄抹額、寶相花衫、革帶、大口袴。小戟十六。服同上。

[1]武弁：武官所戴的皮冠。

[2]幰弩：單稱“弩”。幰爲車前帷幔，弩爲古兵器。後用爲儀仗，且外加幔罩。

[3]平巾幘：亦稱“平上幘”，一種平頂頭巾。漢代興起，至魏晋時爲武官所戴。隋唐時亦爲武官公事通服，天子、皇太子乘馬則服之。後其用漸寬泛。歷代形制多有變化。

[4]誕馬：古代儀仗隊中不施鞍轡的備用馬。

[5]寶相：即寶相花。是將某些自然形態的花朵（主要是荷花），進行藝術處理，變成一種裝飾化的花朵圖案。常作爲織錦和瓷器上的裝飾。

[6]轡：嚼子和繮繩。　屜：馬韉和馬韀。

[7]軺車：一匹馬拉的輕便馬車。

[8]抹額：古代男子一種裹於額頭上的飾物，亦稱“抹頭”“包頭”“額子”。多以各色紗絹做成。

[9]平巾：即上文“平巾幘”。

[10]車輻棒：不詳。

第二引，二百六十四人：清道二，幰弩一，誕馬四，控八人，服並如前。㧐鼓一，金鉦一，平巾幘、緋鸞衫、抹帶、袴、錦䲢蛇。[1]大鼓六，黄雷花衫、袴、抹額、抹帶。節一，幢一，麾一，夾矟二，[2]角四，儀刀十，並平巾幘、緋繡寶相花衫，銀革帶、大口袴。革車一，赤馬四，駕士二十五人，武弁、獬豸大袖、勒帛、馬飾如前。[3]府牧一員，朝服坐車。僚佐四員，控馬八人，服並如前。鐃鼓一，簫二，笳二，笛一，篳篥一，並平幘、緋寶相花衫、銀褐抹帶。大横吹一，緋苣紋袍、袴、抹額、抹帶。青衣四，車輻棒四，紫方傘一，朱團扇四，曲蓋一，告止幡二，六人，傳教幡二，六人，信幡二，六人，小戟四十，服並如前。刀盾三十六，銀褐抹額、寶相花衫、[4]銀革帶、袴。弓矢三十六，錦帽、青寶相花衫、銀革帶、袴。矟三十六。錦帽、紫寶相花袍、革帶、袴。

[1]錦䲢（téng）蛇：此指錦織䲢蛇形佩飾。䲢蛇爲古代神話中一種無翼而飛的神蛇。亦稱“騰蛇”。

[2]矟：同“槊”。古兵器名，即長矛。

[3]獬（xiè）豸（zhì）：又稱獬廌。是古代神話傳説中的神獸。類似麒麟，額上有一角，俗稱獨角獸。　勒帛：一種多以布帛製的男子寬幅腰帶。

[4]寶相花衫：原作“寶花衫”。上下文數見“寶相花衫”，唯此處及下文“朱雀隊朱雀旗”下、“龍旗隊引旗”下與“副竿”下小注無“相”字。皆據中華點校本補。

朱雀旗隊三十四人：折衝都尉三人，[1]平巾幘、紫辟邪衫、革帶、大口袴、錦䲢蛇、横刀弓矢。㦸矟二，[2]平巾幘、緋繡寶相花衫、革帶、袴。朱雀旗一，五人，緋抹額、寶相花衫、革帶、大口袴、横刀，引夾人加弓矢。弩六，弓矢六，矟十二。並平巾、緋寶相花衫、横刀、革帶、袴。

[1]折衝都尉三人："尉"，原作"衛"，從中華點校本改。

[2]㸌矟：一種儀仗。隋稱"豲槊"，唐稱"穛矟"，宋稱"㸌槊""㸌矟"。㸌，犎牛，善鬥，百獸無敢當者，故金吾仗刻㸌牛於槊首。宋制，平常置於朝堂，車駕鹵簿出，則爲前導。疑金同宋制。另，清段玉裁以爲當是瓟槊，即後世之金瓜錐。宋人因字作"㸌槊"，遂附會爲犎牛。

龍旗隊七十一人：大將軍一人，朝服。引旗四人，黄抹額、寶相花衫、革帶、大口袴。旗十二，風伯旗一、雨師旗一、雷公旗一、電母旗一、北斗旗一、五星旗五、左右攝提旗二，執、夾共六十人，皆五色寶相花衫、抹額、革帶、袴、横刀，引夾人加弓矢，後凡執旗者並同。副竿二，錦帽、黄寶相花衫、革帶、袴。護旗四人。加黄抹額、弓矢。

太僕三車八十一人：指南車，駕士三十人，武弁、緋絁繡孔雀大袖、銀褐帶、袴。記里鼓車，駕士三十人，獬豸大袖。鸞旗車，駕士十八人，瑞鷹大袖。駕車赤馬十二，執黑杖者三人。

外仗。[1]

牙門旗隊二十八人：分左右。白澤旗二，執、夾各五人，緑貝冠、人馬甲、錦臂韝、横刀，[2]引夾加弓矢。

[1]外仗：二字原脱，從中華點校本補。

[2]貝冠：《大金集禮》卷二七作"緑具裝冠"。本書卷四二

《儀衛志下》："白澤旗二人，旗五人，緑具裝冠"，亦作"具裝冠"。

臂韝（gōu）：臂衣。套於臂上，類似現在的套袖，便於從事勞作、射獵、舞蹈等活動。　人馬甲：疑即馬甲。

金吾牙門旗第一門，牙門旗四，執、夾十二人，青寶相花衫、抹額、[1]革帶、大口袴、横刀，引夾人加弓矢。監門校尉六人。長脚幞頭、緋抹額、獅子裲襠、銀帶、横刀、弓矢、烏皮靴。[2]後隊同。

[1]青寶相花衫抹額："衫"字原在"抹額"下。從中華點校本改。

[2]長脚襆頭：將兩根帶子加長，打結後作裝飾，稱爲長脚襆頭。　裲襠：又稱"襠服""兩當"。《釋名·釋衣服》："裲襠，其一當胸，其一當背也。"王念孫《釋名疏證補》："今俗謂之背心，當背當心，亦兩當之義也。"裲襠的構造與現代的背心近似，一般分爲前後片，以布帛製成。肩部以皮制袼襻聯綴，腰間以皮帶係紮。男子、婦女都可服用。婦女服用時，一般將其穿在裏面，以後纔將它穿在交領衫襖之外。婦女用裲襠一般用彩繡，很精緻，而且裲襠内加絲綿，成爲後世"棉背心"的雛形。

前部馬隊。

第一隊七十人：折衝、果毅都尉二人，錦帽、緋辟邪袍、袴、革帶、横刀、弓矢。角宿、亢宿、斗宿、牛宿旗四，旗各五人，並五色寶相花衫、抹額、革帶、横刀，引夾加弓矢。弩六，弓矢十四，正錦帽、青寶相花衫、革帶、袴。矟二十八。緋色衫，餘同上。

第二隊七十人：折衝、果毅都尉二人，白澤衫。氐宿、女宿、房宿、虛宿旗四，旗五人，弩六，弓矢十四，矟二十八。服、執如前。

第三隊七十人：折衝、果毅都尉二人，心宿、危宿、尾宿、室宿旗四，旗五人，弩六，弓矢十四，矟二十八。服、執如前。

第二節。中道。[1]

金吾引駕騎二十人：折衝都尉二人，平巾幘、緋辟邪衫、革帶、袴、横刀、弓矢。弩六，弓矢六。矟六。並平巾幘、緋寶相花裲襠、革帶、袴。

[1]中道：二字原脱，從中華點校本補。

前部鼓吹五百四十七人：[1]鼓吹令二人，長脚幞頭、緑公服、角帶、絛鞭、[2]烏皮靴。府吏四人，長脚幞頭，緑寬衫、角帶、黄絹半臂、烏靴。部轄指揮使一人，平巾幘、紫寶相花衫、革帶、錦臘蛇。主帥四十八人，分五項，平巾幘、緋鸞衫、[3]革帶、袴，執儀刀。㧏鼓、金鉦各十二，平巾幘、緋鸞衫、銀褐抹帶、錦臘蛇。大鼓、長鳴各百二十，黄雷花衫、抹額、抹帶。鐃鼓十二，緋苣紋衫、抹額、抹帶。歌二十四，拱辰管二十四，簫二十四，笳二十四，服如鉦鼓，無臘蛇。大横吹百二十。服如鐃鼓。

[1]前部鼓吹：鼓吹爲古代軍樂，後凡馬上之樂均稱鼓吹。興起於漢代，唐代鼓吹按樂器不同，分爲鼓吹、羽葆、鐃吹、大横吹、小横吹五部。此指儀仗隊前部的鼓吹樂隊列。

[2]絲鞭："絲"，原作"糸"，從中華點校本改。
[3]緋鸞衫："緋"，原作"排"，從中華點校本改。

外仗。[1]

馬部第四隊六十人：分左右。折衝都尉二人，緋麟衫。箕宿、壁宿旗各一，旗五人，弩六，弓矢十四，矟二十人。服、執並如前隊。

[1]外仗：二字原脱，從中華點校本補。

第五隊六十人：折衝都尉二人，奎宿、井宿旗各一，旗五人，弩六，弓矢十四，矟二十八。服、執並如前隊。

第六隊六十人：折衝都尉二人，緋瑞鷹袍。婁宿、鬼宿旗各一，旗五人，弩六，弓矢十四，矟二十八。服、執並如前隊。

第七隊六十人：折衝都尉二人，胃宿、柳宿旗各一，旗五人，弩六，弓矢十四，矟二十八。服、執並如前隊。

第八隊六十人：折衝都尉二人，昴宿、星宿旗各一，旗五人，弩六，弓矢十四，矟二十八。服、執並如前隊。

第九隊六十人：折衝都尉二人，赤豹袍。畢宿、張宿旗各一，旗五人，弩六，弓矢十四，矟二十八。服、執同前。

第十隊七十人：折衝都尉二人，瑞馬袍。觜宿、翼宿、參宿、軫宿旗各一，旗五人，弩六，弓矢十四，矟二十八。服、執如前。

步甲隊，第一、第二兩隊百一十人：領軍衛將軍二人，平巾、紫白澤袍、袴、帶、錦螣蛇、横刀、弓矢。㩧矟四，平巾幘、緋寶相花袍、大口袴。折衝都尉四人，服如將軍。鶡鷄旗二，貔旗二，旗各五人，朱牟甲弓矢四十，朱牟甲刀盾四十。兜牟、甲身、披膊、錦臂韝、行縢、鞋襪、勒甲、革帶。[1]

[1]兜牟：同“兜鍪（móu）”，頭盔。　披膊：鎧甲遮護肩膊的部分。　行縢：也稱“邪偪”“行纏”“裹腿”“綁腿”。纏裹小腿的布帛。長條狀，斜纏於脛，上達於膝，下及於跗，以男子所著爲多，不論尊卑均可著之。通常用於出行或者士卒。

第三節。中道。

前部鼓吹第二，五百二十三人：侍御在外。節鼓二，笛二十四，簫二十四，篳篥二十四，笳二十四，桃皮篳篥二十四，黑平巾幘、緋對鸞衫、銀褐勒帛、大口袴。主帥二十六人，分四項，革帶、執儀刀、服如上，無勒帛。㧰鼓、金鉦各十二，黑平巾幘、緋繡對鸞衫、銀褐勒帛、大口袴、錦螣蛇。小鼓百二十，中鳴百二十，黄雷花袍、袴、抹額、抹帶。羽葆鼓十二，青苣紋袍、抹額、抹帶。歌二十四，拱辰管二十四，簫二十四，笳二十四，服如前色。侍御史二員，朝服。黄麾幡一，三人。武弁、緋寶相花衫、銀褐勒帛、大口袴，執者馬、綎者步。

外仗。[1]

步甲第三隊五十二人：折衝、果毅都尉二人，紫瑞馬袍。玉馬旗二，旗五人，青牟甲弓矢四十。服、執並同前隊。

第四隊五十二人：折衝、果毅都尉二人，瑞鷹袍。三角獸旗二，旗五人，青牟甲刀盾四十。

第五隊五十二人：折衝、果毅都尉二人，白澤袍。黄鹿旗二，旗五人，黑牟甲弓矢四十。

第六隊五十二人：折衝、果毅都尉二人，服同。飛麟旗二，旗五人，黑牟甲刀盾四十。

第七隊五十二人：折衝、果毅都尉二人，赤豹袍。駃騠旗二，旗五人，銀褐牟甲弓矢四十。

第八隊五十二人：折衝、果毅都尉二人，[2]服同。鸞旗二，旗五人，銀褐牟甲刀盾四十。

第九隊五十二人：折衝、果毅都尉二人，瑞鷹袍。麟旗二，旗五人，黄牟甲弓矢四十。

第十隊五十二人：折衝、果毅都尉二人，[3]馴象旗二，旗五人，黄牟甲刀盾四十。服、執如前。

金吾牙門旗第二門，牙門旗四，執、夾十二人，監門校尉六人。服、執同第一門。左右屯衛將軍二人，平巾幘、紫飛麟袍、大口袴、錦臟蛇、革帶、横刀、弓矢。絳引幡二十，執者六十人，武弁、緋繡寶相花衫、銀褐勒帛、大口袴。共八十人。

[1]外仗：二字原脱，從中華點校本補。

[2]折衝、果毅都尉二人：原脱“果毅”二字，從中華點校本補。

[3]折衝、果毅都尉二人：原脱此八字，從中華點校本補。

第四節。中道。

六軍儀仗二百五十二人：統軍六人，花脚幞頭、紫繡抹額、孔雀袍、革帶、横刀、鞬鞴、器仗、珂馬。[1]都頭六人，長脚幞頭、紫寶相花大袖、革帶、横刀。神武軍旗二、羽林軍旗二、龍武軍旗二，[2]旗各五人，執人錦帽，引夾人貼金帽。[3]排攔旗四十八、吏兵旗四、力士旗四、赤豹旗四、黄熊旗四、龍君旗四、虎君旗四、掩尾天馬旗六，旗一人，錦帽、五色寶相花衫、革帶、錦臂鞲。白簳槍九十，[4]交脚幞頭、五色寶相花衫、抹額、革帶、汗袴。柯舒二十四，[5]鐙杖十八。[6]並貼金帽、五色寶相花衫、革帶。

[1]鞬鞴：又作"鞬箙""箶箙"，指箭袋。　珂馬：指佩飾華麗的馬。

[2]神武軍、羽林軍、龍武軍：唐宋兩代禁軍。左右神武軍、左右羽林軍、左右龍武軍在唐代合稱"北衙六軍"。神策軍興起後，其禁衛功能削弱，漸成爲儀仗部隊。不見於本書《百官志》，疑金制同唐宋。

[3]引夾人貼金帽：原脱"貼"字，從中華點校本補。

[4]白簳（gǎn）槍：即"白幹槍"，槊的一種。簳，竹名，可作箭杆。

[5]柯舒：亦稱"柯櫫""哥舒"，即黑漆棒。

[6]鐙杖：亦稱"鐙棒"，古代一種棒形武器。其一端飾馬鐙形銅製品。後用作儀仗。

引駕龍墀旗隊六十五人：[1]排仗通直二人，排仗大將二人，並長脚幞頭、紫公服、紅鞓帶、絲鞭、烏皮靴。天王旗四、十二辰旗各一、旗一人，並錦帽、五色寶相花衫、革帶、臂韝。天下太平旗一、五方龍旗五，旗五人，執人錦帽，引夾人貼金帽，服並如上，横刀、弓矢。君王萬歲旗一、日月旗各一、旗五人。執人錦帽，引夾人貼金帽，服、執已見前例。

[1]引駕龍墀旗隊六十五人：原脱“旗”字，從中華點校本補。

御馬六十六人：馬十六匹，匹四人，控馬三十二人，貼金帽、紫寶相花衫、革帶。夾馬三十二人。皂帽、青錦襖、塗金銅束帶。廣武節級一人，[1]錦帽，執黑杖，服同控馬。管押騎御馬直人員一人。皂帽、紅錦襖、塗金、銅束帶。

[1]廣武節級：廣武，宋禁軍番號，爲禁軍步兵部隊之一。淳化二年（991），選神射、鞭箭、雄武、効忠等軍强壯善射者立爲廣武，大中祥符二年（1009）改名廣勇。節級，宋代禁兵低級軍官的總稱。包括“都”一級軍隊編制所屬的軍頭、什將、虞候、承局、押官等。疑此爲金初借用的宋禁軍稱號。

中道隊三十二人：大將軍一人，朝服、絲鞭。日月合璧旗一、苣紋旗二、五星連珠旗一、祥雲旗二，旗各五人。服、執見前例。長壽幢一。平巾幘、緋寶相花衫、革帶、大口袴。

金吾細杖一百人：青龍旗一、白虎旗一、五嶽神旗

五、五方神旗五，旗各四人，並四色寶相花衫、青黄銀褐皂抹額、抹帶、横刀，引夾如前。押旗二人，長脚幞頭、紫公服、紅鞓角帶、烏皮靴。五方龍旗各三、五方鳳旗各三，旗一人，並五色衫、抹額、革帶、横刀。四瀆旗四，旗五人。並皂寶相花衫、抹額、革帶、横刀、引夾如前。

外仗。[1]

黄麾前第一部二百七十二人：殿中侍御史二人，朝服。左右屯衛大將軍二人，[2]折衝都尉二人，平巾幘、紫飛麟袍、革帶、大口袴、錦螣蛇、横刀、弓矢。主帥二十人，平巾幘、緋寶相花衫、革帶、袴、儀刀。龍頭竿一百，揭鼓六，儀鍠斧二十，小戟二十，弓矢四十，朱縢絡刀盾二十，矟二十，緑縢絡刀盾二十。並青寶相花衫、抹額、抹帶、行縢、鞋韈。

[1]外仗：二字原脱，從中華點校本補。

[2]左右屯衛大將軍：官名。環衛官之一，不見於本書《百官志》。

第二部二百七十二人：殿中侍御史二人，左右領軍衛大將軍二人，折衝都尉二人，紫繡白澤袍。主帥二十人，龍頭竿一百，揭鼓六，儀鍠斧二十，小戟二十，弓矢四十，朱縢絡刀盾二十，矟二十，緑縢絡刀盾二十。服並緋。

第三部二百七十二人：殿中侍御史二人，左右屯衛大將軍二人，折衝都尉二人，紫瑞鷹袍。主帥二十人，龍頭竿一百，揭鼓六，儀鍠斧二十，小戟二十，弓矢四十，朱縢絡刀盾二十，矟二十，緑縢絡刀盾二十。服並黄，餘同上部。

第五節。中道。

八寶香案共三百人：[1]轝士九十六人，平巾幘、緋寶相花衫、大口袴、塗金銀束帶。燭籠三十二，大珮銀腰帶，服同輿士。行馬十六，服同燭籠。碧襴官十六人，弓脚幞頭、碧襴衫、塗金銅束帶、[2]烏皮靴，後四人執長刀。符寶郎八人，[3]長脚幞頭、緑公服、角帶、槐簡、步導。援寶三十二人，[4]人員二人，武弁、紫寶相花衫、革帶、執黑漆杖。長行三十人，緋寶相花衫、執黑漆杖。香案八，轝士三十二人，服同燭籠、行馬。案後金吾仗六，方傘二，大雉扇四，服並同碧襴官。金吾仗十二人，四色官四人，長脚幞頭、緑公服、大口袴、金銅腰帶，前二人執槐簡，後二執金銅儀刀。押仗二人，長脚幞頭、紫公服、紅鞓帶、烏皮靴。金甲二人，披膊，兜牟、鉞斧、錦臂韝、勒甲條。進馬四人。平巾，紫犀牛裲襠、革帶、袴、刀、弓矢。

[1]八寶香案共三百人：原無“香案共”三字，據中華點校本補。

[2]塗金銅束帶：原脱“塗”字，據中華點校本補。

[3]符寶郎：殿前都點檢司屬官。舊名牌印祗候，大定二年（1162）改爲符寶祗候。掌御寶及金、銀牌等。

[4]援寶：不詳。

金吾引駕四十九人：千牛將軍一人，千牛十人，郎將二人，[1]並緋繡抹額、紫犀牛裲襠、革帶、大口袴、横刀、弓矢、珂馬，將軍平巾幘、無抹額，千牛郎將花脚幞頭，餘同。長史二人，長脚幞頭、緑公服、金銅腰帶、袴、烏皮靴。引駕官四人。長脚幞頭、紫公服、紅鞓帶、烏皮靴。中雉扇十二，大傘二，小雉扇四，華蓋二，香蹬一座，[2]八人，火燎一，二人。武弁、緋寶相花大袖、革帶、大口袴。

[1]千牛將軍：官名。指千牛衛將軍，環衛官之一。不見於本書《百官志》。 千牛十人：左右千牛衛下屬人員。 郎將：承上文，應指千牛衛郎將。

[2]香蹬：寺廟内講經説法者坐的高凳。

腰輿人員、什將三人，皂帽、紅錦襖、塗金銀束帶。人員執杖。長行十六人，拳脚幞頭、紅錦四䙆襖、塗金銀腰帶。排列官二人，長脚幞頭，紫公服、紅鞓帶、烏皮靴。小輿二十四人，白鞓銀束帶，服同長行人。逍遥輦人員、[1]什將共十六人，皂帽、塗金銀束帶、紅錦方勝練鵲。[2]人員執黑漆杖。長行二十六人，紅地白獅錦襖、塗金銀帶、冠同。平輦人員、什將十六人，皂帽、紅錦團襖、塗金銀帶。輿輦共一百三人。

[1]逍遥輦：既能防風避雨且又舒適的一種輦車。宋代的逍遥輦應源自唐代的仙遊輦。宋中興之後，逍遥輦和平輦、大輦共爲皇帝三輦。

[2]紅錦方勝練鵲：用紅色錦緞織成帶在腰間的飾物。方勝練鵲爲一種花樣。

諸班開道旗隊一百七十七人：開道旗一，鐵甲、兜牟、紅背子、劍、緋馬甲。[1]皂纛旗十二，旗一人，黑漆鐵笠、皂皮人馬甲。引駕六十二人，皂帽、紅錦團襖、紅背子、鐵人馬甲、箭、兵械、骨朵。輔龍直一百二人。[2]皂帽、紅背子、骨朵、鐵人馬甲。

[1]馬甲：古代軍隊中用來遮護戰馬的設備。又叫“馬鎧”，南北朝時期又稱“具裝”。

[2]輔龍直：不詳。疑爲金禁軍部隊番號。

外仗。[1]

黄麾前第四部二百七十二人：殿中侍御史二人，左右武衛大將軍二人，折衝都尉二人，主帥二十人，龍頭竿一百，揭鼓六，儀鍠斧二十，小戟二十，弓矢四十，朱縢絡刀盾二十，矟二十，緑縢絡刀盾二十。黄寶相花衫，餘並如前第一部。

[1]外仗：二字原脱，從中華點校本補。

第五部二百七十二人。除左右驍衛大將軍與都尉服赤豹袍，龍竿以下服銀褐花衫，餘名色並如前第二部。

第六部二百七十二人。除將軍、都尉服瑞馬袍，龍竿以下服皂花衫，餘名色並如前第三部。

第六節。中道。

門旗隊一百二十三人：騎執門旗四十，五方色龍旗十，步執紅龍門旗六十，麋旗一，簇輦紅龍旗八，日月旗二，麟旗一，鳳旗一，旗皆一人。並鐵甲、兜牟、紅錦襖、紅背子，馬執者惟紅背子，步執門旗仍帶劍。

金輅，皇太后乘之，公主侍坐，故在玉輅之前。駕士九十四人，赤平巾幘、緋繡對鳳大袖、緋抹額、赤袴、鞋韈。擊鞭内侍十人，皂帽、紅錦襖、塗金銀束帶。駕頭下，御床也。抱駕頭内侍一人，長脚幞頭、紫羅公服、塗金銀束帶。控馬二人，錦帽、錦絡縫寬衫、銀大珮腰帶。廣武官十二人，錦帽、白鞓銀束帶、[1]襖。茶酒班執從物十一人，水罐二、香毬二、唾盂一、厮羅一、手巾一、御椅三人、踏床一，皂帽、碧錦團襖、紅錦背子、塗金銀束帶。共百三十人。

[1]白鞓銀束帶："鞓"，原作"成"，據中華點校本改。

拱聖直，[1]人員二人。長行三十八人。真珠頭巾、紅錦四褛襖、塗金銀束帶。導駕官四十二人，朝服。從人八十四，錦帽、紫絡縫寬衫、大佩銀腰帶。仗劍六人，皂帽、紅錦團襖、紅錦背子、鐵甲、弓矢、器械。廣武把行門八人，殿班把行門三十五人。[2]服並如仗劍。

[1]拱聖直：宋禁軍番號，爲步兵部隊之一。疑金同宋制。

[2]殿班：侍值殿廷的武官。宋殿前司所屬有諸班直，宿直侍衛殿廷。掌扈從侍衛、儀仗之事。置有殿前指揮使、都虞候、都軍使、都知、副都知、押班等官。

玉輅，帝后同乘，太子陪坐。駕士百二十八人，服如金輅，惟用青色。千牛將軍一人，具裝，執長刀於輅右。左右點檢二人，披金甲。夾輅大將軍二人，陪輅將軍二人，並朝服。進輅職掌二人，長脚幞頭、紫寬衫、塗金銀腰帶。教馬官二人，長脚幞頭、緋抹額、紫寶相花衫、塗金銀腰帶。部押二人，皂帽、[1]鐵甲、紅錦襖、執骨朵。挾輅八人，控踏路馬四人，馬二匹，銅面、包尾、凉屜，人服如駕士。共一百五十三人。

[1]皂帽：原作“皂袍”，據中華點校本改。

龍翔馬隊二十隊，[1]六百二十人，分左右，每隊人員三人，皂帽、鐵甲、紅錦襖、紅背子、弓矢、劍、骨朵、甲馬。殿侍二十八人。鐵甲、紅錦背子、弓矢、器械、甲馬。

[1]龍翔：金禁軍騎兵部隊。初隸侍衛親軍司，後隸點檢司。長官爲都指揮使。

東第五班，金槍六隊，每隊旗三人、鎗二十五人，内二十人佩弓矢。共一百六十八人。並裹鐵兜牟、金鎗。銀鎗六隊，每隊旗三人、鎗二十五人，内二十人佩弓矢。共一百六十八人，並裹鐵笠，銀鎗。

東第四班，二隊，每隊旗三人、弩二十五人，共五十六人。鐵笠、兜牟。

神勇步隊七百人：[1]分左右作四重，每重人員十，皂帽、紅錦團襖、弓矢、器械、骨朵。長行六百六十人，並鐵兜牟、甲。内拱聖骨朵直一百六十四人，[2]拱聖槍直一百六十四人，内執子旗者二人，餘執鎗。拱聖弓箭直一百六十六人，弓矢、器械、執骨朵。拱聖弩直一百六十六人。挾弩、鞦轡。

[1]神勇：金禁軍部隊名。按《金史》卷四四《兵志》禁軍條，“海陵又名上京龍翔軍爲神勇軍”，可見其前身是上京龍翔軍。

[2]拱聖骨朵直：金禁軍部隊番號。應屬於神勇軍，爲禁軍步兵部隊。下文的拱聖槍直、拱聖弓箭直、拱聖弩直皆同。

廣武骨朵大劍三百一十人：指揮使五人，紅錦襖、紅背子。都頭五人，紅襖、紅背子、並皂帽、塗金腰帶、骨朵。長行三百人。內一百人簇四金鵰錦帽、紫孔雀寬襖、白鞓銀束帶、骨朵，二百人金鍍銀花朱紅笠、緋對鳳寬襖、銀帶、執銀花大劍。導駕官四十二員，從者八十四人。服已見前。

外仗。[1]

青龍白虎隊五十二人：果毅都尉二人，青龍旗一、白虎旗一，旗五人，弩六人，弓矢十四，矟二十。服已見前。

[1]外仗：二字原脱，從中華點校本補。

第七節。中道。

駕後輔龍直等三十一人：[1]拍板一，篳篥十五，笛十四，人員一人。長行三十人，樂器自備，並皂帽、紅錦襖、塗金束帶，並馬。人員執骨朵。

[1]駕後輔龍直等：“等”字，原、南監本、殿本、局本並同，元刻本、北監本無。中華點校本據《大金集禮》改“等”爲“樂”。

扇筤二十五人：執筤官一人，控馬二人，服並如前例。紅龍扇二，長脚幞頭、紫公服、塗金銀束帶。廣武二十人。錦帽、繡寬襖、白鞓銀束帶、紫對鳳十領、緋對鳳十領。

七寶輦舁士四十二人：[1]什將、人員十六人，皂帽、紅錦團襖。長行二十六人。盤裹幞頭、紅錦四袨襖、塗金束帶。

[1]七寶輦：宋隆興二年（1164），爲德壽宫所製。比附大輦、平輦制度爲之。上施頂輪、耀葉、角龍、頂龍、滴子、鐸子、結穗毬。下施梅紅絲裙網，加綴七寶，故名。疑金同宋制。

持鈒隊五十人：旅帥二人，服如都尉。重輪旗二，旗五人，服同前例。紅羅大傘二，大雉扇八，小雉扇八，紅羅繡華蓋一，武弁、緋寶相花衫、革帶、袴、錦臘蛇。朱團扇八，黄寶相花衫。真武幢一，皂寶相花衫。睥睨八，緋寶相花大袖。麾一，幢一。紫寶相花衫、銀褐抹帶。

後部鼓吹三百三十七人：[1]鼓吹丞二人，典士四人，[2]部轄指揮使一人，主帥十八人，金鉦、㧝鼓各三，羽葆鼓十二，歌二十四，拱辰管二十四，簫二十四，笳二十四，節鼓二，鐃鼓十二，歌十六，簫二十四，笳二十四，小横吹一百二十。青苣紋袍、抹額、抹帶，餘並與前同。

[1]後部鼓吹：指儀仗隊後部的鼓吹樂隊列。
[2]典士：不詳。

金吾牙門旗第三門，[1]牙門旗四，旗三人，監門校尉六人。服、執同第一門。

黄麾後第一部二百七十二人，第二部二百七十二人，第三部二百七十二人，殿中侍御、衛大將軍、[2]折衝都尉、龍頭竿以下名色，並如前三部。

[1]金吾牙門旗第三門："旗"字原脱，上文第一節外仗有"金吾牙門旗第一門"，第三節外仗有"金吾牙門旗第二門"，中華點校本據補，並認爲此句上當脱"外仗"二字。

[2]殿中侍御、衛大將軍：按上文第四節"黄麾前第一部"及"第三部"，皆有"殿中侍御史二人，左右屯衛大將軍二人"，"第二部"作"殿中侍御史二人，左右領軍衛大將軍二人"。《金史詳校》卷三下："'御'下當加'左右屯'。"

第八節。中道。

後部鼓吹第二，百二十人：笛二十四，簫二十四，觱篥二十四，笳二十四，桃皮觱篥二十四。服並如前。屬車八，牛二十四，駕士八十人。武弁、緋繡雲鶴大袖、銀褐抹帶、大口袴。黄鉞車，赤馬二，駕士十五人。武弁、緋對鵝大袖、銀褐抹帶、大口袴。豹尾車，赤馬二，駕士十五人。武弁、緋立豹大袖、銀褐抹帶、大口袴。

玄武隊六十一人：金吾折衝都尉一人，平巾幘、紫辟邪袍、革帶、袴、螣蛇、横刀、弓矢。㦬矟二，平巾幘、緋寶相花衫、革大帶。仙童旗一、玄武旗一、螣蛇旗一、神龜旗一，旗五人，服、執如前例。矟十九，弓矢十五，弩四。平巾幘、緋寶相花衫、革帶、袴。

黄麾後第四部二百七十二人，[1]第五部二百七十二人，第六部二百七十二人，攝官名數服色並如前第四、第五、第六部。絳引幡二十，執者六十人。並武弁、緋繡寶相花衫、銀褐抹帶、大口袴。諸從駕官並於仗後陪從，朝服不足者公服。凡應乘馬者，並同宋制。

[1]黄麾後第四部二百七十二人：按上文第四節外仗“黄麾前第一部”至“第三部”，第五節外仗“黄麾前第四部”至“第六部”，第七節外仗“黄麾後第一部”至“第三部”，則此處之“黄麾後第四部”至“第六部”，必是第八節之外仗，中華點校本據此認爲此句上當脱“外仗”二字。

金史　卷四二

志第二十三

儀衛下

大駕鹵簿　皇太后皇后鹵簿　皇太子鹵簿　親王傔從
諸妃嬪導從　百官儀從

大駕鹵簿

世宗大定三年，祫享，[1]用黄麾仗三千人。[2]分四節：第一節，無縣令、府牧，[3]即用黄麾前三部，次前部鼓吹，[4]次金吾牙門旗，次駕頭，[5]次引駕龍墀隊，次天王、十二辰等旗。第二節，黄麾第四、第五部，次君王萬歲日月旗，次御馬，内增控馬司圉、挾馬司圉各一十六人，[6]次日月合璧、五星連珠等旗，次八寶，[7]内增執黑杖傳喝一十八人，在香案前，次七寶輦。[8]第三節，黄麾後第一、第二部，次玉輅，[9]次㮯栳隊，[10]次導駕門仗官。第四節，黄麾後第三、第四、第五部，次金輅，[11]次牙門旗，次後部鼓吹。[12]

[1]祫（xiá）享：古代天子諸侯所舉行的集合遠近祖先神主於太祖廟的大合祭。

[2]黄麾仗：皇帝出行時一種非常隆重的儀仗。金代的黄麾仗制度詳見本書卷四一《儀衛志上》。

[3]縣令：縣官名。掌養百姓、按察所部、宣導風化、勸課農桑、平理獄訟、捕除盜賊、禁止游惰、兼管常平倉及推檢推排簿籍，總判縣事。大縣正七品，小縣從七品。　府牧：官名。應指府的長官，即府尹。

[4]前部鼓吹：鼓吹爲古代軍樂，後凡馬上之樂均稱鼓吹。始於漢代。唐代鼓吹按樂器不同，分爲鼓吹、羽葆、鐃吹、大横吹、小横吹五部。以鼓吹爲儀仗。此指儀仗隊前部的鼓吹樂隊列。

[5]駕頭：也稱“寶床”“正衙法坐”。宋太祖即位時的寶座。月牙形，以香木爲之，四足雕有凸起的卷龍，坐面用藤織雲龍，四圍錯彩，繪走龍之形，上加緋羅繡褥，裹以緋羅繡帕。皇帝出行，則使一老内侍馬上抱之，爲車駕前驅。疑金同宋制。

[6]挾馬司圉：“圉”，原作“圍”，從中華點校本改。

[7]八寶：指“八寶香案”。

[8]七寶輦：金大定四年（1164），爲德壽宫所製。比附大輦、平輦制度。上施頂輪、耀葉、角龍、頂龍、滴子、鐸子、結穗毬。下施梅紅絲裙網，加綴七寶。

[9]玉輅：亦作“玉路”。天子五輅之最尊者，以玉爲飾。車上建大常旗，畫日月。駕六馬，亦有駕象者。祭祀則乘之。始於周代，歷代相因。

[10]栲栳：用柳條編成形狀像斗的容器。也稱笆斗。

[11]金輅：亦作“金路”。天子五輅之一，地位僅次於玉輅。因以金飾轅、軛等五末，故名。車後建龍旗。天子大會萬國之賓或弔喪則乘之，亦以賜王子母弟及上公。始於周代，後歷代相因。

[12]後部鼓吹：指儀仗隊後部的鼓吹樂隊列。

大定六年九月，西京還都，[1]用黄麾仗二千五百四十二人，攝官在内。騎七百六十二匹。分四節：第一節，攝官五十四人，執擎三百二人，樂工一百七十人。第二節，攝官三十二人，執擎三百七十六人。第三節，仗内攝官四十四人，導駕官四十二人。門仗官一百人，玉輅青馬八、駕士一百四十人，護駕拷栳隊五百人，執擎二百四十二人。第四節，攝官五十人，金輅赤馬八、駕士九十四人，控鶴二十二人，樂工八十四人，執擎二百九十人。

[1]西京：金五京之一。治所在今山西省大同市。

是歲，上還自西京，有司備儀仗，皇太子乘金輅，[1]上疑其非禮，以問禮官，無能知者，上怒，皆責降之。明年，將册皇太子，宰臣奏當備儀仗告廟，上曰："前朕受尊號謁謝，但令朕用宋真宗故事，[2]朝服乘馬，於禮甚輕，今皇太子乃用備禮何耶?"丞相良弼謝，[3]上徐曰："此文臣因循，不加意爾。"先是，凡行幸皆役民執仗，是後詔以軍士易之。

[1]金輅：本書卷一九《顯宗紀》："故事，大駕鹵簿天子乘玉路，皇太子鹵簿乘金路。六年，世宗行自西京還都，禮官不知皇太子自有鹵簿金路，乃請太子就乘大駕綴路，行在天子之前。上疑其非禮。"中華點校本據此改爲"綴輅"。按綴輅即金輅。《尚書·顧

命》："大輅在賓階面，綴輅在阼階面。"孔安國注："大輅，玉。綴輅，金。"

[2]宋真宗：名趙恒，997年至1022年在位。

[3]丞相：金於尚書省設左、右丞相各一員。掌丞天子，平章萬機。皆從一品。據本書卷六《世宗紀上》，紇石烈良弼大定六年（1166）十二月爲尚書右丞相，大定九年十月升任尚書左丞相。此處承上文爲大定七年事，此時良弼爲尚書右丞相。　良弼：女真人。本書卷八八有傳。

大定十一年，將有事於南郊，朝享太廟，右丞石琚奏其禮。[1]上曰："前朝漢人祭天，惟務整肅儀仗，此自奉耳，非敬天也。朕謂祭天在誠，不在儀仗之盛也。其減半用之。"於是，遂增損黄麾仗爲大駕鹵簿，凡用七千人，攝官在内。分八節。

[1]右丞：爲執政官，宰相之貳，佐治省事。正二品。　石琚：本書卷八八有傳。按本書卷六《世宗紀上》，大定九年（1169）十一月己未，"右丞石琚爲左丞"。卷七《世宗紀中》，大定十二年十一月仍作"左丞石琚"。此時石琚應爲左丞。

第一節。第一引，七十人，縣令。第二引，二百六十四人，府牧。第三引，二百二十九人，御史大夫，[1]名色與府牧同，頗損其數，而增行止旗一。

[1]御史大夫：御史臺長官。負責糾察朝儀、彈劾官員、勘鞫官府公事，審斷所屬理斷不當的各種案件。正三品。大定十二升從二品。

第二節。金吾皂纛旗一十二人，朱雀隊三十四人，指南、記里鼓車皆五十二人，[1]鸞旗車一十八人。[2]前部鼓吹一百二十九人。清遊隊七十二人：内白澤旗二，旗五人，緑具裝冠、緑皮甲勒皮、錦臂韝、横刀，[3]引夾加弓矢，緑皮馬甲、[4]包尾全。折衝都尉二人，黑平巾幘、紫繡辟邪袍、革帶、銀褐大口袴、錦螣蛇、横刀、弓矢。[5]弩六、弓矢二十四，矟三十。並錦帽、青繡寶相花衫、[6]革帶、銀褐大口袴。佽飛隊四十八人：[7]内果毅都尉二，黑平巾幘、紫繡飛麟袍、革帶、銀褐大口袴、[8]錦螣蛇，佩横刀、弓矢。虞候佽飛三十人，鐵甲、兜牟、[9]横刀、弓矢、黑馬甲全。鐵甲佽飛一十六人。服、執如上。前部馬隊，第一隊六十四人，第二、第三隊皆六十人，第四、第五隊皆五十八人。殳叉仗五十四人：[10]内帥兵官二人，黑平巾幘、緋寶相花衫、革帶、銀褐大口袴，執儀刀。殳二十六，叉二十六。五色寶相花衫、抹額、抹帶、行縢、鞋韤。[11]行止旗一。緋繡寶相花衫、抹額、銀褐抹帶、大口袴。

[1]指南車：皇帝大駕及軍行所用車，其車爲行進確定方向。記里鼓車：又名大章車。車二層，各有木人。車行一里，下層木人擊鼓一槌；行十里，上層木人擊鐘一次。

[2]鸞旗車：皇帝出行時的前驅車。始於漢代。車上建鸞旗，初以羽毛編成，如鷄尾，故鸞旗車又俗稱“鷄翹”。後鸞旗改用赤帛繡鸞鳥。

[3]具裝冠：不詳。　臂韝（gōu）：臂衣，套於臂上，類似現在的套袖，便於從事勞作、射獵、舞蹈等活動。

[4]馬甲：古代軍隊中用來遮護戰馬的裝備，又叫“馬鎧”。

[5]平巾幘：一種平頂頭巾，亦稱“平上幘”。漢代興起，至魏晋時爲武官所戴。隋唐時亦爲武官公事通服，天子、皇太子乘馬則服之。後其用漸寬泛，形制歷代多有變化。　錦螣（téng）蛇：此指錦織螣蛇形佩飾。螣蛇爲古代神話中一種神蛇，亦稱“騰蛇”。據説無翼而飛。“螣”，原作“滕”，從中華點校本改。

[6]寶相：即寶相花，傳統裝飾花樣的一種。將某些自然形態的花朵（主要是荷花），進行藝術處理，變成裝飾化的花朵圖案，常用於織錦和瓷器上。

[7]佽飛：唐代指隸屬於左右金吾衛的府兵，疑金代指左右金吾衛所屬士兵。

[8]銀褐大口袴：“褐”，原作“合”，從中華點校本改。

[9]兜（dōu）牟（móu）：同“兜鍪”，頭盔。

[10]殳（shū）：古代一種用於撞擊的長柄兵器。又作“杸”或“投”。

[11]抹額：古代男子一種裹於額頭上的飾物，亦稱“抹頭”“包頭”“額子”。多以各色紗絹做成。　行縢：也稱“邪偪”“行纏”“裹腿”“綁腿”。纏裹小腿的布帛。長條狀，斜纏於脛，上達於膝，下及於跗，以男子所著爲多，不論尊卑均可著之。通常用於出行或者士卒。“縢”，原作“滕”，從中華點校本改。以下徑改。

第三節。[1]前部鼓吹第二，三百六十九人。前步甲隊，第一至第五隊皆四十二人。衙門旗二十人。黄麾前第一部一百五十人，第二部一百二十人。殳叉仗五十八人。行止旗一。

第四節。黄麾幡三人，六軍儀仗二百二十六人，御馬三十三人，黄麾前第三至第五部皆一百二十人，青龍白虎隊五十二人，殳叉仗五十六人，行止旗一。

[1]第三節："三"，原作"二"，從中華點校本改。

第五節。八寶二百三十二人，平頭輦三十人，[1]七寶輦四十二人。班劍、儀刀隊二百人：内將軍二人，折衝都尉二人，平巾幘、緋辟邪袍、革帶、銀褐大口袴、錦螣蛇，執儀刀。班劍、儀刀各九十八。並平巾幘、緋繡寶相花衫、革帶、銀褐大口袴、錦螣蛇、執儀刀。驍衛翊衛隊六十人：[2]内供奉郎將二員，[3]黑平巾幘、緋繡寶瑞馬袍、革帶、銀褐大口袴，執儀刀。鳳旗二，旗五人，服、執如前。弩、弓矢、槊皆一十六。服如班劍，横刀。[4]夾轂隊，第一隊九十二人：内折衝都尉二人，平巾幘、緋繡飛麟袍、革帶、銀褐大口袴，執儀刀。[5]寶符旗二，旗五人，朱鍪甲刀盾八十。朱甲、錦臂鞲、行縢、鞋襪。第二隊八十二人：内果毅都尉二人，白澤袍。飛黄旗二，旗五人，銀褐鍪甲刀盾七十。第三隊八十二人：内果毅都尉二人，赤豹袍。吉利旗二，旗五人，皂鍪甲刀盾七十。殳叉仗五十六人。行止旗一。

[1]平頭輦：又名"平輦""太平輦"。古代輦車的一種。宋朝始有其名，飾如當時的逍遥輦，但車駕上無椶櫚屋。

[2]驍衛翊衛：侍衛武官名。驍衛即環衛十六衛的左右驍衛。翊衛，指左右翊衛。隋、唐、宋皆置，掌侍衛。也是禁衛軍編制名。

[3]供奉郎將：疑指環衛十六衛下的郎將。

[4]横刀："横"，南監本、北監本、殿本、局本並作"儀"。

[5]執儀刀："刀"，原作"力"。從中華點校本改。

第六節。馬步門旗隊一百人，駕頭一十五人，廣武官、茶酒班執從物者二十三人。[1]御龍直四十人。[2]紅錦團襖、鍍金束帶，内人員二皂帽，三十八人真珠頭巾。[3]玉輅一百五十一人。梼栳隊五百人：内金槍隊一百二十六人，分左右，人員十八、並鐵甲、皂帽、紅錦背子，[4]執小旗，馬甲，紅錦包尾。長行一百八人，[5]鐵甲、兜牟、紅錦背子、錦臂鞲，甲馬、紅錦包尾，執金槍。銀槍隊一百二十六人，人員十八、長行一百八人，服並如上，銀槍。弓箭直步隊一百二十四人，[6]人員四、鐵甲、皂帽、紅錦團花戰袍、弓矢，執銀骨朵，[7]馬甲全。長行一百二十人，鐵笠、紅錦團花戰袍、鐵甲、弓矢、骨朵。骨朵直步隊一百二十四人，[8]人員四、長行一百二十人。服甲同上，無弓矢。金吾牙門旗二十人，黄麾後第一部一百五十人，第二部一百二十人，殳叉仗五十二人，行止旗一。

[1]廣武官：廣武，宋禁軍番號，爲禁軍步兵部隊之一。疑金朝存在同名禁軍。　茶酒班：宋制爲殿侍之一，稱茶酒班殿侍，爲無品武階官名。另，《宋史》卷一八八《兵志》禁軍騎軍條下有茶酒舊班、茶酒新班，爲禁軍番號。疑此爲金禁軍騎兵部隊的番號。

[2]御龍直：宋宫廷軍樂隊。太宗太平興國三年（978）從軍隊中選拔專長音樂的兵士組成。隸禁軍（皇帝衛隊）騎軍名下。淳化四年（993）改稱鈞容直。其職能主要是皇帝出行時在儀仗隊中演奏音樂。不見於本書《百官志》，疑金同宋制。

[3]内人員二皂帽，三十八人真珠頭巾："内人員二"，原作大字正文，文義不貫。中華點校本據《大金集禮》卷二七《行仗》改，是。

[4]背子：即褙子，又名"綽子""繡裾"。以直領對襟爲主，

腋下開胯，腰間用勒帛係束，下長過膝，多罩在其他衣服外面穿著。

[5]長行：金代中央各部門辦事員。此指來自各扈從禁軍的人員。

[6]弓箭直：金禁軍部隊番號。爲禁軍步兵部隊，應即本書卷四一《儀衛志上》的“拱聖弓箭直”，屬於神勇軍。

[7]骨朵：一種古代兵器。用鐵或硬木製成，頂端瓜形。唐代以後用爲刑杖。宋代以後並用爲儀仗，俗稱金瓜。

[8]骨朵直：金禁軍部隊番號。應屬於神勇軍，爲禁軍步兵部隊。應即本書卷四一《儀衛志上》的“拱聖骨朵直”。

第七節。扇筤二十五人，[1]金輅九十四人。大安輦一百八十一人：[2]内尚輦奉御二人，[3]殿中少監二人，[4]奉職官二人，[5]並公服。令史四人，[6]書令史四人，[7]七人烏介幘、緋四褛素衫、[8]銀褐抹帶、大口袴、皂靴，一人長脚幞頭、[9]紫羅公服、角帶皂靴。掌輦四人，[10]武弁、[11]黄繡寶相花衫、銀褐抹帶、大口袴。人員十二，皂帽、紅錦團襖、銅束帶，内指揮使一人執銀骨朵。[12]舁士一百五十一人。服同掌輦。御馬三十三人。持鈒隊三十九人。[13]後部鼓吹一百六十人。黄麾後第三至第五部皆一百二十人。後步甲隊第一至第二隊皆四十二人。殳叉五十六人。行止旗一。

[1]扇筤（làng）：筤，指帝王所坐車上的曲柄車蓋。沈括《夢溪筆談·故事》：“輦後曲蓋謂之筤。兩扇夾心，通謂之扇筤。皆繡，亦有銷金者，即古之華蓋也。”此指儀仗隊中執扇筤的執事，即本書卷四一《儀衛志上》的“執扇筤”。

[2]大安輦：一名大輦。以人力挽的皇帝坐車。宋制大輦，赤

色、正方、銀飾勾闌。輦内設圓鑒，中置黄褥，褥上設御坐、扶几。挽輦用六十四人。

［3］奉御：殿前都點檢司所屬吏員。原名入寢殿小底，大定十二年（1172）更名。定員十六人。

［4］殿中少監：宋制，殿中少監爲殿中省屬官。協助長官殿中監負責掌供奉皇帝飲食、醫藥、服御、輿輦、舍次等政令。當是金初仿宋制而設立的官職，官制改革後取消，故本書《百官志》不載。

［5］奉職：殿前都點檢司所屬吏員。原名不入寢殿小底，又名外帳小底，大定十二年更名。定員三十人。

［6］令史：無品級小吏，負責案牘文書之事。金尚書省、樞密院、元帥府皆設令史，此不詳爲何處令史。

［7］書令史：元帥府所屬無品級小吏。位低於正令史，負責元帥府案牘文書之事。

［8］四䙆素衫：素指白色。四䙆襖即褙子。

［9］長脚幞頭：襆頭，又名"折上巾""軟裹"，一種包裹頭部的紗羅軟巾。因襆頭所用紗羅通常爲青黑色，也稱"烏紗"，俗稱"烏紗帽"。隋唐以後爲男子的普遍服飾。襆頭繫在腦後的兩根帶子，稱爲襆頭脚，將兩根帶子加長，打結後作裝飾，稱爲長脚襆頭。

［10］掌輦：一名尚輦，負責管理輦輿相關事務的官員。另見於本書《選舉志》，金制不詳。

［11］武弁：武官所戴的皮冠。

［12］指揮使：軍官名。不詳是何部隊的指揮使。

［13］鈒：指用金銀等在器物上嵌飾圖案和文字。此不詳所指。

第八節。後部鼓吹第二，一百四十人。象輅、革車、木輅皆五十人，[1] 進賢車二十六人，[2] 豹尾車一十八人，[3]屬車八十人。[4]玄武隊六十一人。後步甲隊第三至第五隊皆四十二人。金吾牙門旗二十人。後部馬隊第一隊七十六人，第二隊六十四人，第三隊六十人。殳叉仗六十人。行止旗一。後分行旗、止旗爲二。以上名數與黄麾同者不重述。

[1]象輅：亦作"象路"。天子五輅之一。因以象牙飾五末，故名。漆以黄色或紅色，後建大赤旗。帝王視朝則乘之，亦以賜諸侯。始於周代，歷代相因。　革車：亦稱重車、守車，介於攻車和輜重車之間的車種。車上覆有皮革，宿營時供士兵休息，故稱革車。又當防守的壘，故亦稱守車。　木輅：亦作"木路"。天子五輅之一。車箱不覆革，又無金玉等飾，木質外露，故名。車飾以黑色，後建繪有龜蛇圖案之大麾旗。田獵、藉田等則乘之，亦以賜蕃國。始於周代，歷代相因，後多用作儀仗車。

[2]進賢車：《宋史》卷一四九《輿服志一》："進賢車，古之安車也。"古車立乘，而此車可安坐，故稱安車。一般賜給年老的高級官員、有重望者及貴婦人乘用。多用一馬，禮尊者則用四馬。

[3]豹尾車：皇帝出行時最後一輛隨從車。車上懸豹尾，故名。此車通過，沿途警戒解除。唐貞觀後，始加此車於鹵簿内，制同黄鉞車。

[4]屬車：一曰"副車""貳車""左車"，皇帝出行時的侍從車輛。

章宗明昌五年六月，尚書省奏："大定六年，世宗自西京還都，采宋省方還京之儀，用黄麾仗二千人及金、玉輅，栲栳隊甲騎五百人，導駕官四十二員，自後遂不復用。今車駕幸景明宫，[1]還都之日宜依用之。"制可。承安元年，[2]省臣奏：[3]“南郊大禮，大駕鹵簿當用人二萬一千二百一十八、馬八千一百九十八。世宗親行郊祀，仗用七千人。今擬大定制外量添甲卒三百，樗栳隊、執檛人二百四十八，[4]通七千五百四十八人，仍分八節。”從之。

[1]景明宮：金避暑行宮。在桓州凉陘（今河北省沽源縣西南閃電河上源處）。

[2]承安：金章宗年號（1196—1200）。

[3]省臣：指尚書省官員。

[4]檛（guō）：亦作“輠”“過”。盛潤滑油膏之器。

泰和六年，上欲親行祫享，命有司計其役費。尚書省奏：“當用仗三千五百人，錢一萬餘貫，馬八百六十五匹。舊例，馬皆借取於民，親軍、班祗皆自備從事。今軍旅方興，官馬以備緩急，不可借用，民亦不可重擾，宜令有司攝事。”上詔再議之。八年四月，禘于太廟，[1]依元年例，用黄麾仗三千人，屯門仗五百人。

[1]禘：古代宗廟四時祭之一。

皇太后、皇后鹵簿

用唐、宋制，共二千八百四十人。[1]清游隊三十人，清游旗一，執一人、引二人、夾二人。並平巾幘、緋裲襠、[2]大口袴，佩弓矢、横刀，執槊、弩，騎。次金吾衛折衝都尉一人，[3]平巾幘、紫裲襠、大口袴、錦螣蛇、弓矢、横刀。犦綟二人，[4]平巾幘、緋衫、大口褲，夾折衝。領四十騎：二十人執綟、四人弩、十六人横刀。[5]並平巾幘、緋裲襠、大口袴、横刀、弓矢。次虞候佽飛二十八人。並平巾幘、緋裲襠、大口袴、弓矢、横刀，騎夾道，分左右均布至黄麾仗。次内僕令一人，丞一人，[6]依本品服，分左右。各書令史二人。平巾幘、緋衫、大口褲，騎從。次黄麾一，執一人，夾二人。武弁、朱衣、革帶，正道騎。次左右厢黄麾仗，厢各三行，行百人，從内第一行，短戟、五色氅，執者並黄地白花綦襖、[7]帽、行縢、鞋襪。次外第二行，戈、五色氅，執人並赤地黄花綦襖、帽、行縢、鞋襪。次外第三行，儀鍠、[8]五色幡。並青地赤花綦襖、帽、鞋、行縢、鞋襪。次左右領軍衛、左右威衛、左右武衛、左右驍衛、左右衛等，[9]衛各三行，行二十人，分前、後。衛各主帥六人，唯左右領軍衛各三人，並平巾幘、緋裲襠、大口袴，領軍衛前後獅子文袍、帽，餘衛豹文袍、帽，各執鍮石裝長刀，騎領，分前後。每衛各果毅都尉一人檢校。被繡袍，以上各一名步從。左右領軍衛有絳引幡，引前、掩後各三。[10]執者六人，並平巾幘、緋衫、大口袴。次内謁者監四人，給事二人，内常侍二人，内侍少監二人。[11]並騎，分左右。以上各有内給使一人，步從。次内給使百二十人。皆宫人，並平巾幘、緋衫、大口袴，分左右，在車後。[12]次偏扇、團扇、方扇各二十四。分左右，以宫人執之，皆服間綵大袖裙襦、綵衣、革帶、履。次香蹬一，[13]執擎内給使四人。平巾幘、緋裲襠、大口袴，在重翟車前。次重翟車，[14]馬四，駕士二十四人。平巾幘、青衫、大口褲、鞋襪。次行障二，坐障二。分左右夾車，宫人執之。服同執扇。

次内寺伯二人，[15]領寺人六。分左右，平巾幘、緋裲襠、大口袴、執御刀，並騎，夾重翟車。次腰輿一，[16]舁士八人，團雉扇二。夾輿。次大傘四，次大雉扇八。分左右，横行爲二重。次錦華盖二。單行，正道。[17]次小雉扇、朱團扇各十二。並横行，分左右。次錦曲盖二十四。横行，爲二重。次錦六柱八扇。[18]分左右。自腰輿以下並内給使執之，服同前。次宫人車。次絳麾二。分左右，執各一人，武弁、朱衣、革帶、鞋襪。次後黄麾一，執一人，夾二人。並騎，武弁、朱衣、革帶，正道。次供奉宫人。在黄麾後。次厭翟車，[19]馬四，駕士二十四人。次翟車、安車皆四馬，[20]駕士各二十四人。次四望車、金根車，[21]皆駕牛三，駕士各十二人。服同前。次左右厢牙門各二，每門執二人，夾四人。並赤綦襖、黄袍、帽。第一門在前黄麾前，第二門在後黄麾後。次左右領軍衛，每厢各一百五十人，執殳，並赤地黄花綦襖、帽、行滕、鞋襪。前與黄麾仗齊，後盡鹵簿。厢各主帥四人，檢校。平巾幘、緋衫、大口袴、被黄袍帽，執鍮石長刀，騎。其服豹文者二在内，服獅文者二，一引前，一護後。次左右領軍衛折衝都尉各一人，檢校殳仗。以上各一人騎從。次後殳仗内正道置牙門一，每門監門校尉二人，[22]皆平巾幘、緋裲襠、大口袴，執銀裝長刀，騎。每厢各巡檢校尉一人，往來檢校。服仗同前。前後部鼓吹，金鉦、掆鼓、大鼓、長鳴、中鳴、鐃吹、羽葆、鼓吹、横吹、節鼓，御馬並減大駕之半。

[1]共二千八百四十人：按《大金集禮》卷二八《儀仗下·皇后鹵簿》爲本志《皇太后皇后鹵簿》之所本，作“共二千八百四

十四人”。

[2]裲襠：又稱“襠服”“兩當”。王念孫《釋名疏證補》：“今俗謂之背心，當背當心，亦兩當之義也。”裲襠的構造與現代的背心近似，一般分爲前後片，以布帛製成，肩部以皮制袼襻聯綴，腰間以皮帶係紮。男子、婦女都可服用。

[3]金吾衛：指環衛十六衛中的左右金吾衛。

[4]犦矟：一種儀仗。矟，同“槊”。隋稱“𤛆槊”，唐稱“穳矟”，宋稱“犦槊”“犦矟”。犦，犎牛，善鬥，百獸無敢當者，故金吾仗刻犦牛於槊首。宋制，平常置於朝堂，車駕鹵簿出，則爲前導。疑金同宋制。另，清人段玉裁以爲是瓝槊，即後世之金瓜錘，宋人因字作“犦槊”，遂附會爲犎牛。

[5]領四十騎：二十人執槊、四人弩、十六人横刀：原作“領四十騎：横刀二十人、執矟四人、弩十六人”，從中華點校本改。

[6]内僕令一人、丞一人：内僕令、内僕丞，皆官名。隋、唐内侍省内僕局設内僕令、内僕丞。掌中宫車乘出入導引。中宫有出，則令居左、丞居右，夾引之。疑金同唐制。

[7]綦（qí）：青黑色的帛。

[8]儀鍠：即儀鍠斧，指用作儀仗的斧鉞。宋人王應麟《玉海》：“儀鍠，鉞屬，秦漢有之，唐用爲儀衛。”

[9]左右領軍衛、左右威衛、左右武衛、左右驍衛、左右衛：皆屬於環衛十六衛。金承唐宋設環衛官，置左右金吾衛、左右衛、左右驍衛、左右武衛、左右屯衛、左右領軍衛、左右監門衛、左右千牛衛等十六衛，有諸衛上將軍、大將軍、將軍等官。此處“左右威衛”不見於十六衛，疑爲“左右屯衛”之誤。或金制有調整。

[10]左右領軍衛有絳引幡，引前、掩後各三：按《大金集禮》卷二八作“左右領軍衛各絳引幡六□三□引前三□掩後”。《政和五禮新儀》卷一八作“左右領軍衛各絳引旗六、引前旗六、掩後旗六”。與此異。

[11]内謁者監、給事、内常侍、内侍少監：皆太監官名，疑同

宋制。《宋史》卷一四七《儀衛志五》作“次内謁者監四人，給事、内常侍、内侍各二人”。

［12］“次内給使百二十人”至“在車後”：按《大金集禮》卷二八作“次内給使一百二十人，並平巾幘、緋衫、大口袴，分左右單行，後盡宫人車”，《政和五禮新儀》卷一八同。意謂内給使一百二十人左右夾車，單行極長，直至最後之宫人車。

［13］香蹬：寺廟内講經説法者坐的高凳。

［14］重翟車：簡稱重翟。古代皇太后、皇后乘用的主要車輛之一。與厭翟、安車、翟車、輦車合爲王后五輅。

［15］内寺伯：亦爲太監官名。不詳。

［16］腰輿：皇帝在宫中乘坐的一種無棚蓋的人抬轎。用手挽之，高僅及腰，故稱“腰輿”。

［17］單行正道：“正”上原衍“一”字，從中華點校本删。

［18］錦六柱：一種儀仗，具體不詳。

［19］厭翟車：皇后車輿之一。因以雉羽相次連接爲車飾而得名。唐、宋、金因隋制。

［20］翟車：亦稱“翟輅”。王后車駕之一。車箱飾以雉羽，故稱。行采桑之禮或歸寧則乘之。始於周代，歷代相因。　安車：皇后車輿之一。可供坐卧之車，與立車對言。四周有裳帷，上有蓋。王后朝見於王所乘。

［21］四望車：一名明遠車，又名皂輪車。四面有窗可以遠望，輪轂塗以黑漆。　金根車：省稱金根。帝王所乘之車。傳説殷時曾以爲大路，其色爲黄。秦始皇依其禮，以金飾車，因稱金根車。歷代相因。

［22］監門校尉：官名。不見於本書《百官志》。即左右監門衛的校尉，亦爲環衛官，位在上將軍、大將軍、將軍、中郎將等官之下。

是歲，重翟等六車改用圓方輅輦，[1]及行障、坐障、錦六柱、宫人等車，其制度人數並見《輿服志》。天德二年，[2]海陵立后，皇后乘龍飾肩輿，有司設二步障於殿之西階，設扇左右各十，繖一，此盖殿庭導引之儀也。又設皇太后導從六十人，傘子不在數内，並服簇四盤鵰團花紅錦襖、金花幞頭、塗金銀束帶。永壽、永寧宫導駕各三十人，[3]傘子各二人，此亦常行之儀也。

[1]重翟等六車：即重翟車、厭翟車、翟車、安車、四望車、金根車。

[2]天德：金海陵王年號（1149—1152）。

[3]永壽、永寧宫：指兩宫太后。海陵即位後，尊嫡母徒單氏爲永壽宫太后，生母大氏爲永寧宫太后。

皇太子鹵簿

受册寶謝廟。凡大禮、大朝會則用之。有司奏當用唐、宋儀禮，詔止用千人。

中道。清游隊二十四人：折衝都尉一人，白澤旗一，五人，弩四，弓六，槊八。並騎。清道直盪隊一十八人：折衝都尉二人，𤓰槊四，[1]弓矢十二。並騎。誕馬四，控攏八人。[2]正直旗隊三十三人：[3]果毅都尉一人，重輪旗一，[4]馴犀旗二，野馬旗一，馴象旗二，旗各五人，副竿二。[5]並騎。細引隊一十四人：果毅都尉二人，弓矢六，槊六。槊與弓矢相間，並騎。前部鼓吹九十八人：並騎。府史二人，金鉦、掆鼓各二，大鼓十二，長鳴八，鐃鼓二，簫六，笳六，[6]帥兵官二，節鼓二，小鼓十二，中鳴八，桃皮篳篥四，歌四，拱辰管六，篳篥六，大橫吹十二，羽葆鼓二，帥兵官二。繖扇八：梅紅傘二，大雉扇四，中雉扇二。小輿一十八人。[7]導引官一十二人：中允二人，[8]諭德二人，[9]庶子二人，[10]詹事二人，[11]太師一人，[12]太傅一人，[13]太保一人，[14]少師一人在金輅後。[15]並騎。親勳翊衛圍子隊七十四人：郎將二人。儀刀七十二。並騎。金輅七十人。三衛隊一十八人。執儀刀。厭角隊六十二人：郎將一人，祥雲旗一，五人，弩三，弓七，稍十五，並騎。又郎將一人，祥雲旗一，五人，弩三，弓七，槊十五。並騎。朱團扇一十六人：司禦率府校尉四人，[16]騎。朱團扇三，紫曲蓋三，朱團扇三，紫曲蓋三。大角一十八。後部鼓吹五十四人：並騎。管轄指揮一人，金鉦、掆鼓各一，鐃鼓二，簫六，歌六，篳篥六，節鼓一，主帥二人，笛六，笳四，拱辰管六，小橫吹十，主帥二人。後拒隊四十六人：果毅都尉一人，騎。三角獸旗一，五人，弩四，弓矢十六，槊二十。

［1］㦸槊四："㦸"字原脱，從中華點校本補。

［2］誕馬四，控攏八人：誕馬，古代儀仗隊中不施鞍轡的備用馬。"控攏"二字原脱，從中華點校本補。

［3］正直旗隊三十三人："正直"，《政和五禮新儀》卷一九作"正道"。

［4］重輪旗：繪有日、月光環的旗幟。重輪，日、月周圍光綫經雲層冰晶的折射而形成的光圈，古代以爲祥瑞之象。

［5］旗各五人，副竿二："副竿二"三字原脱，從中華點校

本補。

[6]笳六：按《大金集禮》卷二八作“笳四”。

[7]小輿：亦作辇車、輿車。天子短程外出所坐之小轎，皇太子於宮内亦可乘坐。

[8]中允：唐宋時東宮屬官。掌侍從禮儀、駁正啟奏等事。不見於本書《百官志》，金制不詳。

[9]諭德：即左、右諭德，東宮屬官。掌贊諭道德、侍從文章。正五品。

[10]庶子：官名。東宮屬官。掌值宿東宮，侍衛太子。不見於本書《百官志》，金制不詳。

[11]詹事：即太子詹事，東宮屬官。掌總統東宮内外庶務。從三品。

[12]太師：即太子太師，東宮屬官。爲宮師府三師之一。掌保護東宮，導以德義。正二品。

[13]太傅：即太子太傅，東宮屬官。正二品。

[14]太保：即太子太保，東宮屬官。正二品。

[15]少師：即太子少師，東宮屬官。爲宮師府三少之一。正三品。

[16]司禦率府校尉：不詳。當爲東宮屬官。

外仗

左行二百四人。牙門十六人：並騎。牙門旗一，三人，監門校尉三人，郎將一人，班劍九。[1]前第一隊二十七人：司禦率府一人，果毅都尉一人，折衝都尉一人，主帥一人，並騎。絳引幡三首，九人，麟頭竿二，儀鍠斧二，弓矢二，麟頭竿二，儀鍠斧二，朱刀盾二，小戟二。第二、第三、第四、第五隊各一十四人。與第一部麟頭竿已下同。後第一隊四十七人：牙門旗一，三人，監門校尉三人，果毅都尉一人，主帥一人，絳引幡三，九人，鶡鷄旗一，[2]五人，槊四，弩三，槊四，弓矢三，槊四，弓矢三，朱刀盾二，小戟二。並騎。後第二隊二十九人：果毅都尉一人，綱子旗一，五人，槊五，弩三，槊五，弓矢三，槊三，弓矢四。並騎。後第三隊二十九人：果毅都尉一人，黄鹿旗一，五人，槊五，弩三，槊五，弓矢三，槊三，弓矢四。並騎。右行二百四人，排列同。

[1]班劍：亦作"斑劍"，亦稱木劍、象劍。始於漢，盛行於晋、南北朝。漢制官吏朝服佩劍。晋始代之以木，貴者猶用玉首，賤者亦用蚌、金、銀、玳瑁爲斑斕之飾，故謂之斑劍。南朝宋、齊謂之象劍，謂象於劍也。後鹵簿法駕多用，由侍從武士佩之。此指佩班劍的侍衛。

[2]鶡鷄旗：鶡鷄是一種善鬥的鳥，或以爲即褐馬鷄。鶡鷄旗即繪有此種鳥的儀仗旗幟。

太子常行儀衛

導從六十二人，傘子二人，並服梅紅繡羅雙盤鳳襖、金花幞頭、塗金銀束帶。凡從物鏩鑼、唾盂、水罐等事並用銀金飾。[1]傘用梅紅羅、坐麒麟金浮圖。椅用金鍍銀圈、雙戲麒麟椅背，紅絨條結。殿庭與宴，襴用繡羅間金盤鳳，[2]卓衣則用繡羅獨角間金盤獸。東宫視事，朱髹飾椅，[3]塗金銀獸銜、紅絨條結，明金團花椅背，案衣則用素羅，色皆梅紅，蒙帕踏脚同。

[1]鐁（sī）鑼（luó）：一種銅製的盥洗用具。
[2]襨（tuí）：罩子。
[3]髹（xiū）：用漆塗在器物上。

親王傔從

引接十人，皂衫、盤裹、束帶、乘馬。[1]牽攏官五十人，首領紫羅襖、素幞頭，執銀裹牙杖，傘子紫羅團荅繡芙蓉襖、間金花交脚幞頭，餘人紫羅四褛繡芙蓉襖、兩邊黄絹義襴，並用金鍍銀束帶，幞頭同。遨喝四人。傘用青表紫裹，金鍍銀浮圖。椅用銀裹圈背。水罐、鐁鑼、唾盂並用銀。郡王牽攏官三十人，[2]未出宫者二十人。國公牽攏官二十人，未出宫者十四人。郡王引接六人，國公四人，未出宫者各減半。人從儀物並依一品職事官制。

[1]盤裹：不詳。
[2]郡王：金代封爵。正一品。

諸妃嬪導從

四十人，幞頭、繡盤蕉紫衫、塗金束帶。妃用偏扇、方扇、團扇各十六，諸嬪各十四，皆宫人執，服雲脚紗帽、紫四褛衫、束帶、緑靴。大傘各一，傘子二人，就用本服錦襖幞帶。大長公主導從一十二人，[1]皇妹、皇女一十人，並服紫羅繡胸背葵花夾襖、盤裹、幞頭、大佩銀腰帶，牙杖各二。其諸宗室女，各以親疎差降之。傘制，皇太子三位妃皆青羅表紫裏、金浮圖，親王、公主、王妃金鍍銀浮圖，郡主、縣主、夫人銀浮圖，[2]皆青表紫裏，諸臣下母、妻各從其夫、子勳封品級用傘。

[1]大長公主：皇帝姑母的稱號。

[2]郡主、縣主：皆親王女兒的封號。

百官儀從

正一品：三師、三公、尚書令，[1]朱衣直省各十人，[2]三公稱直府。[3]牽攏官各六十人，並服紫衫帽、銀偏帶，内執藤棒二對、骨朵三對，牙杖三對，簇馬六人，傘子二人。交椅、水罐、鍁鑼、盂子、唾盆等事，以次執之，服皂衫帽、塗金銅束帶。後凡執色人並同。邀喝四人。傘用青羅紫裏、銀浮圖。

[1]三師：指太師、太傅、太保。師範一人，儀刑四海。皆正一品。　三公：太尉、司徒、司空。論道經邦，燮理陰陽。皆正一品。　尚書令：尚書省長官。爲宰相。正一品。

[2]直省：在尚書省當直的人員。

[3]直府：在公師府當直的人員。

從一品：尚書左右丞相、平章政事、都元帥、樞密使，[1]直省同，樞密稱直院，[2]以班祗人充。牽攏官五十人，邀喝四人。判大宗正，[3]引接十人、牽攏官四十人。大興尹，[4]面前兩對，餘並同。以上交椅並用銀裹圈背、紫絲滌結。

[1]尚書左右丞相：金於尚書省設左、右丞相，爲宰相，掌丞天子，平章萬機。從一品。　平章政事：尚書省設平章政事，亦爲宰相。從一品。　都元帥：都元帥府長官。掌征討之事。從一品。樞密使：樞密院長官。掌武備機密之事。

[2]直院：在樞密院當直的人員。

[3]判大宗正：大宗正府長官。掌敦睦糾率宗屬欽奉王命。從一品。泰和六年（1206）因避諱改爲判大睦親事。

[4]大興尹：府官名。掌宣風導俗，肅清所部，總理本府政事。正三品。大興府，治所在今北京市。大興尹與從一品官員並列，可能因其爲京師所在地的地方長官而獲此殊榮。

正二品：東宫三師、左右副元帥、尚書左右丞，[1]直省八人，牽攏官四十人，邀喝三人，傘用朱浮圖。

[1]東宫三師：指太子太師、太子太傅、太子太保。　左、右副元帥：皆爲都元帥府屬官。掌征討之事。正二品，左副元帥地位高於右副元帥。　尚書左、右丞：皆爲尚書省屬官。爲執政官。正二品，尚書左丞地位高於尚書右丞。

從二品：參知政事、樞密副使、御史大夫，[1]直省同，御史臺稱通引，[2]以傔使班袛人充。[3]牽攏官三十六人，邀喝數同。

[1]參知政事：尚書省屬官。爲執政官。從二品，定員二人。樞密副使：樞密院屬官。協助樞密使掌武備機密之事。從二品。

[2]御史臺：官署名。負責糾察朝儀、彈劾官員、勘鞫官府公事，審斷所屬理斷不當的各種案件。長官爲御史大夫。

[3]傔（bào）：古代官吏值班人。

正三品：東宫三少、元帥左右監軍、殿前都點檢、六部尚書、諸京留守、宣徽、勸農使、翰林學士承旨等官，[1]凡同品者，各引接六人，牽攏官二十人。以上交椅並用直背銀間粧、青絲滌結。諸京都轉運使、招討使、諸路提刑使、諸府尹兼本路兵馬都總管及留守，[2]牽攏官五十人。外任，統軍使、都運、招討使、副使、諸府尹兼總管，[3]牽攏官五四十五人，公使七十人。

[1]東宫三少：指太子少師、太子少傅、太子少保。皆正三品。 元帥左、右監軍：皆爲都元帥府屬官。地位在左、右副元帥之下，皆爲正三品，元帥左監軍地位高於元帥右監軍。 殿前都點檢：殿前都點檢司長官，例兼侍衛親軍馬步軍都指揮使。掌行從宿衛，關防門禁，督攝隊仗，總判司事。正三品。 六部尚書：尚書省下屬機構六部的長官。包括禮部尚書、吏部尚書、户部尚書、兵部尚書、刑部尚書、工部尚書，主持本部工作。皆正三品。 諸京留守：諸京留守司長官。金代諸京包括上京、中京、東京、西京、南京、北京等，不同時期有所變化。諸京皆設留守司，長官爲某京留守，例兼本府府尹、本路兵馬都總管。皆正三品。 宣徽：指左、右宣徽使。宣徽院長官。掌朝會、燕享、殿庭禮儀，監知御膳。皆正三品。 勸農使：勸農使司長官。掌勸課天下力田之事。正三品。 翰林學士承旨：翰林學士院長官。掌制撰詞命，應奉文字。正三品，貞祐三年（1215）升從二品。

[2]諸京都轉運使：本書卷五七《百官志三》："惟中都路置都

轉運司，餘置轉運司”，與此不同。據本書卷九二《毛碩傳》稱其爲“南京路都轉運使”，卷八二《郭安國傳》見南京都轉運使左瀛，卷五《海陵紀》稱其爲汴京路都轉運使，説明金朝可能在某一時期諸京設都轉運司。都轉運使，爲都轉運司長官。掌稅賦錢穀，倉庫出納，權衡度量之制。正三品。　招討使：金於東北路、西北路、西南路三處設招討司，負責招撫沿邊各部族，征討叛亂。長官爲招討使。正三品。　諸路提刑使：金於諸路設提刑司，後改爲按察司。提刑使爲提刑司長官。掌審察刑獄、照刷案牘、糾察濫官污吏豪猾之人、私販鹽酒及一切應禁之事。正三品。　諸府尹兼本路兵馬都總管及留守：金於諸路設兵馬都總管府，長官爲兵馬都總管。掌統諸城隍兵馬甲仗，總判府事。正三品。例由本路首府所在地的府尹兼任。金代諸京所在地的府尹不僅例兼本路兵馬都總管，還例兼本京留守。

[3]統軍使：統軍司長官。督領軍馬，鎮攝封陲，分營衛、視察奸。正三品。　都運：即前文提到的都轉運使。　招討使：招討司長官。掌招懷降附，征討携離。正三品。　副使：此處疑有脱誤，若承上文，則應爲副招討使。然據本書卷五七《百官志三》，“副招討使從四品”，其儀從必不相同。中華點校本據本卷下文“外任官從已人力”條“統軍、都轉運、招討、按察使，諸路兵馬都總管四十五人”，疑此處爲按察使。然按察使爲提刑使所改，前文已見提刑使，不應並存按察使。待考。　諸府尹兼總管：即兼本路兵馬都總管的各府尹。

從三品：元帥左右都監、勸農副使、殿前副都點檢及御史中丞等官，[1]凡同品者，各引接六人，牽攏官一十八人，内中丞引從則給緋衫。外任，運使、節度使，[2]牽攏官四十人，諸節鎮、諸部族節度同，[3]公使上鎮七十人、中鎮六十五人、下鎮六十人。[4]以上外任官人從服色，除諸招討、總管、部族節度、群牧使自來無射粮軍人力者並仍舊外，[5]留守、統軍、總管、都運、招討、府尹、轉運、節度使人力亦仍舊，其數雖多，俱不得過四十人，並服紫衫、銀帶，銀裹圈背交椅、銀水罐、鍁鑼、盂、盌、牙杖，内銀裹骨朵、大劍各兩封，及邀喝，唯運使無骨朵、大劍。

[1]元帥左、右都監：皆都元帥府屬官。位在都元帥、左右副元帥、元帥左右監軍之下。從三品。　勸農副使：勸農使司屬官。協助勸農使掌勸課天下力田之事。正三品。　殿前副都點檢：殿前都點檢司屬官。有殿前左副點檢、殿前右副點檢，皆例兼侍衛親軍馬步軍副都指揮使，掌宮掖及行從。皆從三品。　御史中丞：御史臺屬官。協助御史大夫負責糾察朝儀，彈劾官吏，勘察官府公事。從三品。

[2]運使：指諸路轉運司長官轉運使。職掌同諸京路的都轉運使。從三品。　節度使：節度州長官。掌鎮撫諸軍防刺，總判本鎮兵馬之事，兼本州管内觀察使。從三品。

[3]諸節鎮、諸部族節度：節鎮，指節度州和節度使。部族節度，指部族節度使，爲諸部族長官。掌統制所部，鎮撫諸軍，總判部事。從三品。

[4]上鎮七十人、中鎮六十五人、下鎮六十人：鎮即節鎮。節度州分上、中、下三個等級，此“上鎮”“中鎮”“下鎮”分别指上、中、下節度州的節度使。

[5]群牧使：群牧所長官。掌檢校群牧蓄養蕃息之事。本書卷五七《百官志三》作從四品，與此異。　射粮軍：金軍種之一。

正四品：左右諫議大夫、國子祭酒、六部侍郎等官，[1]凡同品者，各引接八人，本破十二人。外任，留守同統軍都監、提刑副使，[2]各牽攏官三十人。

[1]左右諫議大夫：諫院屬官。皆正四品。　國子祭酒：國子監長官。掌管學校。正四品。　六部侍郎：尚書省下屬機構六部屬官。六部尚書之副。除户部定員爲二人，其他五部皆定員一人，皆正四品。

[2]外任留守同統軍都監提刑副使：按下文“外任官從己人力”條，“同知留守、副統軍、按察副使，三十人”，次序與此相合，按察副使即提刑副使，知“留守同”下脱“知”字，“統軍”上脱“副”字。按本書卷五七《百官志三》，同知留守事與副統軍皆爲正四品。而都監品秩皆卑，無正四品者，疑“都監”二字衍。　提刑副使：提刑司屬官。提刑使佐貳。正四品。

從四品：殿前左右衛將軍、諸猛安千户、親王府尉、諸京同知轉運等官，[1]凡同品者，各引接四人，本破十二人。外任，牽攏官三十五人，公使上防禦六十人、中防禦五十五人、下防禦五十人。[2]

[1]殿前左、右衛將軍：官名，皆爲殿前都點檢司屬官。掌宫衛及行從宿衛警嚴，總領護衛。從四品。　猛安千户：猛安漢譯即爲千户，千户當爲衍文。女真族地方行政設置及長官名稱，相當於防禦州，同時也是軍事編制及軍官名稱。猛安也用爲榮譽爵稱。　親王府尉：親王府屬官。從四品。　諸京同知轉運：諸京都轉運司屬官。都轉運使之副。從四品。

[2]防禦：指防禦使，爲防禦州長官。掌防捍不虞、禦制盜賊，總理本州政務。從四品。防禦州分上、中、下三個等級，“上防禦”

"中防禦""下防禦"分别指上、中、下防禦州的防禦使。

正五品：尚書左右司郎中、翰林待制、太常少卿等官，[1]凡同品者，各本破八人。外任，牽攏官三十人，公使上州五十人、中州四十五人、下州四十人。凡防禦、刺史、知軍并京府、統軍司、節鎮佐貳官人從，[2]並服紫衫、角束帶，直背銀交椅、鍘鑼、盂子、唾盂、牙杖，傘用青表碧裹青浮圖。防禦、刺史、知軍仍用銀裹骨朵、大劍一對，邀喝，唯隨路副統軍則不邀喝。[3]

[1]尚書左右司郎中：尚書省屬官。左司郎中爲尚書省左司長官，右司郎中爲尚書省右司長官。掌本司奏事，兼帶修注官。左司負責總察吏、户、禮三部受事付事，右司負責總察兵、刑、工三部受事付事。皆爲正五品。　翰林待制：翰林學士院屬官。分掌詞命文字，分判院事。正五品。　太常少卿：太常寺屬官。協助太常卿掌禮樂、郊廟、社稷、祠祀之事。正五品。

[2]知軍：帶京朝官銜或試銜者主持軍鎮事務時稱知軍事，簡稱知軍。　佐貳官：按本書卷五五《百官志一》，皇統五年"定京府尹牧、留守、知州、縣令、詳穩、群牧爲長官，同知、簽院、副使、少尹、通判、丞曰佐貳官"。則此處指諸京留守司的同知留守事、副留守、留守判官，諸府的同知、少尹、總管判官、府判，諸統軍司的副統軍使、判官，諸節度州的同知節度使、副使、節度判官、觀察判官等。

[3]副統軍：統軍司屬官。統軍使佐貳官。本書卷五七《百官志三》作正四品，與此異。

從五品：六部郎中、侍御史、大理少卿等官，[1]凡同品者，本破七人，侍御引從則給緋衫。外任，本破十人。以上職事官並許張蓋。

[1]六部郎中：尚書省下屬機構六部之屬官。協助各部尚書處理本部政務。吏部定員二人、户部定員三人，其他四部定員皆爲一人。皆從五品。　侍御史：御史臺屬官。掌奏事、判臺事。從五品。　大理少卿：大理寺屬官。協助大理卿掌審斷天下奏案，詳核疑獄。從五品。"卿"，原作"府"，從中華點校本改。

正六品：尚書左右司員外等官，[1]凡同品者，本破六人。外任，本破九人。

[1]尚書左右司員外：即尚書左司員外郎和尚書右司員外郎，尚書省下屬機構左司、右司之屬官。分别爲左司郎中、右司郎中之副，皆正六品。

從六品：尚書六部員外等官，[1]凡同品者，本破五人。外任，本破九人。

[1]尚書六部員外：指尚書省下屬機構六部的員外郎。各部定員不同，爲一至四人不等，皆從六品。

正七品：殿中侍御史等官，[1]凡同品者，本破四人。外任，本破七人。縣令，公使十人。都軍，[2]公使六人。

[1]殿中侍御史：御史臺屬官。每遇朝會對立於龍墀之下，專劾朝者儀矩，凡百僚假告事具奏目進呈。正七品。

[2]都軍：指諸府鎮都軍司的都指揮使。掌軍率差役、巡捕盗賊，總判軍事，仍與録事同管城隍。正七品。

從七品：應奉翰林文字等官，[1]凡同品者，本破四人。外任，本破六人。縣令，公使十人。

[1]應奉翰林文字：翰林學士院屬官。分掌詞命文字，分判院事，凡應奉文字，銜内帶“同知制誥”。從七品。

正八品：大理評事等官，[1]凡同品者，本破二人。外任，本破六人。

[1]大理評事：大理寺屬官。掌参議疑獄、披詳法狀。正八品。

從八品：太常太祝等官，[1]凡同品者，本破二人。外任，本破五人。

[1]太常太祝：太常寺屬官。掌奉祀神主。從八品。

正九品：御藥都監等官，[1]凡同品者，本破一人。外任，本破三人。

[1]御藥都監：宣徽院下屬機構御藥院屬官。正九品。

從九品：隨殿位承應、同監等官，[1]凡同品者，本破一人。外任，本破一人。

[1]隨殿位承應、同監：指皇宫中各處殿位的承應都監、同監，隸屬於宣徽院下屬機構内侍局。掌各處承應及門禁管鑰。從九品。

尚書省、樞密院令、譯史、通事，[1]六部、御史臺及統軍司通事，[2]誥院令史，[3]國史院書寫等職，[4]各設本破一人。

以上職官，人力從物不得僭越。其外任官，人從服執，以本處公用或贓罰錢置。

[1]尚書省樞密院令譯史：指尚書省令史、尚書省譯史、尚書省通事、樞密院令史、樞密院譯史、樞密院通事，皆爲無品級吏員。尚書省令史定員七十人，女真人、漢人各半；譯史定員十四人；通事定員八人。樞密院令史定員十八人，女真人十二人、漢人六人；譯史定員三人；通事定員三人。令史負責文書案牘之事，通事爲翻譯，譯史負責文書翻譯。

[2]六部、御史臺及統軍司通事：指尚書省下屬機構六部和御史臺、統軍司的通事，皆爲無品級吏員。吏部、户部、兵部、刑部皆定員二人，禮部、工部定員一人，御史臺定員三人，各統軍司皆定員一人。

[3]誥院令史：尚書吏部下屬機構官誥院所屬吏員。

[4]國史院書寫：國史院吏員。定員十人，女真人、漢人各五人。

凡内外官自親王以下，傔從各有名數差等，而朱衣直省不與。其賤者，一曰引接，亦曰引從。内宫從四品以上設之。二曰牽攏官，内外正五品以上設之。三曰本破，内外正四品以下設之。四曰公使，外官正三品以下設之。五曰從己人力，外官正三品京都留守、大興府尹以下等官設之。本破如牽攏之職，公使從公家之事，從己執私家之役者也。五等皆以射粮軍充，其軍非驗物力以事攻討，特招募民年十七以上、三十以下魁偉壯健者收刺，以資粮給之，故曰射粮。其首領則有將節、承局、什將等名，[1]而皆統於隨路都兵馬總管府焉。金之所以禮臣下、足任使者，其亦先代之遺法歟？

[1]將節：本書卷四一《儀衛志上》兩見“什將節級”，疑將節爲什將節級省稱，或原存在脱誤。承局、什將皆爲低級軍官。按本書卷五七《百官志三》諸總管府節鎮兵馬司條：“以上軍員每百人爲一指揮使，各一員分四都，每都設左右什將、承局、押官各一。”什將、承局皆爲都之軍官。本書行文，什將往往列於承局之前，疑此處應爲“什將、節級、承局”。

外任官從己人力，諸京留守、大興府尹，五十人。統軍、都轉運、招討、按察使，諸路兵馬都總管，四十五人。轉運、節度使，四十人。提控諸群牧、防禦使，[1]三十五人。外任親王傅、同知留守、副統軍、按察副使、諸州刺史、知軍事，[2]三十人。同知都轉運使事、副招討、副留守、同知府尹兼總管、提舉漕運司、諸五品鹽使，[3]二十五人。都轉運副使、按察司簽事、少尹、副總管、同知轉運節度使事，[4]二十人。京都兵馬都指揮使，[5]一十八人。轉運、節度副使，[6]十七人。兵馬都鈐轄，[7]十五人。親王府尉、諸京留守總判官、同知防禦使事，[8]十三人。警巡使、兵馬副都指揮、同提舉漕運司、正六品鹽副使、從六品酒麴鹽税使、同知州軍事，[9]一十人。統軍、都轉運司、京府、總管、散府等判官、京推官，[10]九人。親王府司馬、招討判官、赤劇縣令、提舉上京皇城兵馬鈐轄、正七品酒麴鹽税副使、都轉運判官、府推官、節度觀察判官，[11]八人。京縣次劇縣令、都巡檢使、正將、府軍都指揮使，[12]七人。司屬令、親王府文學、招討司勘事官、諸縣令、警巡副使、知城堡寨鎮、從七品鹽判、同提舉上京皇城、節鎮軍都指揮使、都巡河、同七品酒使、防禦判官，[13]六人。市令、録事、赤劇縣丞、副都巡檢使、副將、都巡檢、州軍判官，[14]五人。統軍司知事、親王府記室参軍、司屬丞，正八品酒使副、京縣次劇縣丞、諸司使，[15]四人。大興府招討、按察司知事，[16]京府、運司、節鎮司獄，[17]管勾河橋關度譏察官、從八品鹽判官、漕運司勾當官、警巡判官、諸縣丞、市丞、司候、主簿、録事司判官、縣尉、副都巡檢、諸巡檢、巡河官、正九品酒使、諸司副使，[18]三人。鹽場管勾、防刺以下司獄、部隊將、同管勾河橋、副譏察、司候判官、教授、統軍按察司知法、軍轄、諸司都監、節鎮以上知法，[19]二人。鹽場同管勾、防刺以下知法、諸司同監、統軍按察司書史、統軍司譯書通事，[20]一人。

[1]提控諸群牧：群牧所長官。明昌四年（1193）置，正四品。

[2]外任親王傅：親王傅爲親王府屬官。掌師範輔導、參議可

否。正四品。親王在外，則兼所在京府或節度州的同知。此處指後一種情况，故其待遇與同知留守相同。　同知留守：諸京留守司屬官。例兼同知本府尹、本路兵馬都總管。正四品。　按察副使：按察司屬官。正四品。　諸州刺史：刺史州長官。正五品。

［3］同知都轉運使事：諸京路都轉運司屬官。從四品。　副招討：招討司屬官。定員二人，從四品。　副留守：諸京留守司屬官。例兼本府少尹、本路兵馬副都總管。從四品。　同知府尹兼總管：金各路首府的同知府尹例兼本路兵馬都總管。正四品。　提舉漕運司：漕運司長官。負責河倉漕運之事。正五品。　諸五品鹽使：諸鹽使司長官。金於山東、寶坻、滄、解、遼東、西京、北京七處設鹽使司，掌幹鹽利以佐國用。長官爲鹽使，正五品。此處特別標明“諸五品鹽使”，似乎鹽使有正、從五品之别。待考。

［4］都轉運副使：諸京都轉運司屬官。正五品。　按察司簽事：即簽按察司事，按察司屬官。承安四年（1199）設。正五品。　少尹：諸府屬官。爲府尹佐貳，通判府事。正五品。　副總管：即副都總管，諸路兵馬總管府屬官。爲總管佐貳，通判府事。正五品。同知轉運節度使事：指同知轉運使和同知節度使。同知轉運使爲諸路轉運司屬官，從四品。同知節度使爲諸節度州屬官，兼州事者仍帶同知管内觀察使。正五品。

［5］京都兵馬都指揮使：指五京及都城所在地的總管府兵馬司的長官兵馬都指揮使。掌巡捕盗賊，提控禁夜，糾察諸博徒、屠宰牛馬，總判司事。正五品。

［6］轉運、節度副使：轉運副使，諸路轉運司屬官，正五品。節度副使，節度州屬官，從五品。

［7］兵馬都鈐轄：官名。掌巡捕盜賊。若有盜，則總押隨處巡尉，并力擒捕。從六品。

［8］親王府尉：親王府屬官。總統本府之事。從四品。　諸京留守總判官：諸京留守司屬官，即都總管判官。掌紀綱總府諸務，分判兵案之事。從五品。　同知防禦使事：防禦州屬官。通判防禦

使事。正六品。

[9]警巡使：警巡院長官。掌平理獄訟，警察所部。正六品。　兵馬副都指揮：諸總管府或節鎮下屬機構兵馬司之屬官。掌通判司事，分管内外，巡捕盗賊。正六品。　同提舉漕運司：漕運司屬官。正六品。　鹽副使：鹽使司屬官。定員二人。因鹽副使品級不一，故此處特别標明"正六品鹽副使"。　從六品酒麯鹽税使：按本書卷五七《百官志三》中都都麯使司設"使，從六品"。注文："凡京都及真定皆爲都麯酒使司，設官吏同此。它處置酒使司。"則本卷此處實指中都都麴使。卷五七注文："視課多寡設官吏，皆同此。諸酒税使三萬貫以上者正八品，諸酒榷場使從七品，五萬貫以上副使正八品。"則衹有中都都麴使司、真定都麴使司的長官爲從六品。　同知州軍事：刺史州屬官。正七品。

[10]統軍、都轉運司、京府、總管、散府等判官：指統軍司判官，從五品；都轉運司都勾判官、户籍判官、支度判官、鹽鐵判官，皆從六品；京府判官，從五品；總管府判官，從六品；散府判官，從六品。　京推官：指諸京留守司推官。分判刑案之事。從六品。

[11]親王府司馬：親王府屬官。同檢校門禁、總統府事。從六品。　招討判官：招討司屬官。掌紀綱職務、簽判司事。從六品。　赤劇縣令：指赤縣、劇縣的縣令。赤縣專指大興、宛平二縣，即都城二縣。二萬五千户以上的縣爲次赤縣，也稱劇縣。赤縣縣令爲從六品，次赤縣或劇縣縣令爲正七品。　提舉上京皇城兵馬鈐轄：軍官名。不詳。　正七品酒麯鹽税副使：酒税使司屬官。　都轉運判官：即前文出現的都轉運司判官。　府推官：諸府屬官。掌同府判，分判户、刑案事。從六品。　節度觀察判官：節度州屬官。掌紀綱觀察衆務，分判吏、户、禮案事，通檢推排簿籍。正七品。

[12]京縣次劇縣令：指京縣、次劇縣的縣令。京縣指都城之外的五京所在地的縣，二萬户以上的縣爲次劇縣。本書卷五七《百官志三》没有對京縣和次劇縣縣令品級的專門記載，應與其他諸縣相

同，皆爲從七品。　都巡檢使：諸州都巡檢使，每州一員。分管盜賊事。正七品。　正將：爲邊將，分番巡守邊境，正七品。　府軍都指揮使：即諸府都軍司長官都指揮使。掌軍率差役、巡捕盜賊，總判軍事，與録事司同管城隍。正七品。

［13］司屬令：大宗正府屬官。原名宗室將軍，明昌二年（1191）更名爲司屬，設令、丞。正七品。　親王府文學：親王府屬官。掌贊導禮儀、資廣學問。定員二人，從七品。“學”，原作“字”，從中華點校本改。　招討司勘事官：招討司屬官。從七品。　諸縣令：指普通縣令。從七品。　警巡副使：諸京警巡院屬官。從七品。　知城堡寨鎮：指知城、知堡、知寨、知鎮。皆從七品。　從七品鹽判：指鹽使司判官。山東鹽使司三員，寶坻、解州鹽使司二員，其他鹽使司一員。本書卷五七《百官志三》記載爲正七品。　同提舉上京皇城：即同提舉上京皇城兵馬鈐轄。提舉上京皇城兵馬鈐轄之副。其他不詳。　節鎮軍都指揮使：即諸節鎮都軍司長官都指揮使。掌軍率差役、巡捕盜賊，總判軍事，與録事司同管城隍。正七品。　都巡河：都水監屬官。掌巡視河道，修完堤堰，栽植榆柳以及各種河防之事。從七品。　同七品酒使：酒使司屬官。因酒使品級與課税數額有關，故此處特别强調是七品的酒使。　防禦判官：防禦州屬官。正八品。

［14］市令：市令司長官。衹在都城設置，掌平抑物價，察度量權衡之違式、百貨之估直。正八品。　録事：諸府節鎮録事司長官。掌同警巡使。正八品。　赤劇縣丞：赤縣縣丞。正八品。劇縣縣丞，正九品。　副都巡檢使：諸州副都巡檢使。宿、泗、唐、鄧、蔡、亳、陳、潁、德、華、河、隴、泰等州及西北路置，每州一員，正八品。　副將：爲邊將。分番巡守邊境。正八品。　都巡檢：按本書卷五七《百官志三》，金於宿、泗、唐、鄧、蔡、亳、陳、潁、德、華、河、隴、泰等州及西北路置副都巡檢使，其他各州則設副都巡檢，則其正職相應也當是都巡檢。應與都巡檢使同爲正七品。　州軍判官：節度州有節度判官、觀察判官，皆正七品；

防禦州判官爲正八品，刺史州判官爲從八品。

[15]統軍司知事：統軍司屬官。從七品。　親王府記室參軍：親王府屬官。掌表章書啟之事，大定七年（1167）始設，例由親王府文學兼。正八品。　酒使副：指酒税使、酒税副使。酒使司屬官。按本書卷五七《百官志三》："視課多寡設官吏，皆同此。諸酒税使三萬貫以上者正八品，諸酒榷場使從七品，五萬貫以上副使正八品。"此指課税在三萬貫以上的酒税使和課税在五萬貫以上的酒税副使。　京縣次劇縣丞：京縣縣丞、次劇縣縣丞，皆正九品。　諸司使：官名統稱。唐後期始置，多以宦官充任，五代改用武臣。宋初諸司使爲職事官，以内侍省官或武官兼充，其後或以刺史以上領使或副使，並漸轉爲内侍、武官、醫官遷轉官階。作爲正官的諸司使包括横班、東班、西班諸司使。金同唐制，爲職事官。包括客省使、引進使、東上閤門使、西上閤門使、尚衣使、儀鸞使、尚食使、尚藥使、太醫使、内藏庫使、四方館使等。皆爲正、從五品。

[16]大興府招討：不詳。　按察司知事：按察司屬官。正八品。

[17]京府、運司、節鎮司獄：諸京留守司司獄、諸節鎮司獄。皆正八品。本書卷五七《百官志三》都轉運司條下未載司獄，待考。

[18]管勾河橋關度譏察官：簡稱管勾，都水監屬官。掌橋船渡口譏察濟渡、給受本橋諸物。　從八品鹽判官：指鹽使司判官。按本書卷五七《百官志三》，鹽使司判官爲正七品，與此異。應是各地鹽使司判官品階不一，最高爲正七品、最低爲從八品。　漕運司勾當官：漕運司屬官。掌催督起運綱船。從八品。　警巡判官：諸京警巡院屬官。定員二人，正九品。　諸縣丞：縣官。正九品。市丞：中都市令司屬官。正九品。　司候：諸防刺州司候司長官。正九品。　主簿：縣官。正九品。　録事司判官：諸府節鎮録事司屬官。正九品。　縣尉：縣官。正九品。　諸巡檢：即本書卷五七《百官志三》的"散巡檢"。正九品。　巡河官：亦稱散巡河官，

爲都水監屬官，隸屬於都巡河官。按本書卷五六《百官志二》，各地共設二十六員。　正九品酒使：酒税使的省稱。此指課税在三萬貫以下的酒税使。　諸司副使：官名統稱。唐後期始置，金同唐制，爲職事官。包括客省副使、引進副使、東上閤門副使、西上閤門副使、尚衣副使、儀鸞副使、尚食副使、尚藥副使、太醫副使、內藏庫副使、四方館副使等。皆爲正、從六品。

［19］鹽場管勾：鹽使司屬官。負責鹽場相關事務，各地共設二十二員。正九品。　防刺以下司獄：不詳何指。本書卷五七《百官志三》有"諸司獄"，長官爲司獄，正九品。　部隊將：指部將、隊將，皆爲邊將，皆正九品。　司候判官：諸防刺州司候司屬官。從九品。　教授：金初設女真大字之後，於各地置教授推廣普及。據本書卷八三《納合椿年傳》，"初置女真字，立學官於西京"，"久之，選諸學生送京師，俾上京教授耶魯教之"。此事卷三《太宗紀》繫於天會三年（1125）十月，則各地教學負責人稱教授應不晚於天會三年。本書卷五七《百官志三》"女直教授"條下所列路名無西京，與《納合椿年傳》異。參之卷五一《選舉志》可知，《百官志》所記爲大定四年以後之事。　統軍按察司知法：指統軍司知法、按察司知法。統軍司知法，統軍司屬官，定員二人，女真人、漢人各一員，從八品。按察司知法，按察司屬官，定員二人，從八品。　諸司都監：官名統稱。包括段匹庫都監、雜物庫都監、頭面庫都監、器物局都監、尚輦局都監、生段庫都監等。皆正九品。　節鎮以上知法：指諸京留守司、諸路總管府、諸府、節度州、統軍司、招討司的知法。掌律令格式、審斷刑名。諸京留守司知法，女真人、漢人各一員，南京留守司漢人二員。總管府知法，每路一員。大興府知法，女真人一員、漢人二員，從八品。諸府知法，各一員。節度州知法，每州一員，正八品。統軍司知法，女真人、漢人各一員，從八品。招討司知法，女真人、漢人各一員，從八品。

［20］鹽場同管勾：鹽使司屬官。定員五人，品級不詳。　防刺

以下知法：防禦州知法，從九品。刺史州知法，品級不詳。　諸司同監：官名統稱。包括段匹庫同監、雜物庫同監、頭面庫同監、器物局同監、尚輦局同監、生段庫同監等。皆從九品。　統軍按察司書史：指統軍司書史、按察司書史。統軍司書史，爲統軍司吏員，掌行署文牘、上名監印，定員十三人，女真人八人、漢人五人。　統軍司譯書通事：指統軍司譯書、統軍司通事，皆爲統軍司吏員。譯書定員四人，通事定員一人。

婆速公使、[1]從已人力，於附近東京澄州招募漢人百姓投充。[2]謂非猛安謀克所管者。合懶、恤品、胡里改、蒲與路並於各管猛安謀克所管上中户内輪差驅丁，[3]依射粮軍例支給錢粮，周年一易。部羅火、土魯渾扎石合亦同。[4]其諸糺及群牧官員，[5]若猛安謀克應差本管户民充人力者，[6]並上中户輪當。

[1]婆速：路名，即婆速府路。治所在今遼寧省丹東市東北九連城鎮。

[2]東京：京路名。治所在今遼寧省遼陽市。　澄州：治所在今遼寧省海城市。

[3]合懶：路名。也作押懶路、曷懶路。治所在今朝鮮咸鏡南道咸興城南五里處；一説在今朝鮮咸鏡北道吉州。　恤品：路名。也作速頻、蘇濱、率賓、蘇瀕，皆同音異譯，路以蘇濱水（或作率賓水、速頻水，即今綏芬河）而得名。治所在今俄羅斯濱海邊疆區雙城子（烏蘇里斯克）。　胡里改：路名。亦作鶻里改路。治所在今黑龍江省依蘭縣土城子城址。　蒲與路：治所在今黑龍江省克東縣東北金城鄉古城村。　謀克：女真族地方行政設置及長官名稱，也是軍事組織及軍官名稱。亦用作女真封爵之稱。

[4]部羅火：指部羅火扎石合。部羅火，女真部族名，原名唐

古，亦作唐括。承安三年（1198）改爲部羅火扎石合節度使。居住地在今呼蘭河北支通肯河與雙陽河。

[5]土魯渾扎石合：迪烈女古部族，承安三年改爲土魯渾扎石合節度使。“迪烈”一作“迭剌”，契丹遥輦氏八部之一，出於乙室活部，與乙室爲兄弟部落。由大蔑孤、小蔑孤、轄懶、阿速、斡納撥、斡納阿剌等六個石烈組成。遼代皇族即出自轄懶石烈。

[6]諸糺：指諸糺詳穩，部族官名。掌部族軍事，鎮守邊堡。從五品。　群牧：即群牧所，一名烏魯古。負責群牧畜養繁殖之事。長官爲群牧使，或稱烏魯古使，從四品。明昌四年（1193）又設提控烏魯古，正四品。下設副使、判官、知法等官。

諸内外官有兼職各應得人從者，從多給，餘各驗品類差。諸親王引接、引從，在都兵馬司差，公主隨朝者，從守部本破内差，外路者并所在州府就差。諸王府引從、相府牽攏官、引接，周年替代，自餘十月滿代，並以射粮軍充。諸隨朝六品以下職官、并諸局承應者，願令從己輸庸者聽，仍具姓名申部，本處官司周年内不得占使。諸職官之任、以理去官者，接送人力於從己人内給半，取接者皆於所在官司出給印券差取，送還者須到本所給券發還，如無驗者權閣支請，候會問别無逃亡將帶，然後放支。諸致仕官職俱至三品者，從己人力於願往處給半，不得輸庸。身故應送還者又減半給之，若年未六十而致仕及罷去者，則不給。